ちくま新書

古代史講義【戦乱篇】

佐藤信 編
Sato Makoto

1391

古代史講義 戦乱篇【目次】

凡例

＊各講末の「さらに詳しく知るための参考文献」に掲載されている文献については、本文中では（著者名　発表年）という形で略記した。

＊表記については新字体を用い、原則として引用史料の旧仮名遣いはそのままとする。ただし振り仮名には現代仮名遣いを用いる。

はじめに

佐藤 信

日本古代史は多くの戦乱・争乱に彩られており、時にその戦乱によって時代が画されることもあった。弥生時代の「倭国大乱《わこくたいらん》」から中世移行期における前九年合戦《ぜんくねんかっせん》・後三年合戦《ごさんねんかっせん》などに至る多くの戦乱は、古代史の各時代に各地域で展開し、時に海外の国との戦いもあった。ヤマト王権の大王が地方豪族を次第に服属させていく過程での戦いもあれば、律令国家では中央政界において皇位や政治的覇権を争う戦い、そして律令国家と辺境の蝦夷《えみし》・隼人《はやと》との戦いもあり、さらに平安時代末期には武士が勃興してきた戦いもある。とくに奈良・平安時代の中央政界では、皇位継承をめぐる戦いや、藤原氏が他氏族を排斥《はいせき》して権力を掌握する過程での戦いがしばしばくり広げられた。

こうした戦乱の多くは、戦いの勝者や後の国家的立場によってその歴史が語られており、戦乱の実像に迫るためには、史料を批判的に検討しなくてはならない場合もある。また、東アジア的視点を重視し、日本列島の歴史を多元的にとらえ直す新しい研究動向からも、戦乱の歴史的評価や背景は見直されてきている。また、七二九年の長屋王《ながやおう》の変《へん》の敗者として『続日本紀《しょくにほんぎ》』ではあまり多くを語られていない長屋王像について、平城京左京の長屋王邸宅の発掘調査によって、邸宅の構造が明らかになるとともに数多くの長屋王家木簡《ながやおうけもっかん》が新たに出土したことから、その実像が大きく変わってきていることもある。本書では、史料の検討にもとづく最新の研究成果によって、戦いの実像・背景や歴史的評価を明らかにし、改めて戦乱によって古代史像が通観できるようにつとめた。

『続日本紀』の藤原真楯《またて》（もと八束《やつか》。北家房前《ふささき》の子）という大納言まで昇った貴族の伝記（天平神護二年〔七六六〕三月丁卯条）には、公務に励んで聖武《しょうむ》天皇の信任を得て政治的才能を発揮しはじめたところ、従兄弟《いとこ》の藤原仲麻呂《ふじわらのなかまろ》（南家武智麻呂《むちまろ》の子で、のち権力者となった）の妬《ねた》みをかったため、その後は病と称して家に籠もり、書物に埋もれて暮らしたという記事がある。

また、同じく『続日本紀』の光仁《こうにん》天皇の即位（七七〇年）の時の記事（即位前紀）には、

（天平）勝宝《しょうほう》より以来、皇極弐《こうきよくつぎて》無く、人彼此《かれこれ》を疑ひて、罪《つみ》なひ廃《はい》せらるる者多し。（光仁）天皇、深く横禍《おうか》の時を顧《かえり》みて、或は酒を縦《ほしいまま》にして迹《あと》を晦《くらま》す。故《ゆえ》を以て、害《がい》を免《まぬが》ることは数《あまたたび》なり。

とみえる。平城京を舞台にした奈良時代には、絶え間なく相つぐ戦乱・争乱の中で、高貴な出自の皇族や優秀な能力をもった貴族が数多く不幸な死を迎えなくてはならなかった状況を、当時の人々もよく知っていたのである。皇位継承をめぐっては、それまでの天皇や皇太子が廃されて廃帝《はいてい》・廃太子《はいたいし》になる事態まで起き、また各氏族・各家の思惑がからみながら権力の争奪が相つぎ、血なまぐさい政争が繰り返された。身を守るためには、皇族や貴族が病気を称したり酒におぼれた振りをしなければならなかったのが、「天平のロマン」の時代でもあったのである。

また、かつての古い研究段階では、儒教的立場もふまえて、古代の戦乱を王権・国家中心にとらえる見方が一般的であった。たとえば、律令国家が東北のまつろわぬ人々を「蝦夷《えみし》」と称して制圧しようとした戦いを、かつては「蝦夷征伐《せいばつ》」と表記したが、蝦夷の人々も北東北に住んだ私たちの祖先といえる。今日の日本史学では、律令国家（勝者）を無前提に正義と位置づけ蝦夷（敗者）を悪とみる一方的な「征伐」史観は採らないようになった。「役《えき》」「戦役《せんえき》」という呼称も、正義が悪を制圧する戦いとしての用語であり、かつての先入観にもとづく「前九年の役《えき》」「後三年の役」などの語は、今日では公平に「前九年合戦《かっせん》」「後三年合戦」と呼ぶようになっている。

こうして、今日も変容しつつある多くの古代戦乱の歴史的評価をとおして、古代史像を通観できるようにつとめたのが、本書である。古代史の各時期・各地域の戦乱から、注目すべき十五の戦乱を選び、それぞれ最先端の研究者に執筆していただいた。ここに、その集成によって古代戦乱の全体像を提示できるようになったと思う。

本書によって、ヤマト王権から律令国家が形成され、それが展開して平安時代から中世に至るまでの古代日本列島の戦乱の全体像を、最新の研究レベルで見通していただければ幸いである。

第1講　磐井の乱

大高広和

†古墳時代最大の内戦？

磐井の乱は、継体《けいたい》天皇の時代、五二七年に、九州で大きな勢力を築いていた「筑紫国造《つくしのくにのみやつこ》」磐井《いわい》が起こしたとされる「反乱」である。古墳時代におけるヤマト王権の勢力伸長に対する地方有力豪族の反発として取り上げられ、王権による地方支配の強化につながったと評価される。「最大」であるかどうかはともかく、古墳時代では最も有名かつ重要な戦乱と言ってよいだろう。

さらに、その本拠地である福岡県八女《やめ》市に今も残る、磐井本人の墓とされる岩戸山《いわとやま》古墳と、それに伴う石人《せきじん》・石馬《せきば》などの特異な石造物が磐井の乱をロマンあるものにしている。言うまでもないことだが、「反乱」とは、あくまで勝者であり後に歴史書を編纂した国家（ヤマト王権）側による見方であり、地元では磐井は英雄視もされている。一方、継体天皇の陵墓《りょうぼ》は、大阪府高槻市の今城塚《いましろづか》古墳であることが確実視されている（宮内庁の治定する陵墓とは別で、調査および史跡整備され誰でも自由に見学することができる）。幸いなことに、約千五百年前の乱の当事者の存在を物語る古墳が、約五百キロメートル離れて双方ともに残っているのである。

ヤマト王権による新羅《しらぎ》出兵を磐井が妨害したことが発端とされるように、乱は当時の朝鮮半島情勢と密接に結びついていたと考えられる。弥生時代以来九州北部は日本列島の大陸への玄関口であり、先進的で独立性の高い地域だった。磐井の乱とその時代を理解する上では、東アジアまでを視野に入れつつ、王権と磐井の双方の立場に立ちながら乱（＝戦争）の経緯や背景をみていかなければならない。

†継体天皇の即位

まずヤマト王権側の状況として、継体天皇についてみておこう（主に篠川二〇一六による）。

五世紀には倭の五王が中国南朝へ遣使を行ったことが中国の史書に記され、近畿地方には巨大な前方後円墳が築かれた。特に倭王武《ぶ》とされる雄略《ゆうりゃく》天皇（ワカタケル大王。便宜上、当時は未成立の天皇号および中国風の諡号《おくりな》を用いて叙述する）は、埼玉県行田《ぎょうだ》市の稲荷山《いなりやま》古墳出土鉄剣や熊本県玉名郡和水《なごみ》町江田《えた》船山《ふなやま》古墳出土鉄刀の銘文に現れており、五世紀後半までにはヤマト王権の影響力が関東や九州中部にまで広がっていたことを物語っている。
ところが、『日本書紀』や『古事記』によれば雄略の子の清寧《せいねい》天皇には跡継ぎがなく、雄略の伯父にあたる履中《りちゅう》天皇の孫の顕宗《けんぞう》・仁賢《にんけん》の両天皇が即位するも、仁賢の息子の武烈天皇にも世継ぎがなく血筋が途切れてしまった。この仁徳《にんとく》天皇以来の血統断絶の危機に登場するのが、仁徳の父応神《おうじん》天皇の五世孫とされるオホド王である。事実かはともかく初代の神武天皇以来ほぼ全て父子もしくは兄弟間とされているこれまでの記紀の皇位継承のなかで、明らかに異質であった。応神天皇の「五世孫」という点の真偽についても議論があるが、従来の王権中枢部の人々にとってかなり縁遠い存在であったことは確実だろう。

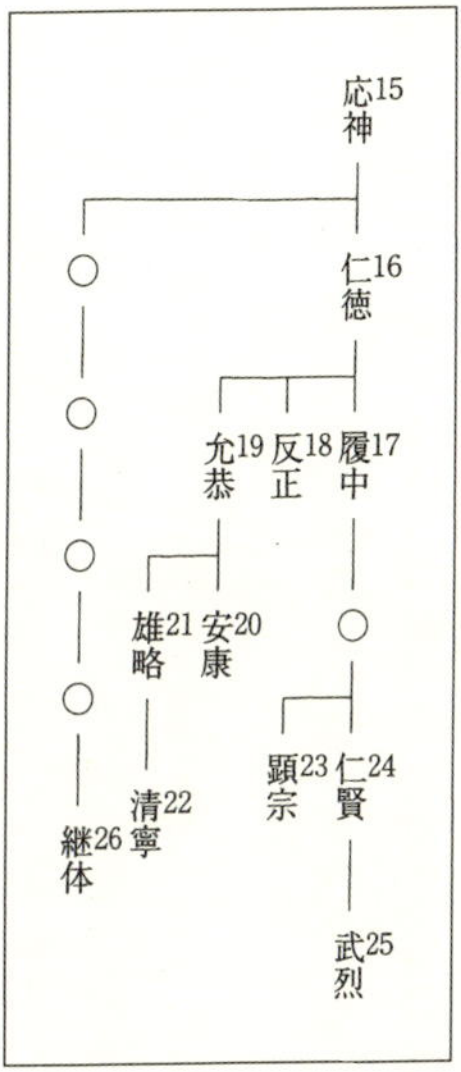

倭の五王の時代の記紀の王統譜
（篠川 2016 より）

『日本書紀』によれば、オホド王が五十七歳の時に武烈天皇が崩御し、越前国（『古事記』では近江国）から大伴金村らに迎えられて即位したとされる（継体天皇）。この時、大伴金村《おおとものかなむら》とともに大連《おおむらじ》に任命されたのが磐井の乱の鎮圧に遣わされる物部麁鹿《あらか》火《い》であり、仁賢天皇の娘、手《た》白香《しらか》皇女が皇后とされた。しかし、西暦五〇七年に即位したのは河内《かわち》の樟葉《くすは》宮（大阪府枚方《ひらかた》市）であって、四年後には山背《やましろ》の筒城《つつき》（京都府京田辺市）、さらに七年後に弟国《おとくに》（京都府長岡京市付近）に移ったとされ、磐余《いわれ》の玉穂《たまほ》（奈良県桜井市付近）に移って大和に落ち着いたのはさらにその八年後、即位から二十年目（七年目とも）のことと伝えられる。

二十年目と言えば磐井の乱が起こる前年にあたるが、「五世孫」の地方からの擁立に対する抵抗や軋轢《あつれき》があり、継体天皇の権力は不安定な状況にあったとみるべきだろう。ただし、大和に移ったこと自体は、その状況が改善されつつあったことを示すとみられる。

なお、継体天皇の墓と考えられている今城塚古墳（墳丘長一九〇メートルの前方後円墳。六世紀前半の古墳としては全国最大）も、大阪府高槻市（旧摂津国）に立地し、大和や河内に築かれたそれまでの天皇陵とは一線を画している。大和以外の継体天皇の居所や墳墓はみな淀川水系に位置したことになり（出自も琵琶湖と関わる）、その流域が継体天皇の権力基盤であったとみられている（森田二〇一一）。

†「任那四県の割譲」

その継体朝では、朝鮮半島での大きな外交案件が進行していた。近年の研究の進展を踏まえ簡潔に紹介したい。

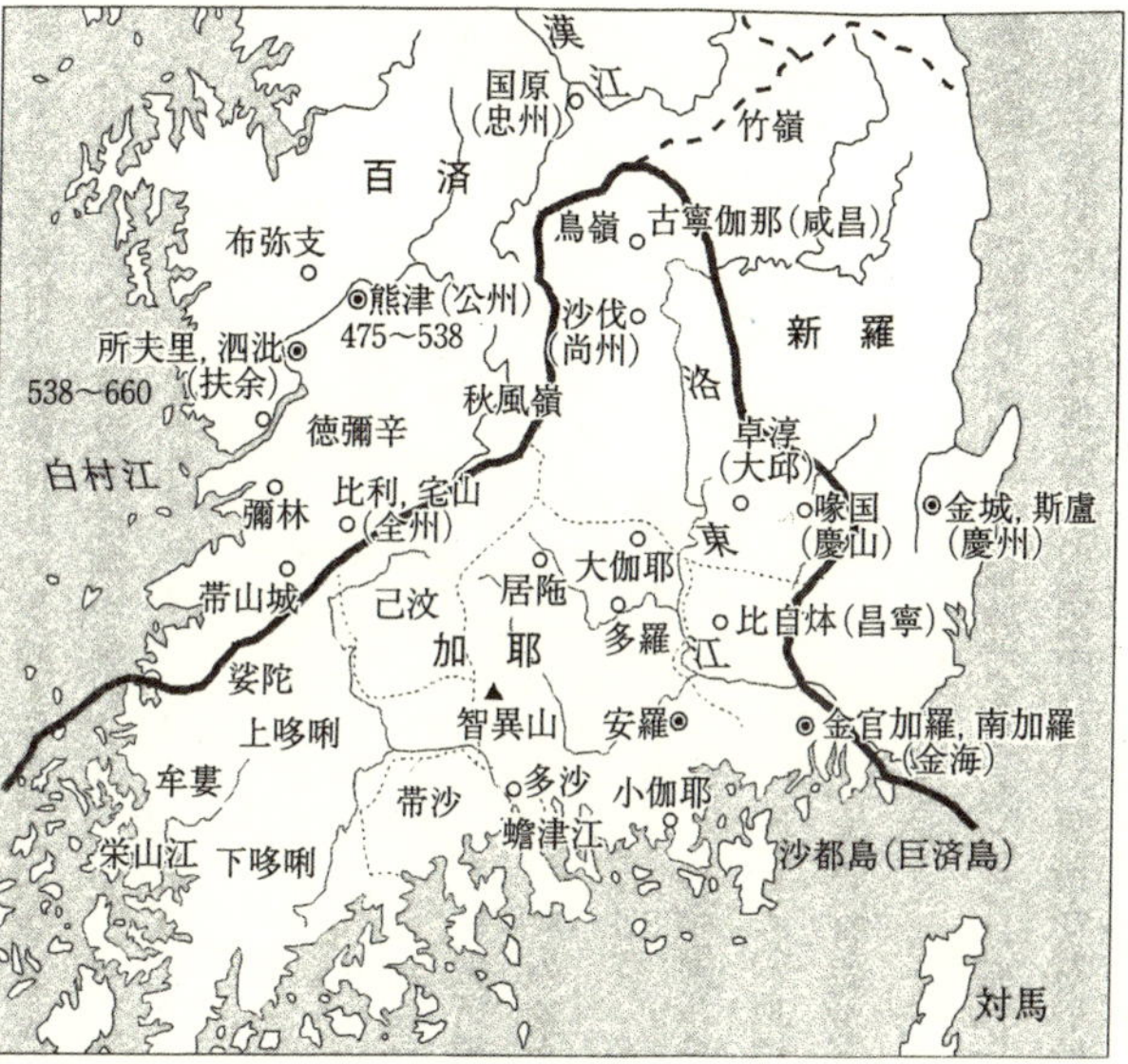

6世紀前半の朝鮮半島（篠川 2016 を一部修正）

六世紀、中国では五世紀以来の南北朝時代が続いており、朝鮮半島では北の強国高句麗に対抗するための方策として、百済《ひゃくさい》《くだら》と新羅が互いに南の加羅《から》諸国への進出を目論んでいた。

特に百済は、四七五年に高句麗によって都の漢城（ソウル）が陥落し王も殺害され、熊津《ゆうしん》（公州《コンジュ》）に遷都しており、五〇一年に即位した武寧《ぶねい》王は中国南朝や倭国との関係を強化するなどして国力の回復を図った。武寧王自身が九州の加《か》唐島《からしま》（佐賀県唐津市）で生まれたという伝承をもち、公州にある武寧王陵は中国南朝式の塼室墓《せんしつぼ》（レンガ積みの墓）の構造をもつ一方、日本にしか自生しないコウヤマキが棺に用いられていたことが有名である。また、新羅も五〇〇年に即位した智証王《ちしょう》、五一四年に即位したその子の法興王《ほうこう》のもとで領土を広げた。特に法興王の時代は官位制度など国家体制の整備が行われたことで知られている。

『日本書紀』によれば、継体天皇六年（五一二）に百済からの求めに応じて、大伴金村は「任那《みまな》」の四県を割譲したという。四県（上哆唎《おこしたり》・下哆唎《あろしたり》・娑陀《さだ》・牟婁《むろ》）は全羅南道西部の主に栄山江《えいざんこう》流域の地域で、近年この付近では日本列島にある前方後円墳の形をした古墳が十基以上確認されている。時期的には五世紀後半から六世紀前半に位置づけられるこの「前方後円墳」の歴史的評価はまだ議論があるところだが、倭国との関係が深い地域であったことはその他の考古学的知見からも裏づけられてきている。

ただし、当地はもちろん百済との関係も深い地域であり、『日本書紀』が記す倭国の直轄領のような書きぶりはやはり行き過ぎである。四県の割譲記事は、これらの地域の領有について百済が承認を求めてきて、それを許したものとみるのが穏当のようである（熊谷公男「いわゆる「任那四県割譲」の再検討」『東北学院大学論集　歴史学・地理学』三九、二〇〇五）。

「割譲」に対しては、『日本書紀』に記されるように当時の王権内でも批判があったらしく、割譲に関わった大伴金村らは百済から賄賂を受け取ったという流言があったとされる。

これは大伴金村が後に失脚する伏線と考えられているが、百済側から倭国へは五経《ごきょう》博士の派遣などの知識・技術の提供という見返りもあり、事実であったのかもしれない。

いずれにせよ、百済の南進を認めるというのが当時の倭国の外交方針だったらしく、続く継体天皇七年以降には、「己汶《こもん》・帯沙《たさ》」の地を百済に「下賜」することについての記事が載せられている。「己汶・帯沙」は「任那四県」の東側、蟾津江《せんしんこう》の中下流域に比定される。この地をめぐって百済と伴跛《はへ》国（加羅（大加耶《テガヤ》）国。現在の高霊《コリヨン》付近）が対立し、倭国から水軍五百が派遣されるなどしたものの、結局は百済が自力でこの地を獲得した。このことの承認が「下賜」ということになる。関係記事は継体天皇十年にかけてと、同二十三年（磐井の乱後）に載せられているが、継体天皇七〜十年（五一三〜五一六）の出来事とみるのがよいようだ（篠川二〇一六）。なお、百済では武寧王が五二三年に死去するものの、子の聖《せい》王（聖明《せいめい》王）が武寧王の路線を引き継いだ。

「己汶・帯沙」をめぐっては、新羅や安羅《あら》（安羅加耶国。現在の咸安《ハマン》付近）なども関与してきていることが『日本書紀』に記されている。さらに大加耶は百済・倭との対抗のため五二二年に新羅と婚姻関係を結んでおり、五二四年、新羅は大加耶とともに金官《きんかん》国（金官加耶国。現在の金海《キメ》付近）を攻撃している。継体天皇（ヤマト王権）は、このような半島情勢の打開を図っていたとみられる。

†『日本書紀』による乱の経過と史料批判

『日本書紀』によれば、継体天皇二十一年（五二七）六月、新羅に侵攻された南加羅《ありひしのから》（金官国）・喙己《とくこ》呑《とん》の復興のため、近江毛野《おうみのけな》らは六万の兵を率いて「任那」に向かった。しかし当時、筑紫国造磐井は朝廷に反逆しようと機会を狙っていて、それを知った新羅は磐井に賄賂を送り、毛野軍を阻止するように勧めたという。

すると磐井は火《ひ》・豊《とよ》の二国にも勢力を伸ばし、高句麗や百済・新羅などからの朝貢船を自らの所へ誘い入れるとともに、毛野の軍団の進路を遮ったとされる。毛野軍に対しては「今でこそ毛野は天皇の使者となっているが、昔は仲間として肩を並べ肘を触れ合わせながら同じ器で食事をしたものだ。自分を従わせることなどできないだろう」などと豪語したという。

これに対し継体天皇は、大伴金村の進言に従って物部麁鹿火《もののべのあらかい》を将軍に選び、八月に征伐の詔を出した。ところがその後しばらく記事はなく、翌年十一月、麁鹿火は自ら磐井と筑紫の御井《みい》郡で交戦し、両陣営決死の戦いの末、ついに麁鹿火は磐井を斬って、境界を定めたという。そして翌十二月、磐井の子の筑紫君葛子《つくしのきみくずこ》は、父の罪に連座して殺される事を恐れ、糟屋屯倉《かすやのみやけ》を献上してきた。

以上が『日本書紀』に書かれた内容であるが、『日本書紀』では編纂が行われた七世紀後半から八世紀初めの知識や制度（例えば大宝律令）、あるいは中国の史書などによる書き換えや転載が行われ、内容に潤色があることは常識となっている。諸史料や考古学的知見によって史料の真実性を吟味する史料批判の手続きが欠かせない。右の記事について言えば、当時はまだ御井郡の「郡」という行政単位はなかったし、そもそも磐井の名は『古事記』では「竺紫君石井《つくしのきみいわい》」と記されており、「国造《くにのみやつこ》」も乱後に設けられた制度と考えられている（大川原竜一「国造制の成立とその歴史的背景」『駿台史学』一三七、二〇〇九）。

『日本書紀』の磐井の乱の記事には、全体として中国（唐）で七世紀に編纂された『芸文類聚』という類書を利用した漢文的潤色が多く、史料としての価値に乏しい全くの引き写しの部分もある（小島憲之『上代日本文学と中国文学』上、塙書房、一九六二）。そのため戦前から、次に紹介するような『古事記』の簡単な記述程度が元々の伝承だったとされてきた（津田左右吉『日本古典の研究』下、津田左右吉全集二、岩波書店、一九六三／坂本太郎「継体紀の史料批判」『古事記と日本書紀』坂本太郎著作集二、吉川弘文館、一九八八）。

『古事記』では、継体天皇の代に「竺紫君石井」が天皇の命に従わず無礼だったため、物部荒甲《あらかい》と大伴金村の二人を派遣して「石井」を殺害した、というだけであり、近江毛野の半島派遣と磐井とは本来は一切無関係であったという見解も出されている（三品彰英「「継体紀」の諸問題」三品彰英編『日本書紀研究』二、一九六六)。しかし、近年ではすでに見たような当時の朝鮮半島情勢が明らかにされ、五二七年という時期に百済と結んでいるヤマト王権に対抗し、磐井の勢力が新羅からの働きかけを受けて妨害を行ったということ自体は不自然な話ではない。潤色・粉飾を明確に指摘できない部分まで『日本書紀』の記事を切り捨ててしまうことにも慎重であるべきである。

†磐井と乱の実像

では、主に九州、磐井の側に光を当てながら『日本書紀』が記す内容について検討したい。

まず、磐井がかつては近江毛野と同じ立場、つまり王権に従って奉仕を行っていたと語る部分は、『日本書紀』が磐井を反乱者として強調しようとしたものとも受け取れる一方、先述の雄略天皇代の鉄剣・鉄刀銘からは地方豪族の中央への出仕の仕組みが窺われ、同時代のエピソードとして十分あり得る台詞でもある。

磐井の勢力については、彼の墓とされる岩戸山古墳は全長一三八メートルで、同時期の古墳としては全国四位、九州では一位である。『日本書紀』でも筑紫に加え豊・火の国に勢力を及ぼしたと言い、有明海沿岸地域を中心に、南筑後の盟主以上の実力を持っていたことは確かだろう。後述する『筑後国風土記』逸文《いつぶん》からも、豊前《ぶぜん》との繫がりが窺われる。

しかし、それは磐井が九州全域を支配していたということではない。九州北部を代表する豪族の一つに、沖ノ島での国家的祭祀に関わった宗像氏《むなかた》がいるが、玄界灘に面した沿岸部に残されている津屋崎《つやざき》古墳群（福岡県福津市）という彼らの首長墓群は、六世紀代にも岩戸山古墳を含む八女古墳群に匹敵するかそれを上回る規模で展開しており、彼らが磐井に従って王権側と戦ったとは考えがたい（重藤輝行「宗像地域における古墳時代首長の対外交渉と沖ノ島祭祀」『「宗像・沖ノ島と関連遺産群」研究報告』Ⅰ、二〇一一）。また、九世紀の成立とみられる『先代旧事本紀《せんだいくじほんぎ》』巻十の国造本紀《こくぞうほんぎ》によれば、壱岐《いき》国造（島造）は磐井の乱の鎮圧に協力し新羅の「海辺人」を伐ったとされ、玄界灘方面から乱の鎮圧が行われたことが窺われる（田中史生「磐井の乱前後の北部九州と倭王権」新川登亀男編『日本古代史の方法と意義』勉誠出版、二〇一八）。

それでも磐井が近江毛野《けな》の進路を遮ることができたのは、乱後に息子の葛子《くずこ》が屯倉《みやけ》を献上した、糟屋という地域の地理的重要性によるのだろう。糟屋は博多湾の東側に位置し、この付近を通過しなければ沿岸沿いに壱岐・対馬へと至って安全なルート・航海法（地乗り航法）で朝鮮半島へ渡っていくことができないのだ。当時磐井の勢力はその糟屋までは進出していたようだ。一方、玄界灘沿岸で糟屋に隣接する宗像や壱岐といった同様に海上交通上重要な地域は、必ずしも磐井に従っていなかったのである。

では、近江毛野が率いる六万もの軍勢を糟屋で足止めして、一年半にもわたって戦いが繰り広げられたというのは史実なのだろうか。そもそも毛野は磐井の言葉の中で「使者」とされていて、乱後の毛野の動きをみても、半島には外交交渉に向かっていたと考えられる。六万の兵というのも潤色で、本格的な戦闘は翌年派遣された物部麁鹿火たち（軍勢の規模は不明）との間に行われたとみるべきであろう。本講の冒頭で「最大」であることに留保を付したのは、このような事情による。

†岩戸山古墳と石造物

『筑後国風土記』逸文（『釈日本紀《しゃくにほんぎ》』という文献の中に引用されて伝わるもの）には、八世紀の上《かみつ》妻《やめ》郡の郡家《ぐうけ》（役所）の南二里（約一キロメートル）のところに「筑紫君磐井」の墓があることや、その規模や周囲の石造物についての記述がある。また古墳の北東の角には別区《べっく》という区画があり、「衙頭《がとう》」といって盗人に対する裁判の様子が石造物で再現されているという。

また古老の伝承として、継体天皇の代に磐井は豪強、暴虐で皇風に従わなかった。生前にこの古墳を築いていたが、にわかに官軍が改めてきて、敵わないとみた磐井は豊前国の上膳県《かみつみけのあがた》（上毛郡《こうげ》）へと逃げ、その南の山の中で没したという。磐井を見失った官軍は怒

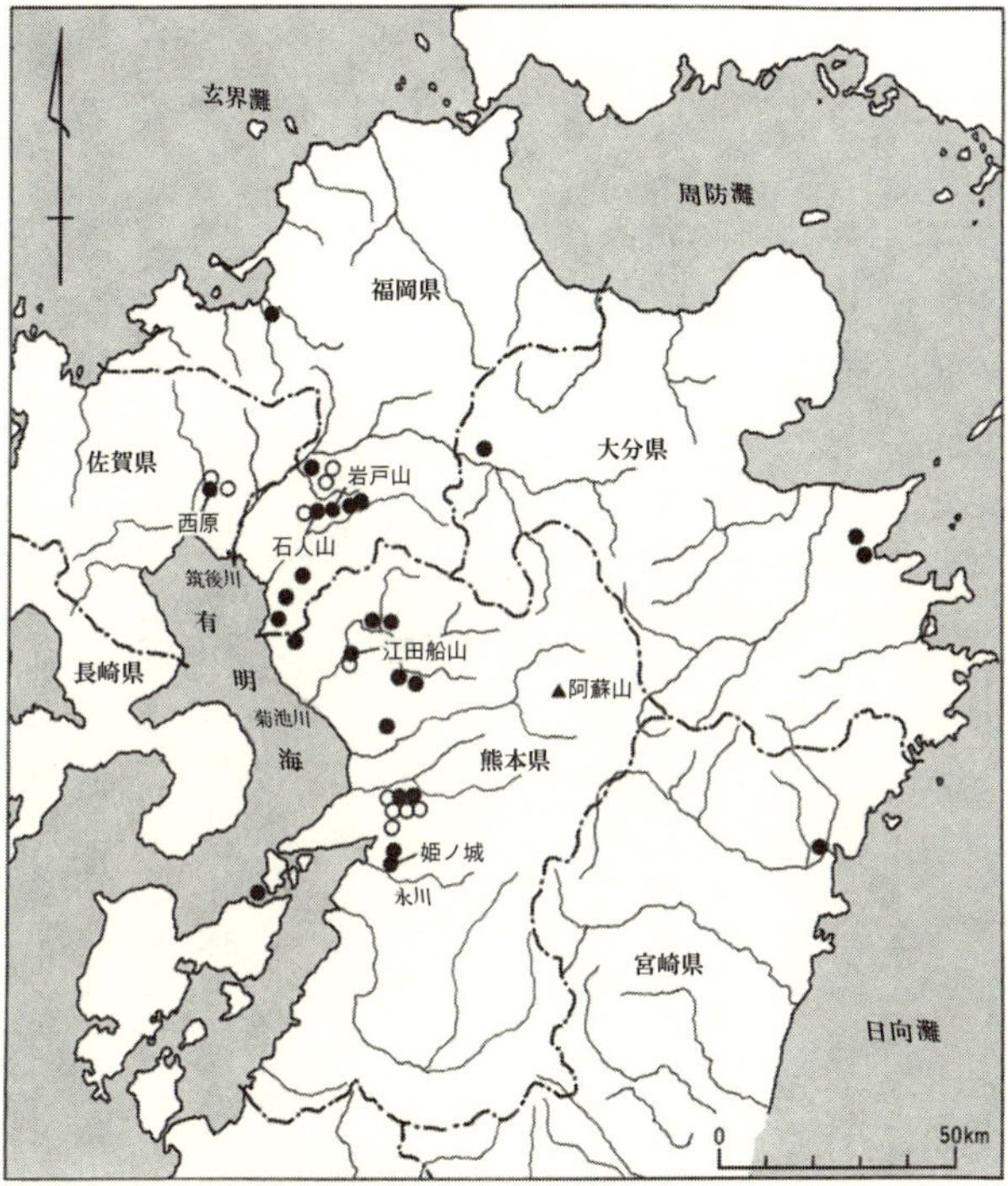

石製表飾・横口式家形石棺の分布
●石製表飾樹立古墳　○横口式家形石棺採用古墳
（柳沢一男「岩戸山古墳と磐井の乱」に加筆・修正）

って石人の手や石馬の頭を破壊し、これが元で今も上妻郡には重病人がいる、とも記されている。磐井への同情や官軍への反発が窺われる一方で、磐井を暴虐とする人物像は、『日本書紀』など国家側の見方が反映されたものだろう。

さて、江戸時代から右の記述を頼りに磐井の墓探しが行われ、その規模と、石人石馬などの石造物と方形の「別区」をもつことから岩戸山古墳が磐井の墓と確定された。こうした石造物（石製表飾）と阿蘇溶結《ようけつ》凝灰岩《ぎょうかいがん》製の横口式家形石棺《いえがたせっかん》、特異な横穴式石室という共通する要素をもった大型古墳が有明海沿岸に分布することから、有明首長連合と言うべき広域の連合の存在が想定されている（柳沢一男「岩戸山古墳と磐井の乱」宇治市教育委員会編『継体王朝の謎』河出書房新社、一九九五）。

石製表飾が有明首長連合を特徴づけていることは確かであるが、基本的に阿蘇山の噴火によって生成された柔らかく加工しやすい阿蘇溶結凝灰岩が存在する地域に分布するという地質的条件を踏まえる必要がある。熊本・大分・福岡各県のこうした地質をもつ地域には、平安時代以降の磨《ま》崖仏《がいぶつ》や近世・近代の眼鏡《めがね》橋など、様々な石造物が残されており驚かされる。石製表飾もその一種と言え、日本列島で広く制作された形象埴輪《けいしょうはにわ》や木製立物《もくせいたてもの》がモデルとされることに注意したい（小田富士雄「石人石馬の系譜」『古代史発掘7　埴輪と石の造形』一九七四／柳沢二〇一四）。先述の『日本書紀』の磐井の台詞のように、もともと磐井もヤマト王権を構成する一員であり、あまり異質な存在とばかりみるべきではない。

†地方支配の進展と多元的通交の一元化

最後に、地方豪族による対外交流の観点から、ヤマト王権による地方支配の進展について触れておきたい。磐井が朝鮮半島諸国からの「朝貢船」を自らの元に囲い込んでいるという記述は、史実かはともかく、天皇の下に外交権を掌握しているべきヤマト王権に磐井が逆らったという意味をもつ。それは『日本書紀』が目指す中央集権国家においては許すことができないあり方だった。

しかし、九州の地方豪族は朝鮮半島への派兵の際などにたびたび動員されているが、そのヤマト王権の対外政策とも結びつきながら各首長層が朝鮮半島の諸勢力と主体的に交流を行っていた(高田二〇一七)。有明海沿岸の首長層はその中心的存在で、そこには中央集権的、もしくは近現代的な国同士の外交関係とは異なる、多元的な交流関係があった。

磐井の乱の鎮圧後、筑紫君葛子が献上したとされる糟屋屯倉《かすやのみやけ》を皮切りに、ヤマト王権の拠点であるミヤケが九州北部などの各地方豪族の支配領域内に設けられ、王権による地方支配が一段階進展していく。先述のように糟屋の地は朝鮮半島との交流という観点で象徴的意味をもっていると考えられる。

継体天皇に続く安閑《あんかん》天皇の代に、『日本書紀』には二十六ものミヤケをまとめて設置した記事がある。六世紀半ば頃に置かれたミヤケをひとまとめにした記事と考えられているが、そのうち二十二ものミヤケが西日本のもので、その大半は瀬戸内地域や九州の筑紫・豊・火の国に位置している。次の宣化《せんか》天皇元年（五三六）には九州のミヤケの穀物の一部を博多湾に面する那津官家《なのつのみやけ》（福岡市博多区比恵遺跡が有力候補地）に運び込むという記事がある。これらのミヤケはヤマト王権の対外的な拠点であった那津官家に管理されたと考えられ、各地方豪族の対外交渉機能も王権の統轄下に組み込まれていったと理解できる。

結局、なぜ磐井がヤマト王権に「反乱」を起こしたのかは推測となる。ただ、有明首長連合の盟主として九州でも有力な、相対的に自立性の高い地方豪族だった磐井が、継体天皇の即位事情や朝鮮半島情勢への対応に不満を抱き、そこにヤマト王権と対立する新羅からの後押しがあったという辺りは、実際の事情に近いだろう。一方、ヤマト王権は磐井を鎮圧してこうした対外的かつ対内的な危機を一旦克服し、地方豪族への支配と列島内での外交権の一元化を進展させた。中央集権国家形成の本格的な動きは、皮肉にも磐井と結んだ新羅と唐に敗れた六六三年の白村江の戦い以降のことになるが、磐井の乱もまたそのための重要なステップの一つとなったのである。

さらに詳しく知るための参考文献

小田富士雄編『古代を考える　磐井の乱』（吉川弘文館、一九九一）……弥生時代から七世紀までの時間軸で文献史学・考古学の双方から磐井の乱を考える、総合的な一般向け論集。

柳沢一男『筑紫君磐井と「磐井の乱」　岩戸山古墳』（シリーズ「遺跡を学ぶ」、新泉社、二〇一四）……最新の知見を踏まえ遺跡を紹介するシリーズ。岩戸山古墳および周辺地域の古墳とその石造物はもちろん、朝鮮半島の倭系古墳・前方後円墳の紹介もあり、磐井側の状況を知る足がかりとして最適。継体天皇の今城塚古墳については、森田克行『よみがえる大王墓　今城塚古墳』（シリーズ「遺跡を学ぶ」、新泉社、二〇一一）がある。

篠川賢『継体天皇』（吉川弘文館・人物叢書、二〇一六）……国造制や氏族についての研究をリードしてきた著者による、継体朝の時代史。近年の研究も踏まえて分かりやすく叙述されている。継体天皇については、水谷千秋『継体天皇と朝鮮半島の謎』（文春新書、二〇一三）も併読したい。

高田貫太『海の向こうから見た倭国』（講談社現代新書、二〇一七）……考古学を中心に弥生時代後半から古墳時代の日本列島と朝鮮半島の関係を素描したもの。朝鮮半島情勢については、文献を中心とする森公章『東アジアの動乱と倭国』（戦争の日本史一、吉川弘文館、二〇〇六）も手に取りやすい。

第2講

蘇我・物部戦争

加藤謙吉

†排仏派物部氏の実像

五八七年（用明二）七月、オホマヘツキミ（大臣）の蘇我馬子《そがのうまこ》が指揮する王族・豪族よりなる連合軍が河内《かわち》へ進撃し、もう一人のオホマヘツキミ（大連）であった物部守屋《もののべのもりや》を滅ぼした戦いを、近年はこの年の干支にもとづき、「丁未《ていび》の役《えき》」と呼ぶことが多い。

従来、この戦争は、欽明《きんめい》朝に百済王から公的に伝えられた仏教の受容をめぐる豪族間の対立抗争の結果生じたものとされ、崇仏《すうぶつ》派の蘇我氏が排仏派の物部氏を武力で打倒した事件と理解されてきた。しかし一方で『日本書紀』（以下、『書紀』と略記）が欽明朝から敏《び》達《だつ》・用明《ようめい》朝にかけて掲げる崇仏派と排仏派の抗争記事はあまりに類型的で史実とは見なしがたいこと、仏教の教義に対する理解が未熟であった当時、崇仏・排仏の思想的対立が生じたとは考えられないことなどにもとづき、これらは後に仏教関係者が行った造作にすぎないとする説も提示されている（津田左右吉《そうきち》『日本古典の研究』下、岩波書店、一九四七）。

排仏派とされる物部氏には、欽明紀によれば、百済の聖明王《せいめい》に仕えた物部施徳麻哿牟《せとくまかむ》・物部奈率用歌多《なそちようかた》・物部奈率哥非《かひ》・奈率物部烏《かく》らの人物がおり、百済の官位（「施徳」・「奈率」）を帯びることから、彼等は日系百済官人で、日本人と朝鮮（百済）女性との間に生まれた「韓子《からこ》」（継体紀二十四年九月条）と呼ばれる混血児と推察される。継体紀や同紀に引く百済側史料の『百済本記《くだらほんぎ》』には、勅使として百済との交渉にあたった物部伊勢連父根《いせのむらじちちね》（物部至《ち》至連《ちのむらじ》）の名を記すが、六世紀前半から半ばにかけて、物部氏の一族には外交任務を負って百済に派遣される者がおり、彼等の子である韓子が百済にとどまり官僚となる例も多かったのであろう。すなわち物部氏は仏教公伝時の日本と百済の外交に密接に関与しており、物部氏系の日系官人が聖明王のもとで日本との対外交渉に従事していた事実が知られるのである。このような物部氏の国際的立場を考慮するならば、この氏を排仏派と位置づけることには多分に無理がある。

加えて物部氏のもとには、守屋の拠点のある「阿都《あと》の別業《なりどころ》」・「渋河《しぶがわ》の家」の地（河内国渋川郡跡部郷《あとべ》、現大阪府八尾《やお》市跡部・渋川）を本拠とした阿刀《あと》氏（連・宿禰）が存した。この氏は学術・文化的傾向を有し、渡来人との関係が深く、対外交渉や大和川の水上交通に関与した一族であることが指摘されているが（亀井輝一郎「大和川と物部氏」横田健一編『日本書紀研究』第九冊、塙書房、一九七六）、とくに注目すべきは八世紀の高僧である玄昉《げんぼう》や善珠《ぜんじゅ》がこの氏の出身で、玄昉の師の義淵《ぎいん》も一説に阿刀氏出身とされることである。さらに言えば真言宗の開祖の空海も母が阿刀氏の人であった。

大阪府八尾市渋川町には、七世紀前半建立の中河内最古の寺院、渋川廃寺《しぶかわはいじ》があり、創建者を阿刀氏に比定することができる。阿刀氏は物部氏の同族と称しているが、七〇四年（慶雲《けいうん》元）に、渡来系の西漢《かわちのあや》氏配下の上村主《かみのすぐり》の一族の者が阿刀連に改姓しているように（『続日本紀《しょくにほんぎ》』）、この氏の出自も本来は渡来系であった可能性が高い（加藤謙吉「日本の遣唐留学生と渡来人」『東アジア世界史研究センター年報』第一号、二〇〇八）。

六世紀代の物部氏は、東漢《やまとのあや》氏や南河内の渡来人と結んだ蘇我氏に対抗して、西漢氏や中河内の渡来人勢力との関係を深めつつあった（加藤謙吉『吉士《きし》と西漢氏』白水社、二〇〇一）。阿刀氏もそのような勢力の一つであり、中・南河内の渡来人層の間に仏教が早い時期から浸透していた事実にもとづくと、物部氏が仏教排斥の主役となるような事態は起こりえなかったと見なければならない。

†オホマヘツキミ・マヘツキミ制の成立

では丁未の役の原因は一体何であったのか。六世紀半ば頃の大和政権下では有力豪族の代表者たちが国政を合議・決定するオホマヘツキミ――マヘツキミ制という政治体制が成立している（倉本一宏「氏族合議制の成立」同著『日本古代国家成立期の政権構造』所収　吉川弘文館、一九九七、黒田達也『朝鮮・中国と日本古代大臣制』京都大学学術出版会、二〇〇七）。マヘツキミとは大王《おおきみ》に近侍し、参議（国政に参与）と奏宣（大王への上申）の任にあたる職位で、当初は大和の在地土豪の有力者たちの中から選任されたが、後には伴造《とものみやつこ》系の豪族の代表も含むようになる。（加藤謙吉「大夫制と大夫選任氏族」同著『大和政権と古代氏族』所収　吉川弘文館、一九九一）。

議政官であるマヘツキミ（定員は十名前後）の上位には、合議を統括し、執政官として国政を担当するオホマヘツキミが存した。『書紀』に見える「大臣」は「オホオミ」と訓まれるのが通例であるが、正訓は「オホマヘツキミ」であり、マヘツキミを束ねる職位を表した言葉と見ることができる。さらに用明紀元年五月条には、「大臣」の蘇我馬子と「大連」の物部守屋の二人を「両大臣」と記すので、「大連」（「オホムラジ」）も「大臣」と同じく、オホマヘツキミを指すと解して差し支えない（篠川賢『物部氏の研究』雄山閣、二〇〇九）。すなわち「大臣」と「大連」の表記は、オホマヘツキミの職位に就いた蘇我氏のような「臣」姓の在地土豪と、大伴氏・物部氏のような「連」姓の伴造氏を、出自とカバネ（姓）の違いによって書き分けたものにほかならない。

『書紀』によれば、宣化《せんか》元年に大伴連金村《かなむら》と物部連麁鹿火《あらかひ》が大連に再任され、蘇我臣稲目《いなめ》と阿倍臣大麻呂《おほまろ》がそれぞれ大臣と大夫《マヘツキミ》に任命されたとある。『書紀』は大伴氏や物部氏が五世紀代から大連に就任し、大臣も蘇我氏に先立って平群《へぐり》臣や巨勢《こせ》臣の者が任ぜられたとするが、ウヂやカバネの成立時期（六世紀）を念頭に置くと、いずれも史実とは見なしがたい。宣化紀の記事はオホマヘツキミ—マヘツキミ制の淵源を伝えたものと受け取るべきであろう。マヘツキミ（大夫）の任命が複数ではなく阿倍臣大麻呂一人とされるのは、六・七世紀にマヘツキミに選任された諸氏のうち、とくに有力な阿倍氏の名を代表して掲げたものと推察される。

†蘇我氏誕生

五世紀後半、允恭大王の子の大泊瀬《おほはつせ》王（雄略《ゆうりゃく》）によって、葛城《かずらき》地方の在地土豪集団が一掃された。大和政権内に大王家と肩を並べる勢力を有したこの土豪集団は一般に葛城氏の名で知られるが、彼等の活動期は「氏」（ウヂ）の成立前であり（大王家の政治支配が進み、豪族たちの王権への隷属と奉仕の体制が整った時点で、初めてウヂが誕生する）、その実態は葛城ソツヒコを共通の始祖と仰ぎ、擬制的な同族関係で結ばれた葛城の豪族の連合体である（以下、「葛城氏」と仮称）。「葛城氏」は婚姻によって大王家の外戚としての地位を確保し、一方で

『記紀』の反乱伝承にうかがえるように、大王家と軍事的に対抗できる力量を備えていた。

大泊瀬王は、稲荷山古墳出土鉄剣銘や江田《えだ》船山《ふなやま》古墳出土大刀銘に見える「獲加多支鹵《わかたける》大王」と同一人である。彼は允恭大王死後に勃発した長期にわたる内乱的状況の中で、ライバルとなる王族や「葛城氏」などの対立勢力を武力で制圧して即位し、軍事的専制王権を樹立する。大泊瀬王に従った配下の私兵集団の長が、大伴氏や物部氏の前身にあたる豪族であるが、彼等は大泊瀬王の即位後、その専制王権を支える軍事的伴造として勢力を拡大し、政権の中枢に位置するようになる。「葛城氏」型の大和の在地型土豪の多くは、これにともなって没落するが、六世紀に入りそれまでとは王統を異にする男大迹《をほど》王（継体《けいたい》）が即位し、やがて大伴・物部両氏が政治の主導権をめぐって争うようになると、その混乱に乗じて低迷していた大和の在地型土豪にも政治的復権の兆しが現れるようになる（加藤謙吉『大和の豪族と渡来人』吉川弘文館、二〇〇二）。

六二四（推古三十二）年、蘇我馬子は大王に上奏し、葛城県《あがた》（「葛城氏」打倒後に大王家が没収し、直轄地の県とした「葛城氏」の旧領地）の下賜を要求した。馬子はその理由として葛城県が馬子の本居《うぶすな》（出生地・本拠地）であり、県にちなんで「葛城」を姓名としたと主張している。六四二年（皇極元）には、蘇我蝦夷《えみし》が「己《おの》が祖廟《おやのみたまや》」を葛城の高宮《たかみや》に立てて、天子の舞である「八佾《やつら》の舞」を舞わせたとある（以上、『書紀』）。これらは葛城地方進出をはかる蘇我氏の領土的野心や大王家への越権行為を強調するため、『書紀』編者が文飾を加えて批判的に記したものにすぎず、史実にもとづく記述ではないとする見方がこれまで有力であった。ただ編者の造作が濃厚であるとしても、蘇我氏の本居が葛城の高宮（現奈良県御所《ごせ》市森脇《もりわき》・名柄《ながら》）辺りにあり、この氏の姓名（旧姓または本姓）が「葛城」であった事実までをも否定してしまってよいであろうか。『書紀』の文脈からは、蘇我氏の強固な葛城帰属意識が読み取れるのである。

大泊瀬《おおはつせ》王との戦いに敗れ、「葛城氏」を構成した在地土豪の多くは五世紀後半に姿を消すが、中には『古事記』孝元天皇段に建内宿禰《たけしうちのすくね》の子の葛城ソツヒコの後裔とされ、大和国葛上郡《かづらきのかみ》玉手《たまて》の地（現御所市玉手）を本拠とした玉手臣のように、滅亡を免れた者たちもいた。蘇我氏もまたそのような土豪と見ることができ、高宮の地が「葛城氏」本流の一族の居所であることから、その流れをくむ支族ではないかとみられる。蘇我氏は建内宿禰の子の蘇我石川《いしかわ》（蘇賀石河）宿禰の子孫とされるが、蘇我稲目より前の石川宿禰から高麗《こま》に至る四代の系譜は、乙巳《いっし》の変《へん》以降、蘇我氏の族長の地位を占めた傍流の蘇我倉家《くらけ》（天武朝にウヂ名を「蘇我」から「石川」に改名）の手によって新たに付け加えられた系譜で、本来のこの氏は葛城ソツヒコの後裔に位置づけられる一族と推察される（加藤謙吉『蘇我氏と大和王権』吉川弘文館、一九八三）。

†蘇我氏と物部氏

蘇我氏は稲目の代に政界の表舞台に登場する。政治的実権は依然、大伴・物部の二大軍事伴造の手に握られていたが、継体朝成立後の混乱に伴い、蘇我氏以外の大和の在地型土豪も参政権を得て、政界に復帰するようになった。オホマヘツキミ―マヘツキミ制の成立によりマヘツキミに選任された氏族は、六世紀を通じて十二氏前後にのぼるが、その大半は臣のカバネを持つ大和や畿内の在地型土豪が占め、伴造系のマヘツキミは物部氏との抗争に敗れ、オホマヘツキミから降格した大伴氏や、後述する中臣《なかとみ》氏のような特殊な例に限られる。成立当初のマヘツキミの職位は、政治力を回復した在地型土豪を主たる対象としたと判断して誤りないであろう（前述）。

蘇我氏がマヘツキミを越えて、大伴氏や物部氏（「大連」）とともにオホマヘツキミに就任したのは、この氏が臣姓の在地型土豪の代表者の地位（「大臣」）を得たことを意味する。おそらくそれはこの氏が「葛城氏」の正統な後継者としての立場を保証されたことによるとみられるが、蘇我稲目が堅塩媛《きたしひめ》と小姉君《をあねのきみ》の二人の娘を欽明妃とし、用明・崇峻《すしゆん》・推古三大王の外祖父となることができたのも、五世紀代の大王家と「葛城氏」の姻戚関係を踏襲したためであろう。

「葛城氏」の伝統を引き継ぐとは言え、実質的には新興氏族にすぎない蘇我氏は、前代以来国政に参与してきた有力氏の物部氏と比較すると、政治力・軍事力・経済力のいずれの面でも劣勢であった。用明紀元年五月条は、物部守屋が蘇我馬子を「汝小臣《いましこまへつきみ》」と罵倒したと記すが、この言辞は物部氏と蘇我氏の本来の力関係を遺憾なく示している。勢力的に弱体な蘇我氏が最終的に物部氏を追い落とすことができた理由としては、①大王家との通婚により外戚としての地位を確保したこと、②マヘツキミ勢力と連携し、物部氏を政界で孤立化させたことの、二点を挙げることができる。

『記紀』の后妃《こうひ》記事を見ると、崇峻妃に大伴糠手《あらて》連の女の小手子《こてこ》がいる以外は、大伴氏や物部氏出身の后妃は存在しない。雄略以降の后妃は、王族出身者や、春日《かすが》氏・巨勢《こせ》氏・蘇我氏などの大和の在地型土豪、地方豪族・国造《くにのみやつこ》らの子女で占められている。王権直属的な伴造勢力からは大王のキサキを出さないのが古くからの慣例であったようで、物部氏は本質的に大王家との通婚が認められていなかったとみられる。蘇我氏が①により、大王家との一体化を強め、その氏族的権威を高めていったのに対し、物部氏の方はそれをただ座視するだけの状況にあったと言えよう。

②についてはマヘツキミの大半が、蘇我氏と同じ大和や畿内の在地型土豪出身であり、「葛城氏」衰亡後の逆境を乗り越えて政治的に再生した一族である事実に留意する必要が

ある。彼等は共通の利害関係に立って、国政を掌握していた大伴・物部両氏に対抗するために、オホマヘツキミの蘇我氏をリーダーとして結束することになる。さらに大伴金村が物部尾輿《をこし》に失政を弾劾されて失脚し、大伴氏がオホマヘツキミからマヘツキミに降格すると、大伴狭手彦《さでひこ》や大伴毗羅夫《ひらぶ》らの一族の者は、急速に蘇我氏に接近するようになった。かくして朝廷内にしだいに反物部的気運が高まり、蘇我馬子による物部守屋包囲網が形成されるに至るのである。

†合戦前夜

五八七年（用明二）四月、大王は即位後初めての新嘗《にひなへ》の儀式の最中に突然発病した。この折の新嘗祭は践祚大嘗祭《せんそだいじょうさい》に相当する大儀で、本来は前年十一月に挙行するはずであったが、敏達前大王の寵臣、三輪君逆《みわのきみさかふ》が穴穂部王《あなほべ》（欽明の子）の恨みを買い、物部守屋によって殺害される事件が起こり、四月まで延引されていたのである。『書紀』の記述から推測すると、逆殺害は口実にすぎず、実際は穴穂部王と物部守屋が用明大王から王位を簒奪しようとして企てた挙兵とみられる。クーデターは未遂に終わり、ようやく新大王の即位の大儀が実現しようとした矢先、用明が倒れたのである。彼の病は当時大流行していた天然痘とみられ、七日後には死去したことから明らかなように、病状は重く、不測の事態に備

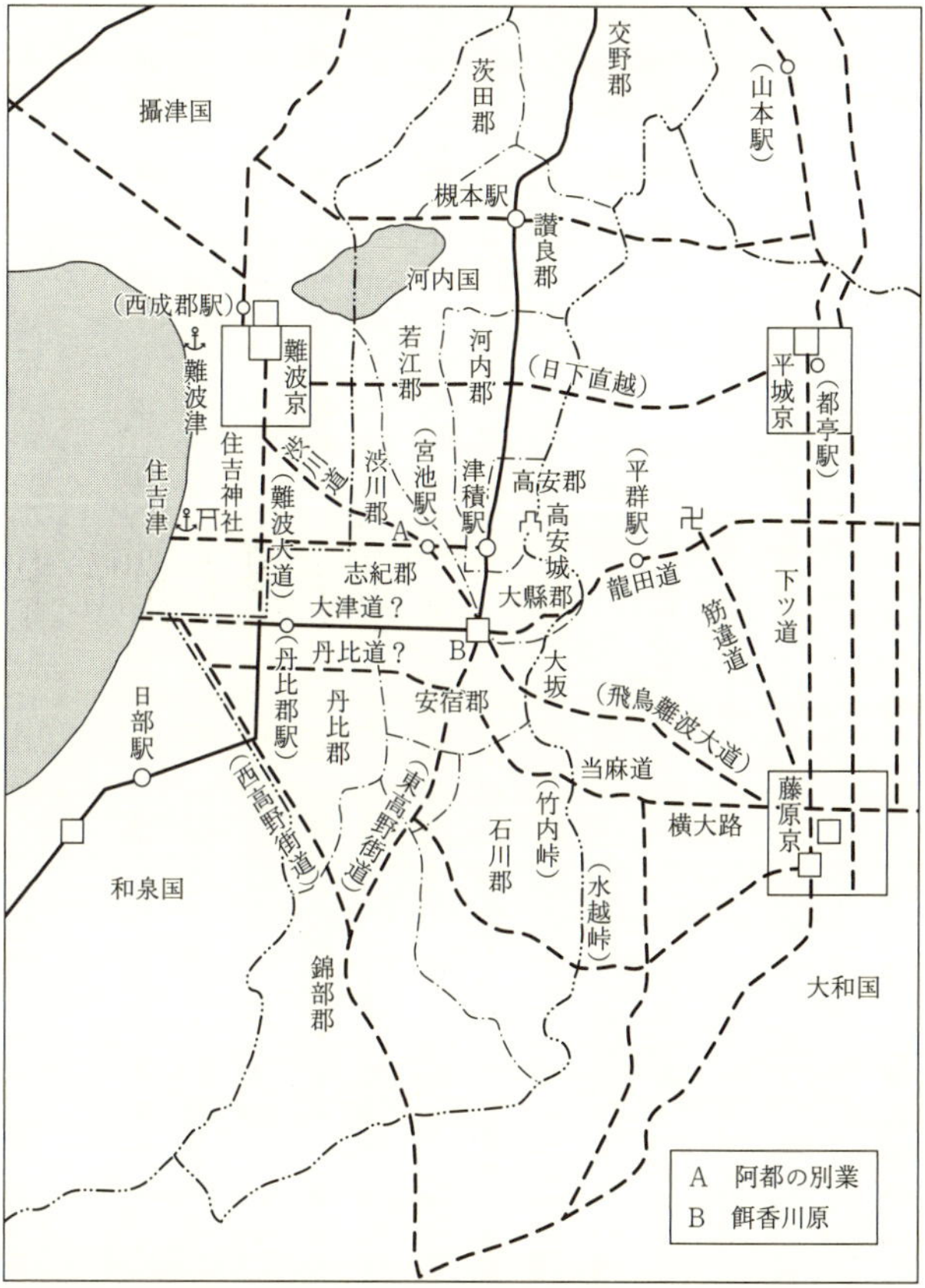

河内国の古代交通路（木下良『事典日本古代の道と駅』吉川弘文館、2009 所収の図に一部手を加えて作成）

及んでいたから、難波津から海路で西国に逃れ、再起を期すようなことも予定されていたのであろうか。

河内入りした第一軍は、餌香川《えががわ》（大和川との合流点に近い石川）の川原で、守屋軍の先鋒と初めて戦った。詳細は不明であるが、『書紀』は川原に斬殺された数百人の遺体が放置されていたと記すから、かなり大規模な戦闘が繰り広げられたと推察される。その後、第一軍が『上宮聖徳太子伝補闕記』の記すように、難波へ向かったのか、あるいは第二軍と合流し、南方から渋河路を進撃したのかは定かではない。守屋は稲城《いなき》（稲を積み上げた砦）を作って抗戦したが、最後には衣摺《きぬすり》（現大阪府東大阪市衣摺《きずり》）まで退却し、そこで戦死した。

『書紀』はこの時、第一軍に加わっていた厩戸王《うまやと》（聖徳太子）が白膠木《ぬりで》（仏教で霊木とされるうるし科の落葉樹）で四天王の像を作り、戦勝を祈願したという有名な話を掲げ、戦が終わった後、摂津国に四天王寺を造立したと記す。五七四年（敏達三）生まれの厩戸は、この時数え年十四歳の少年にすぎず、彼の参戦は疑わしい（久米邦武『上宮太子実録』井洌堂、一九〇五）。たとえそれが事実であったとしても、形式的な参戦にすぎなかったであろう。『書紀』の記述は、四天王寺（荒陵寺《あらはかでら》）の古縁起にもとづくもので、厩戸王に結びつけてこの寺の創建を古くしようとした作文にすぎず、四天王寺は実際には六二二年（推古三十）頃、難波吉士《なにわのきし》一族の手によって造立が開始され、大化以降も造営が継続した寺院と見ることができる（加藤謙吉「四天王寺と難波吉士」同著『日本古代の豪族と渡来人』所収、雄山閣、二〇一八）。

守屋討伐軍が王族とマヘツキミの連合から成る大軍であったのに対して、守屋の軍勢は『書紀』に「大連、親《みづか》ら子弟《やから》と奴軍《やつこいくさ》とを率《ゐ》て……」とするように、彼の一族の者と私有の奴で構成された私兵にすぎなかった。物部氏がいかに強力な軍事氏族といえども、勝敗の帰趨は最初から歴然としていた。『書紀』はこの戦を宗教戦争と位置づけ、崇仏派の勝利により仏法興隆の道が開けたように描くが、実態はマヘツキミ勢力を巻き込んだ蘇我・物部両氏の政治的抗争にほかならず、その結果、蘇我氏一氏をオホマヘツキミ―マヘツキミ合議体の指導者とする新たな政治体制が成立することになるのである。

さらに詳しく知るための参考文献

篠川賢『日本古代の歴史２　飛鳥と古代国家』（吉川弘文館、二〇一三）……継体・欽明朝から藤原京の時代まで、六・七世紀の政治史を平明かつ的確に叙述する。古代統一国家が形成されるまでの過程が外交・内政の両面から多角的に取り上げられており、入門書として最適。

加藤謙吉『大和の豪族と渡来人』（吉川弘文館・歴史文化ライブラリー、二〇〇二）……五・六世紀の大和政権の歴史的な発展段階を、畿内の有力豪族と渡来人の動向を通して、独自の視点から展望する。

倉本一宏『蘇我氏――古代豪族の興亡』（中公新書、二〇一五）……平安末期までを視野に入れ、蘇我氏のウヂの誕生から権力掌握、衰退・変質の過程をダイナミックに追った好著。随所に斬新な見解が認められ、有益である。

篠川賢『物部氏の研究』（雄山閣、二〇〇九）……物部氏に関する初めての本格的な研究書。従来不詳とされてきた物部氏の実像の解明に精力的に取り組み、説得力のある結論を引き出している。

佐藤長門『蘇我大臣家』（山川出版社・日本史リブレット人、二〇一六）……稲目・馬子・蝦夷・入鹿四代の蘇我大臣家が群臣（マヘツキミ）層との関係を通して権力を掌握し、その後、彼等の支持を失うことによって没落する過程を丹念に追う。丁未の役についても、細かい分析を行っている。

第3講　乙巳の変

有富純也

†はじめに

「乙巳《いっし》の変」と聞いて、西暦六四五年に起こった政変をすぐに思い浮かべられる人は少ないかもしれない。本講のタイトル、あるいは本書の目次を見て不思議に思った読者も少なからずいらっしゃったであろう。実際にいま、パソコンでタイプしてみると、漢字変換は上手くはいかなかった。私の記憶が正しければ、かつてはこの政変とその後の政治改革を「抱き合わせ」て「大化改新」と称していたように思う。しかし近年では、それらを区別し、政変を乙巳の変、一連の政治改革を大化改新と称することが多く、現在の高等学校の教科書でも右のように区別されていることが多い。

大化改新から「独立」したとはいえ、この政変が歴史上重要な出来事であるとみなされていることには変わりない。この事件は、皇極《こうぎょく》天皇四年、干支でいえば「乙巳」の年（故に乙巳の変と称される）の六月、蘇我入鹿《そがのいるか》が中大兄《なかのおおえ》皇子らによって暗殺され、その父である蝦夷《えみし》が自死を選んだ事件のことである。それまで権勢をふるっていたとされる蘇我本宗家が滅亡し、天皇家を中心とした国家形成がスタートした画期として、日本史上、最も重要な暗殺事件の一つといってもよいだろう。

†乙巳の変の概要

まずは史料に沿って、この事件のあらましを確認しよう。基本史料は『日本書紀』皇極天皇四年六月戊申条である（本講では、当該期における天皇号使用について議論があることを承知しつつも、便宜的に「天皇」「皇子」などの称号を用いる）。

六月戊申《ぼしん》（十二日）、暗殺事件は「大極殿《だいごくでん》」にて、蘇我倉山田麻呂が「三韓表文」を読むときに際して計画されたものである。「三韓」は高句麗・新羅・百済の三国のことであり、「大極殿」に相当する場所で行われていることから（この当時に大極殿はなく、おそらく『日本書紀』による潤色であろう）、何らかの外交儀礼の最中の出来事であった可能性は極めて高い。

警戒している蘇我入鹿を油断させて剣を外させる一方で、中大兄皇子や中臣鎌足《なかとみのかまたり》らは、武装し隠れて機会をうかがっていた。皇子の従者であろう佐伯子《さえきのこ》麻呂《まろ》は、緊張のあまりか、計画通りに入鹿を襲えず、そのため「三韓表文」を読む山田麻呂は、全身に汗をかき、声が震えてしまうなどの行動をとってしまう。入鹿はそれに気づき、山田麻呂になぜ震え戦慄《わなな》くのかと尋ねる。暗殺計画を察知されかねないと考えたか、中大兄皇子は子麻呂とともに入鹿に斬りかかる。頭と肩に傷を受けた入鹿は、皇極のもとで次のように言う。「臣《やつこ》、罪を知らず。乞う、審察を垂れんことを」と。皇極は驚き、中大兄皇子に「作《す》る所知らず、何事か有るや」と尋ねたのに対し、中大兄は、入鹿が皇位を簒奪しようと計画していることを述べ、暗殺計画の正当性を主張する。それを聞いた皇極天皇は、奥に入ってしまう。結局、入鹿は斬り殺されてしまう。

中大兄皇子は、蘇我氏側からの反撃を予想して法興寺《ほうこうじ》に入り軍勢を整えたが、蘇我側がいわば降伏を宣言し、入鹿の父蝦夷は翌日、自第を焼き自決してしまう。ここに、あっけなく蘇我本宗家は滅亡してしまったのである。

以上が事件のあらましである。蘇我氏は、『日本書紀』によればいわば〝悪役〟である。たとえば、入鹿を切りつけた中大兄皇子は、皇極天皇の「作る所知らず、何事か有るや」との問いに対して、「鞍作《くらつくり》（入鹿の別名）は天宗《きみたち》を尽し滅」そうとしていると述べている。また『日本書紀』皇極天皇元年（六四二）是歳条には「上宮大娘姫王《かみつみやのいらつめのみこ》、発憤して嘆きて曰く、『蘇我臣、専ら国の政を擅《ほしきまま》にして、多くの行、無礼す。天に二つの日無く、国に二つの王無し。何に由りてか意の任《まま》に悉《ことごと》く封民を役す』といふ」とあることなどから、「天皇家」をないがしろにして政治を独断していたように描かれている。

†『日本書紀』の潤色？

しかしこれは本当だろうか。敗者である蘇我本宗家は、『日本書紀』の編纂には当然のことながらタッチすることはできず、一方で勝者である天皇家、あるいは中臣鎌足の子孫である藤原氏などが『日本書紀』の編纂に大きく関わっていることから、史実を脚色している可能性もあるだろう。『日本書紀』を盲信することは避けねばならない。

ところが、乙巳の変に関する史料は、『日本書紀』以外には中臣鎌足の伝記である『藤《とう》氏家伝《しかでん》』があるものの、その記述は『日本書紀』の記述と大差なく、『日本書紀』以上の情報を得ることは難しい。そこで、以下では「韓政」に注目してみたい。実は入鹿が斬殺されたとき、蘇我氏に近しい皇子であった古人大兄皇子《ふるひとのおおえ》がみずからの王宮に帰ったあと、「韓人《からひと》、鞍作臣を殺しつ」と述べている。この発言に対して『日本書紀』編者は、「韓政に因りて誅《つみ》せらるるを謂ふ」と注釈を入れている。この「韓政」を的確に解釈するのは難しいが、さしあたりは、「朝鮮半島における政治」と考えておきたい。それを踏まえて以下では、朝鮮半島を中心に、当時の東アジアの政治状況を検討することによって、乙巳の変の真相に迫りたい。

†東アジア世界の動乱

実は、乙巳の変が起きる数年前から、東アジア世界では動乱の時期に差し掛かっている(森二〇〇六)。まず百済では、六四一年に即位した義慈《ぎじ》王が翌六四二年に新羅へ、王みずから侵攻を開始し、四十余りの城を陥落させたという。それまで対新羅関係において劣勢だった百済が新羅へ反撃を可能としたのは、義慈王のリーダーシップによるところが大きいと推測される。六四三年、百済の攻撃に対して新羅の善徳《ぜんとく》女王は、金春秋《きんしゅんじゅう》を高句麗に派遣して援軍を求めた。しかし高句麗はそれを拒否し、逆に百済と結んで新羅を追い詰めようと試みた。

その高句麗では、六四二年、泉蓋蘇文《せんがいそぶん》がクーデターを成功させている。彼は、多くの貴族を殺害し、ときの高句麗王であった栄留《えいりゅう》王も殺害し、その弟とされる宝蔵《ほうぞう》王を擁立して、みずからは「莫離支《ばくりし》」と称して、高句麗で専制政治を行った。こののちの六四五年、唐は泉蓋蘇文のクーデターを口実に高句麗征討を実行する。多くの城が攻め落とされたが、高句麗はよく耐え、唐軍は撤退を余儀なくされる。六四七、六四八年も唐は高句麗を攻めたが、それが失敗に終ったのは、泉蓋蘇文の手腕が大きいと考えられる。

また劣勢であった新羅は、女王であるが故に隣国から侮られるので、唐から国王交代を提案される。この提案は唐と新羅との関係を悪化させることとなり、また女王への反感から毗曇《ひどん》が反乱を起こしている。この乱が金春秋らによって鎮圧されると、新羅は六四九年に唐の服制を、六五〇年には唐の年号を採用するなど、唐の政治のあり方を採り入れて、親唐路線に舵を切るようになる。

以上、主に六四〇年代の朝鮮諸国について概観してきた。三国ともに政治的に混乱していたことは確実である。この状況が生じたのは、唐が高昌国《こうしよう》を滅ぼすなどの、対北方政策に区切りをつけ、対朝鮮半島政策を活性化させたことが最大の要因である。ともあれ、朝鮮三国の政治権力のあり方に大きな変化があったことは確かであろう。かつて石母田正氏はこれらを評して、大臣独裁の高句麗型、国王専制の百済型、貴族合議の新羅型と分類した（石母田一九七一）。

†ヤマト政権の反応

そしてこの朝鮮半島の政変の一部は、当時のヤマト政権にも伝達されていた可能性が極めて高い。すなわち『日本書紀』皇極天皇元年（六四二）二月戊子《ぼし》条には、「去年の十一月に、大佐平《だいさへい》智積《ちしやく》卒す。又百済の使人、崑崙の使を海裏に擲《なげい》れり。今年の正月に、国主の母、薨《みう》せぬ。又弟王子、児翹岐《こげうき》、及び其の母妹の女子四人、内佐平《ないさへい》岐味《きみ》、高き名有る人四十余、嶋に放たれぬ」と記されており、百済が混乱しているという情報が日本にもたらされていることが理解できる。また同丁未《ていび》条には、「秋九月に、大臣伊梨柯須弥《いりかすみ》、大王を弑し、并《あはせ》て伊梨渠世斯等百八十余人を殺す。仍《よ》りて弟王子の児を以て王と為す。己が同姓都《つ》須《す》流《る》金《こむ》流《る》を以て大臣と為す」との記述があり、「伊梨柯須弥」（泉蓋蘇文と比定されている）がクーデターを起こしたという情報も、もたらされたことが知られる。

592	崇峻天皇暗殺、推古天皇即位
628	推古天皇死去、境部臣摩理勢殺害、舒明天皇即位
642	皇極天皇即位
643	上宮王家滅亡事件
645	乙巳の変、皇極天皇退位、孝徳天皇即位
649	蘇我倉山田石川麻呂自害
655	斉明天皇即位（皇極天皇重祚）
658	有間皇子謀反事件
663	白村江の戦い

乙巳の変前後の主な政変と政局

近年の学界では以前にもまして、このような情勢の変化に当時のヤマト政権は敏感に反応したと考えられている（吉川真司『シリーズ日本古代史③　飛鳥の都』岩波新書、二〇一一）。ヤマト政権も、当時新羅に圧力をかける百済や、唐帝国からの攻勢をよく凌ぐ高句麗と同様、強力な指導力を発揮できるリーダーを定めることによって、新たな政治体制を生み出そうと模索していたのではないだろうか。すなわち、蘇我本宗家、特に入鹿は、古人大兄皇子を王位に就任させ、例えば高句麗の泉蓋蘇文と同等の立場を狙っていたと考えられる。その可能性をうかがい知ることができる事件が実は、乙巳の変の二年ほど前に生じている。六四三年に起きた、上宮王家《じょうぐうおうけ》滅亡事件である。

†上宮王家滅亡事件

『日本書紀』皇極天皇二年（六四三）十一月朔条によれば、蘇我入鹿が巨勢徳太臣《こせのとこだのおみ》、土師娑婆連《はじのさばのむらじ》を派遣して、斑鳩《いかるが》に住む山背大兄王を襲撃させた。山背大兄王とは、厩戸皇子（聖徳太子）の子であり、上宮王家を継ぐ、当時のヤマト政権において重要人物の一人であった。皇極のパートナーで、前任者である田村皇子（舒明《じょめい》天皇）が即位するとき、天皇の地位を巡って争った人物でもある。

襲撃を受けた山背大兄王は、いったん逃げ出し、「胆駒山《いこまやま》」に身を潜めた。東国に逃れてから軍勢を整えれば勝利するでしょう、という助言には耳を貸さず、結局、「斑鳩寺」に入り、そこで「子弟・妃妾」とともに、自死を遂げるのである。蘇我氏がかつての（そしておそらく当時も）天皇候補であった人物を急襲し、死に追い込むということは、非常に衝撃的な事件と言えよう。この事件を聞いた入鹿の父・蝦夷ですら、「入鹿、極甚《はなは》だ愚痴《おろか》にして、専ら暴悪を行へり」と怒り罵っていることから、『日本書紀』では入鹿の悪逆性を示す出来事として象徴的に描こうとしているようだが、おそらくは蘇我本宗家と上宮王家との生き残りをかけた権力闘争であったと考えるのが自然であろう。その結果、先述のように大臣独裁の高句麗型を目指す蘇我氏が勝利したのである。

ここで勝利を得た蘇我氏であったが、蘇我蝦夷あるいは入鹿は、高句麗の泉蓋蘇文のようにはならなかった。彼らが、直後に乙巳の変で敗れたのは先述した通りである。石母田正氏によれば、乙巳の変の勝者である中大兄皇子は貴族合議の新羅型を目指したとされている（石母田一九七一）。東アジアの国際情勢に合わせて、王族や豪族間で「椅子取りゲーム」のようなかたちで、ヤマト政権の覇権を争っていたのであろう。

†乙巳の変以前の国内情勢

このように、六四三・六四五年と、権力闘争ともいえる大きな政変・争乱が相続いているのである。先述したように、このような権力闘争がヤマト政権内ではじまったのは東アジア情勢が契機となったと考えられるが、少し時代をさかのぼり、国内の情勢にも目を向けてみよう（五三頁の表も参照）。

皇極朝以前の推古朝や舒明朝は、ある程度安定した時代であったと考えられる。推古の在位は、五九二年から六二八年までであったが、そのあいだ、目立った政争は『日本書紀』に記されていない。推古が即位するきっかけは、前天皇とされている崇峻天皇が暗殺されるというショッキングな事件があったものの、その後政変は見当たらないのである。

実際のところ推古天皇即位直後は不明だが、ある程度ののちは、推古天皇・厩戸皇子・蘇我馬子のいわば「三頭政治」が安定的に行われていたのではないかと推測される（倉本一宏「大王の朝廷と推古朝」『岩波講座日本歴史第二巻　古代2』岩波書店、二〇一四）。おそらく実際に推古朝は、安定した時期であったと考えられる。

しかし、厩戸・馬子・推古の順で三人が亡くなると、政局が一時的に不安定となる。推古天皇の後継者争いから、田村皇子派と山背大兄王派との対立が生じてしまう。この時期、次期天皇をあらかじめ定めておく（現代と同意義での）皇太子制度はなく、群臣会議で決定することが多かったようである（吉村武彦「古代の王位継承と群臣」『日本古代の社会と国家』岩波書店、一九九六、初出一九八九）。その会議でも、田村皇子派である蝦夷と、山背大兄皇子派である蘇我境部臣摩理勢《さかいべのおみまりせ》（蝦夷の叔父）とが対立した結果、摩理勢が殺されている。しかしこれも王位交代時における派閥争いであり、舒明即位後の約十五年間も、政変は認められない。なお『日本書紀』舒明天皇十一年（六三九）七月条によると、「詔《みことのり》して曰はく、「今年、大宮及び大寺を造作せしむ」とのたまふ。」とある。これらは、百済宮および百済大寺と呼ばれており、その後の十二月是月条には「百済川の側に、九重の塔を建つ」とあり、また十二年十月是月条に「百済宮に徙《うつ》ります」と記されていて、宮・寺が完成したようである。百済大寺に関しては、吉備《きび》池廃寺《いけはいじ》跡に比定されているが、当時の安定した経済力が見て取れるかもしれない。ともあれ、舒明朝は、このような公共事業を可能とするほどに、政権としての力を保持していた可能性があろう（吉川真司『飛鳥の都』前掲）。

蘇我倉山田石川麻呂事件

皇極即位直後に、東アジア世界が激動期に入ってしまい、その影響を当時のヤマト政権も全面的に受けてしまったことに関しては先述した通りである。乙巳の変の四年後にも、そのときに三韓表文を読んだ蘇我倉山田石川麻呂が謀反の嫌疑をかけられ、自害に追い込まれている。すなわち『日本書紀』大化五年（六四九）三月戊辰条によれば、蘇我臣日向《ひむか》から讒言を信じた中大兄は、改新政府の右大臣に任命されていた石川麻呂に対して使者を派遣して謀反の真偽を問うた。石川麻呂は「問はせたまふ報は、僕《やつかれ》面《まのあたり》、天皇の所に陳《もう》す」とあり、真偽について使者には答えなかった。再度使者を派遣して尋問したものの、石川麻呂の回答は同様であった。そこで政権側は兵を発し、自宅を囲まれた石川麻呂は、「倭国」（のちの大和国。おそらく飛鳥であろう）まで逃亡する。石川麻呂が建立した山田寺に籠もり、そこで妻子らと共に自死を選ぶ。

以上が蘇我倉山田石川麻呂の謀反事件の概要である。この事件に関して倉本一宏氏は、的確に以下のごとく述べている。「中大兄王子は、『日本書紀』が語るような、密告を信用して外戚の石川麻呂を殺してしまい、後になって彼の無実を知って悲しむというような短絡的な人間とは思われず」「権力抗争の現れ、あるいはそれによって新政に不満を持つマヘツキミ層への示威《じい》を行なおうとした」（倉本二〇一五、一五二頁）と。先述したように、新政権は新羅型の政務のあり方を目指していたようであるが、この方針に不満を持つ豪族も、あるいは多かったのではないだろうか。この九年後に生じる有間《ありま》皇子謀反事件も、そのような豪族の不満が表面化したものと考えられるかもしれない。

†おわりに

以上をまとめよう。乙巳の変は、もちろん国内における政治主導権を争う、蘇我本宗家勢力と中大兄皇子を中心とする勢力との抗争で、前者が敗北、後者が勝利した事件であることは間違いない。しかし、単純な権力闘争というわけではない。この前後の権力闘争も含めて当時のヤマト政権内での争いは、おそらく同時期に唐や朝鮮三国における戦争やクーデターが生じていたことと深く関わっていたと考えられる。

最後に、乙巳の変後に行われた大化改新との関連性について述べ、本章を締めくくろう。かつて戦後の日本古代史研究は、大化改新虚構論が盛んであった。しかし近年では、考古学的な立場、特に出土文字資料の検討から、大化改新の画期性を再評価する傾向にある

（吉川真司『飛鳥の都』前掲、市大樹《ひろき》『飛鳥の木簡』中公新書、二〇一二）。出土文字資料という一次史料から構築された歴史像に、納得する部分ももちろん多い。しかし、大化改新との「抱き合わせ」を敢えて忘れ、乙巳の変を単なる政争の一場面と考えると、上宮王家滅亡事件および蘇我倉山田石川麻呂事件と大きな差のある事件ではない。この蘇我本宗家滅亡という事件は、『日本書紀』が大袈裟に盛り上げているようにすら思える。政治史における乙巳の変を再度詳しく検討する時期に入っているのかもしれない。

さらに詳しく知るための参考文献

倉本一宏『蘇我氏――古代豪族の興亡』（中公新書、二〇一五）／遠山美都男『大化改新――六四五年六月の宮廷革命』（中公新書、一九九三）……乙巳の変を知るうえで、簡便かつ基本となる書。本書姉妹編である『古代史講義』にも参考文献として掲げられていることから、ここでは紹介だけにとどめる。

森公章『戦争の日本史1　東アジアの動乱と倭国』（吉川弘文館、二〇〇六）……姉妹編『古代史講義』にもすでに記されているが、この本はどうしても紹介しておきたい。日本史研究者による当該期の外交に関する研究は数多あるが、最も一般読者が手に取りやすいのは本書であろう。森氏は、研究論文を量産しつつ、わかりやすい概説書を多く執筆されている。この本だけでなく、他の本も手に取ってほしい。

石母田正『日本の古代国家』（岩波文庫、二〇一七、初出一九七一）……発刊から五十年近く経つが、いまだに日本古代史研究におけるバイブルと言ってよいだろう。第一章と第二章が本講と大きくかかわる。一般読者には少し難しい本かもしれないが、近年文庫化されたこともあり、また外交関係を論ずる第一章は比較的読みやすいので、是非読んでいただきたい。筆者も久しぶりに関連箇所を読んでみたが、やはりその明晰さには圧倒される。

第4講

白村江の戦い

浅野啓介

白村江《はくそんこう》《はくすきのえ》の戦いは、倭国が、滅亡した百済《くだら》を救援するため朝鮮半島に大軍を送り、六六三年に唐・新羅の軍に白村江（教科書などでは白村江とあるが、中国や韓国の史料では白江《はくこう》で、日本の史料のみに白村江とある。現在の韓国の錦江《きんこう》河口、東津江《とうしんこう》河口、牙山湾奥の安城川河口入江南岸、牙山湾入口南岸などの比定地があり決まっていない）で敗れた戦いである。

†百済の滅亡

この戦いの直接のきっかけは、六六〇年の百済の滅亡である。六六〇年（唐では顕慶《けんけい》五年、新羅《しらぎ》では太宗武烈王《たいそうぶれつおう》七年、百済では義慈王《ぎじおう》二十年、日本では斉明《さいめい》六年）三月、唐の皇帝高宗《こうそう》が左武《さぶ》衛《えい》大将軍蘇定方《そていほう》を神丘道《しんきゅうどう》など十四道の行軍大総管《こうぐんだいそうかん》に、新羅王金春秋《きんしゅんじゅう》（武烈王）を嵎夷道《ぐういどう》行軍総管に任命し、水陸十万で百済を討伐させた（『新唐書《しんとうじょ》』高宗本紀、『旧唐書《くとうじょ》』新羅伝、大唐平《だいとうへい》百済国碑《くだらこくひ》）。これは新羅王の救援要請に対応したもので、この時、唐に宿衛《しゅくえ》していた武烈王

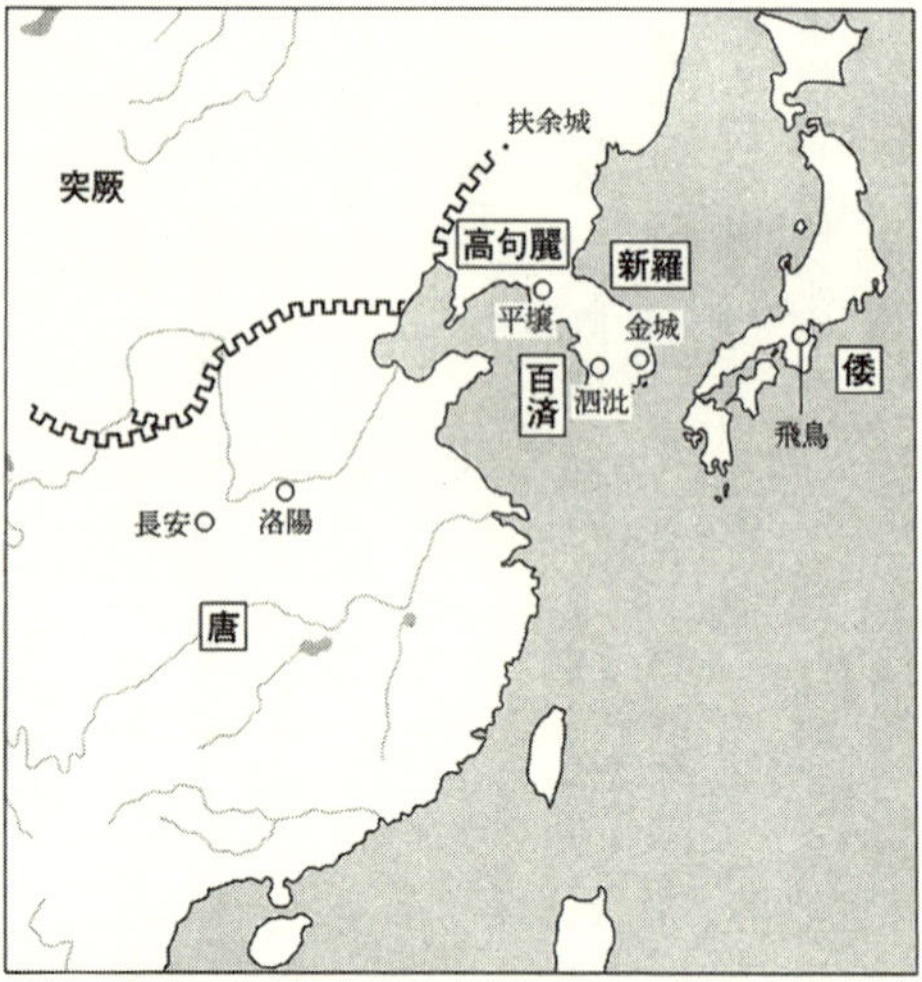

7 世紀の東アジア（倉本 2017）

の第二子金仁問《きんじんもん》は神丘道副大総管に任命された（『三国史記《さんごくしき》』金仁問伝）。神丘や嵎夷は朝鮮半島の地名である。七月十三日には百済の義慈王は泗沘《しび》の扶蘇山城《ふそさんじょう》を抜け出し、熊津城《くまなりじょう》に着いたものの、十八日に降伏した。

八月には酒宴が開かれ、堂上に座った蘇定方が堂下の義慈王とその王子隆《りゅう》に酒を注がせた（『三国史記』新羅本紀以後、「新羅本紀」）。また、百済に熊津等の五都督《ととく》府《ふ》や三十七州等を置いた（『旧唐書』高宗本紀、大唐平百済国碑）。九月には惣管の一人である劉仁願《りゅうじんがん》に兵一万を、副将である武烈王の王子仁泰《じんたい》に兵七千人をつけて泗沘に留め、蘇定方は百済王や王族臣寮九三人、百姓一万二千人を泗沘から船に乗せて唐に連行した（「新羅本紀」）。

†斉明、軍の派遣を決断

百済滅亡の情報を、倭は同年九月の百済からの使い（達率《たちそつ》〈百済の官位十六階の二位〉の某《なにがし》と僧の覚従《かくじゅう》）からの情報で知る。「今年七月に新羅が唐人を引き込んで百済を傾け、王や臣下を皆俘虜《ふりょ》とした。ここで、百済西部にいた恩率《おんそつ》（百済の官位十六階の三位）の鬼室福信《きしつふくしん》が怒って任射岐山《にざきさん》（後述の任存城《にんそんじょう》）を拠点にし、達率余自進《よじしん》は百済中部の久麻怒利山《くまなりさん》（熊津城）を拠点にし、百済のばらばらとなった兵を集め、武器はすでになくなっていたので棒を持って戦った。新羅の軍を破り百済はその兵を奪った。唐は敢えて介入してこない。福信たちはついに百済の国を集め、ともに王城を保持している。百済の国の人々は尊敬して佐平《さへい》（百済の官位十六階の一位）福信、佐平自進と呼ぶ。ただし福信のみは神武《しんぶ》の権《はかりごと》を起こしてすでに滅んだ国を興した」との内容であった（『日本書紀』）。

実際に、それはそれほど誇張な表現ではなく、旧百済軍は九月二三日には泗沘城《しひ》に侵入し、城内の人々を誘拐しようとしたり、泗沘の南嶺《なんれい》に柵を作り、軍隊を駐屯させ、彼らに呼応する者が二十余城になった（「新羅本紀」）。さらに、十月には福信本人の使者がやってくる。使が言うには「百済国は君臣が俘虜になったにもかかわらず遥かに天皇の護念を頼りに人を集めて国となった。お願いとしては百済が天朝（倭）に派遣している王子豊璋《ほうしょう》を

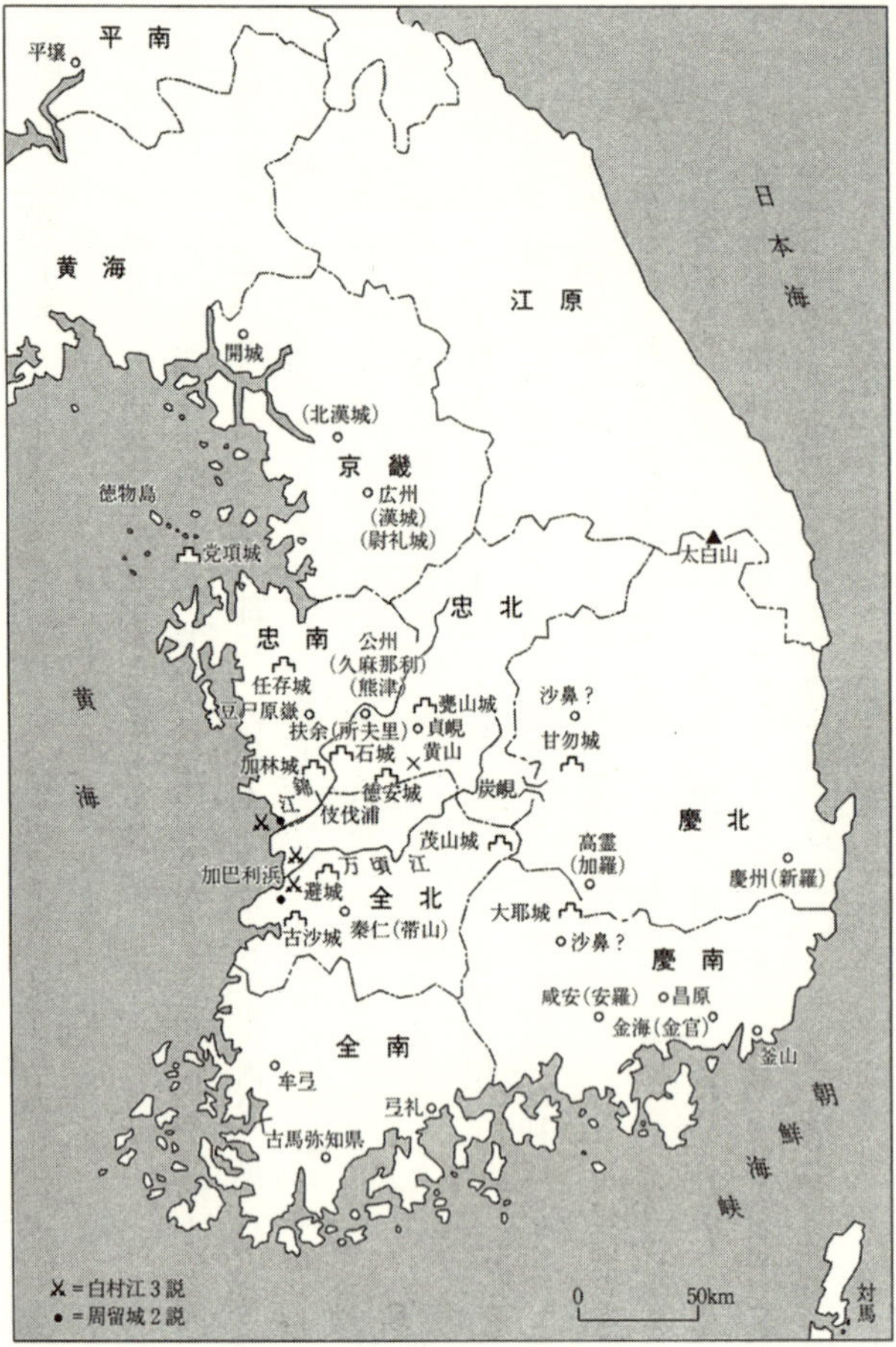

百済救援出兵時の朝鮮半島(森 2016)

迎えて国の主としたい」ということであった。

それに対する斉明の返答は「援軍の要請は昔にも聞いたことがある。危ないのを助け、絶えてしまった（国を）継ぐことは恒《つね》の典《のり》に書かれている。百済国が私たちに頼っているのは他に頼るところがないからである。（中略）将軍にそれぞれ命じて様々な道から共に進んでいこう。沙喙《さたく》（新羅の一地方）に集まれば差し迫った苦しみを緩められるだろう。（軍を）派遣する。」というものであった。昔に聞いたことがあるという援軍の要請というのは、四七九年に百済滅亡時の王の弟にあたる父とともに倭に「質」として滞在していた東城王《とうじようおう》が帰国して即位する際、倭は兵器を賜与し、筑紫国《ちくしのくに》の軍士《ぐんし》五百人を派遣して衛送した（『日本書紀』雄略二三年四月）ことであろう。

また、百済の使いの唐は敢えて介入して来ない、という文言も注目すべきで、この前にも後にも倭の史料には百済を助けるとか新羅と戦うという文言は見えるが、唐と戦うという文言は見えない。直接唐と戦おうと思っていなかったと思われる。

†旧百済の反乱

さて、百済を滅ぼした唐の将軍蘇定方は先述のように百済の王族を連行して唐に帰ったが、直後から百済の残兵が各地で反乱を起こした。百済僧の道琛《どうちん》と福信は州柔城《するじよう》に拠って倭に使いを送った。唐は左衛中郎将《さえいちゅうろうしょう》王文度《おうぶんたく》を熊津都督として赴任させたが、王文度は百済に到着するとすぐに亡くなった。十月には新羅王は尓《に》礼城《れじょう》を攻め旧百済二十余城は投降し、泗沘の南嶺軍をも攻めた（「新羅本紀」）。これにより、旧百済軍の攻勢はいったん収まったと思われる。

しかし、十一月になると高句麗《こうくり》が新羅を攻めてくる。また、十二月には唐は蘇定方らの軍を高句麗に派遣する（『新唐書』）。年が明けて六六一年（斉明七、唐龍朔《りゅうさく》元年・新羅大宗八年・文武王元年）二月には旧百済軍が泗沘城を攻めるが、唐は王文度に代わって、前年に水軍を統括していた際に遅れてしまったことで無役となっていた劉仁軌《りゅうじんき》を検校帯方州刺史《けんぎょうたいほうしゅうしし》に任命し援軍を送った（『旧唐書』劉仁軌伝）。

帯方州は旧百済地方の地名で、熊津都督よりも下級の行政単位であり、刺史はその長官である。帯方州刺史はおそらく百済人がなっていたと思われるが、それとは別に下位の役人であった劉仁軌を任命した。劉仁軌の率いる軍の援軍により、旧百済軍は泗沘城を引き、旧百済軍の僧道琛は熊津江河口で唐新羅連合軍に敗れて任存城にこもった。ただ、新羅兵は食料が尽きたので引き返す（『旧唐書』百済伝）。

唐は四月（『新唐書』。『旧唐書』は五月）には蘇定方らに高句麗を攻めさせた。さらには、五月には高句麗が靺鞨《まっかつ》と組んで新羅に攻めてくるなど（「新羅本紀」）、唐・新羅と旧百済の戦いは一進一退の状況であった。そのような中、六月には新羅王金春秋が亡くなる。それでも新羅は、七月に王族の金庾信《きんゆしん》を大将軍に任命し高句麗へ軍を差し向け（『新羅本紀』）、八月には唐の蘇定方らが高句麗の首都平壌城《へいじょうじょう》を包囲した。しかし、寒波によって翌六六二年三月までに退却する（『新唐書』高麗伝、『旧唐書』本紀、『三国史記』高句麗本紀、『日本書紀』）。その一方で、新新羅王金法敏《きんほうびん》自らが旧百済軍と戦っていた。まさしく福信のいう通り、百済との戦いに唐はほとんど入ってこられない状況であった。

†斉明出征

日本の動きに目を移そう。『日本書紀』によれば、六六〇年十二月には斉明は飛鳥（奈良県明日香村）から難波宮《なにわのみや》（大阪市）に行き、筑紫に行って軍を派遣して百済を救おうと思い、まず軍の道具を準備した。また、同年には百済のために新羅を討とうと駿河国《するがのくに》に船を造らせている。

六六一年（斉明七）正月六日、御船《みふね》（斉明の乗った船）は海路につき、八日に大伯海《おおくのうみ》（岡山県瀬戸内市邑久町《おくちょう》の海）に至った。ここで大田皇女《おおたのひめみこ》（中大兄〔天智〕の子で大海人《おおあま》〔天武〕の妃）が女子を生んだので、地名をとって大伯皇女《おおくのひめみこ》と名付けた。備中国下道郡二万《びっちゅうのくにしもつみちぐんにま》（岡山県倉敷市真備町上二万《まびちょうかみにま》・下二万《しもにま》）にも中大兄が兵を集めるために寄ったと考えられる（『本朝文粋《ほんちょうもんずい》』）。

一四日に伊予の熟田津《にきたつ》（現在の愛媛県松山市）の石湯行宮《いわゆのかりみや》（現在の道後温泉）に到着。ここで額《ぬか》田王《たのおおきみ》が和歌「熟田津に船乗りせむと月待てば潮もかなひぬ今は漕ぎ出でな」を詠む（『万葉集』巻一）。松山市の久米《くめ》官衙《かんが》遺跡群はこの伊予滞在と関係する遺跡である。

三月二十五日に娜大津《なのおおつ》（現在の福岡市の博多港。この時長津《ながつ》に改名）の磐瀬行宮《いわせのかりみや》に到着。五月に斉明は朝倉橘広庭宮《あさくらのたちばなのひろにわのみや》（現在の福岡県朝倉市）に移った。しかし、七月二十四日に斉明は死去してしまう。遺骸は船で難波に送られ十一月に飛鳥に葬られた。この時、中大兄は一緒に飛鳥に戻ったと言われているが（その後中大兄が九州に戻ったかどうかは不明）、大海人は妻（鸕野讃良皇女《うののさらのひめみこ》、のちの持統《じとう》天皇）が長津（大津宮）で草壁皇子《くさかべのみこ》を出産していることからして九州に残っていた。

†倭、第一次派兵

八月に、前将軍大花下《まえしょうぐんだいけげ》（官位十九階のうち八番目）阿曇比羅夫《あずみのひらふ》、小花下《しょうけげ》（同十番目）河辺百枝《かわべのももえ》ら、後将軍《しりえしょうぐん》大花下阿倍引田比羅夫《あべのひけたのひらふ》、大山上《だいせんじょう》（同十一番目）物部熊《もののべのくま》、大山上守大石《もりのおおいわ》らを百済を救うために発遣し、武器や食料を送らせた。九月には中大兄は長津宮《ながつのみや》に戻り、百済の王子である豊璋に織冠《しょっかん》（官位十九階のうち最高位）を授け、すでに妻はいたようだが、多蔣敷《おおのこもしき》の妹を妻にした。中大兄は豊璋を臣下にしたことになる。また、もし豊璋が百済を再興した際には次の王の母は倭人となったことになり、倭が百済で大きな影響力を持つことになる。

そして、大山下《だいせんげ》（同十二番目）狭井檳榔《さいのあじまさ》・小山下《しょうせんげ》（同十四番目）朴市秦田来津《えちはたのたくつ》（近江国愛智郡、現在の滋賀県の豪族）ら五千人を付けて豊璋を旧百済の地に送った。旧百済の地に到着した豊璋を、鬼室福信は歓迎し拝んで国の政治をゆだねたという。なお、六六二年五月にも阿曇比羅夫等が、船百七十艘を率いて豊璋らを百済に送り、豊璋に王位を継がせたという記事が『日本書紀』にあり、どちらかが重複記事であると考えられている。

これに対し、朝鮮半島では、六六一年八〜九月に新羅軍と旧百済軍が甕山城《ようざんじょう》で戦い、新羅軍が勝利している（「新羅本紀」）が、詳細な時期は不明ながらこの頃旧百済では僧道琛が鬼室福信に殺されるという事件が起きる（「百済伝」）。旧百済軍はもともとそれぞれの根拠地に拠って戦っていたわけだが、ここで内紛が表面化した。しかし、豊璋が帰国することにより、旧百済軍の士気と求心力は高まったことであろう。

†唐の方針転換

しかし、この頃唐では方針の転換を行う。『旧唐書』劉仁軌伝によれば、六六二年三月の蘇定方らの高句麗からの退却後に、唐の皇帝高宗が朝鮮半島で戦っている劉仁軌に勅書を送り、「平壌に向かっている軍が帰ったら、一城（熊津のことか）を一人では守ることができない。だから新羅とともに守るように。もし金法敏（新羅王）らが、戦場に留まるのならばとりあえずそこに留まるべきだが、もしも新羅に帰るということであれば、海を渡って帰るように。」と伝え、唐軍はみな帰りたいと思うようになった。

それに対し劉仁軌は「高句麗を滅ぼそうと思うのならば先に百済を滅ぼすべきです。だからさらに兵を乞います。平壌の軍が帰り熊津を退却すれば百済の余燼《よじん》はすぐに復活し高句麗も勢いが高まりいつ滅ぼせるかわからなくなります。賊の中心は一城であり、そこを失えば亡虜《ぼうりょ》となるでしょう。まして福信は凶暴残虐で、余豊は疑い深く外では合っているように見えて内側では離れています。勢いがあるように見えてその勢いは必ずお互いを傷つけるでしょう。」と言い、皇帝の命令に異議を唱えた。

この時は扶余豊と福信らは熊津の東にあり、川に近くて高く険しい位置にある真峴城《しんけんじょう》にいた。七月以降に（「百済伝」、『資治通鑑』）、劉仁軌は新羅兵を率いて夜に城に近づき、明方にはその城を落とし新羅に通じる食料運搬の道を確保した。劉仁軌・劉仁願の唐軍と新羅軍の連携が図りやすくなったのである。また、七月には、唐は劉仁軌の要請に応じ右威《うい》衛将軍孫仁師《えいしょうぐんそんじんし》を熊津道行軍総管として七千人を送り百済を討たせた（『新唐書』、『旧唐書』百済伝）。その孫仁師の軍が海を渡って劉仁軌の軍と合流すると、兵士は大いににぎわった。

唐・新羅軍の優勢が明確になったのはこの時期だった。

†倭の第二次派兵

一方、倭は、六六二年（天智元）正月には倭は鬼室福信に矢十万隻など、三月には百済王に布三百端《むら》を送っている（以降は特に記述がなければ『日本書紀』からの引用）。十二月には百済王豊璋は福信や倭軍の狭井檳榔・朴市秦田来津と会議を行い、山高くにある州柔から、農業ができる避城《へさし》に居城を移すこととした。この時田来津は反対したが聞き入れられなかった。この背景には旧百済軍が山城にこもっていられなくなるほどに規模が大きくなっていたことが挙げられるだろう。しかし、六六三年（天智二）二月、新羅が旧百済の南の四州を焼き払い、徳安城《とくあんじょう》を奪ったことで、避城では新羅軍と近くなってしまうことから州柔に戻ることとなった。

倭は三月、前将軍上毛野稚子《かみつけのきみわかこ》・間人大蓋《はしひとのおおふた》、中将軍巨勢神前訳語《こせのかんざきのおさ》・三輪根麻呂《みわのねまろ》、後将軍阿倍引田比羅夫・大宅鎌柄《おおやけのかまつか》ら二万七千人を派遣して新羅を討たせた。阿倍引田比羅夫は二度目の出征である。ただ、五月には、高麗への使いである犬上某《いぬかみのなにがし》が豊璋から福信の罪を聞かされているので、このころには豊璋と福信の間には亀裂が入っていたようだ。六月には、前将軍上毛野稚子らが新羅の二つの城を取った。新羅軍は旧百済の州柔城を攻めており、新羅南部は手薄だったのだろう。しかし同月、豊璋は福信を殺害してしまう。

†白村江の戦い

六六三年（唐龍朔三年・天智二）七月十七日には唐軍と新羅軍が熊津で合流し（『三国史記』金庾信《きんゆしん》伝）、軍議が行われた。加林城《かりんじょう》が水陸の要衝だからこれをまず討ちたいと誰かが言うと、仁軌は、加林は堅固で攻めにくい、まず州柔を先に攻めればそこは賊の巣穴だからこれを攻めれば賊は下るだろう、として先に州柔城を攻めることにした（「劉仁軌伝」）。『旧唐書』劉仁軌伝や百済伝によれば、孫仁師と劉仁願、新羅王金法敏が陸を進み、劉仁軌・扶余隆（義慈王の子）は水軍と食糧船を率いて熊津江から白江に行き、そこで陸軍と合流して州柔城に行こうとした。

八月十三日のこととして福信が殺害されたことを知った新羅は州柔をまずは攻めようと図り、それを知った豊璋は、倭から廬原臣《いおはらのおみ》（庵原郡、現在の静岡市清水区付近の豪族）率いる万余りの軍が千艘で（「新羅本紀」文武王十一年）海を越えてくるということで、騎馬隊を率いて白村に迎えに行った。十七日に州柔を新羅軍が囲み、唐軍は百七十艘で白村江（白江の河口）に連なった。

二十七日に倭の水軍のうち初めて到着した者たちが唐軍と戦ったが倭は敗れた。劉仁軌伝や百済伝には劉仁軌は倭兵や扶余豊の衆と「遇」した、とある。唐の水軍と倭軍は期せずして遇ったのであろう。二十八日に倭の諸将と百済王は「気象」を見ないで、「我らが先を争えば、相手は自ずから退却するだろう」と語らった。さらに乱れていた倭の中軍の軍勢を率いて、固い唐の陣に突入していった。唐は左右から倭の船を挟んで戦い、たちまち倭は敗れた。倭軍は溺れてしまった人たちが多く、船を自由に動かすことができなかった。朴市秦田来津は天を仰いで誓い、歯を食いしばって怒り数十人を殺したが、ついに戦死した。

『旧唐書』によれば四度の戦いが行われ、倭の船を四百艘焼き、煙は天に登り海水は赤く染まり賊衆（倭）は大いに潰れた。一方、岸辺では新羅軍が旧百済軍と戦った（『新羅本紀』）。百済王子の扶余忠勝《ふよちゅうしょう》や忠志《ちゅうし》、倭衆、耽羅《たんら》国（韓国済州島にあった国）使等が一度に投降した。この時百済王豊璋は数人と船に乗って高句麗に逃げた。

九月七日には百済王のいない州柔城が唐に投降した。二四日には倭軍、余自信をはじめ百済の人たちが現在の全羅南道に位置する弖禮《てれ》城《じょう》に到着して、翌日に船で倭に向かった。なお、残るは遅受信《ちじゅしん》率いる任存城だけであったがこれも劉仁軌の前に降伏をした。孫仁師と劉仁願は唐に帰国し、皇帝からの詔があった劉仁軌は劉仁願に代わって百済に残った。そして、劉仁願からの報告に基づいて、唐皇帝高宗は劉仁軌を六階級上げ、正式に帯方州刺史に任命した。

†白村江の戦い終了後

八月の白村江での敗北の後、『日本書紀』にはこの年の記述はないものの、大海人ら（中大兄が九州にいれば彼も）は、命からがら倭に帰ってくる倭人や百済人を見て敗戦を知ったのではなかろうか。六六四年二月になって、これまでの十九階を改め冠位二六階を定め、それぞれの氏の代表者を定めた。まだ、氏の代表者が定まっていなかったのである。三月には百済王の子である善光王《ぜんこうおう》を難波にいさせ、五月には劉仁願の使いである郭務悰《かくむそう》がやってくる。また、この年には対馬や壱岐、筑紫国等に防人《さきもり》と烽《とぶひ》を置き、筑紫には築堤をしてそこに水を貯めた施設である水城《みずき》（福岡県太宰府市、大野城市、春日市に現存）を築いた。

六六四年（唐麟《りん》徳《とく》元・天智三）七月には、唐高宗は麟徳三年（六六六）正月に泰山《たいざん》で封禅《ほうぜん》の儀を行うことを宣言した（『新唐書』）。十月（『資治通鑑《しじつがん》』）には、劉仁軌が、旧百済に勝った段階で、百済の人たちを安心させることが必要なこと、顕慶五年（六六〇）以前は海外に行って戦争で死ねば官職を追贈されるのに、それ以後はそれがなくなったこととともに、「高句麗を滅ぼそうと思ったら、百済を捨てるべきではない、余豊は北にあり、余勇は南にあり、百済と高麗はお互いに助け合い、倭人は遠いけれども影響を与えている。もしも兵馬がなかったら、また一つの国になってしまう」と皇帝高宗に伝えたのを受け、劉仁願を百済に派遣し、長く百済にいる兵と交代させ、百済王義慈王の子である扶余隆を熊津都督とし、百済の人々を安心させた。そして劉仁軌は都に帰った（「劉仁軌伝」）。ここに出てくる余豊は豊璋、余勇は南、つまり倭国にいるとされており、先述の善光王のことであろう。

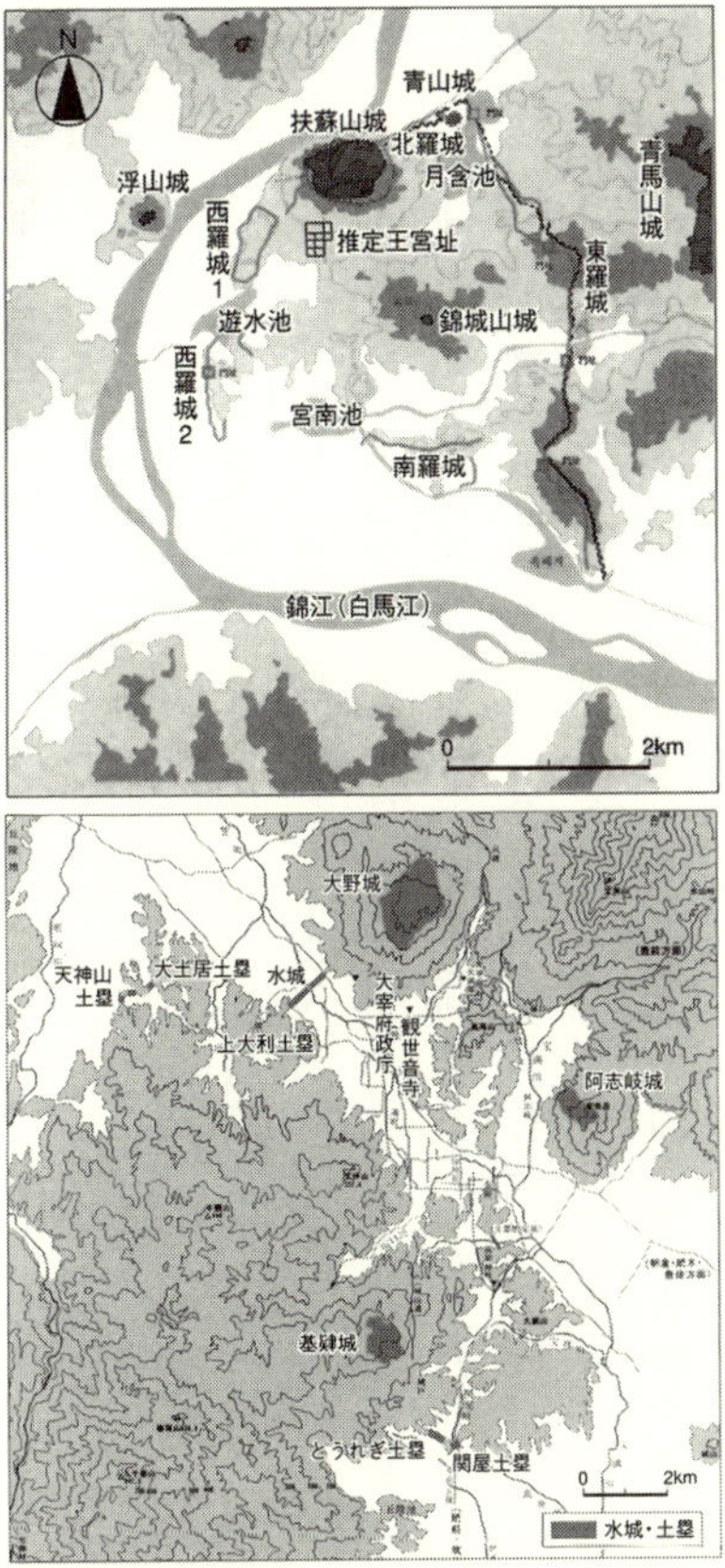

扶余（上）と大宰府（下）。城と土塁、自然の要害（川）など、扶余と大宰府の城郭構造には多くの共通点がある（杉原 2011）

六六五年八月には百済人を派遣して長門に城を、筑紫国に大野城《おおのじょう》（福岡県宇美町《うみまち》等）と椽城《きじょう》（佐賀県基山町《きやまちょう》等）を築く。同月には熊津城で、熊津都督扶余隆と新羅王金法敏が劉仁軌が作成した文書によって同盟し（『旧唐書』百済伝）、九月には唐が劉徳高《りゅうとくこう》・百済人の禰軍《ねぐん》・郭務悰ら総勢二五四人を派遣してきた。この年には第一次派兵で百済に出征した守大石、学生として入唐経験のある坂合部石積《さかいべのいわづみ》らを遣唐使として派遣もしている。

六六六（唐乾封元・天智五）年正月には、唐の泰山で、高宗が諸州の都督・刺史や、突厥《とっけつ》、于闐《うてん》、波斯《はし》、天竺《てんじく》、倭国、新羅、百済、高麗ら諸蕃を集めて封禅の儀を行った（『冊府元亀《さっぷげんき》』三六）が、封禅の儀とは天子が国威の盛んなことを誇示するために、天子みずから土を盛った壇上に天を祭る儀式であった（大津透『天皇の歴史01 神話から歴史へ』講談社、二〇一〇）。劉仁軌はこのうちの新羅、百済、耽羅《たんら》、倭の四国の酋長を熊津から率いていて、高宗はとても喜んだ（「劉仁軌伝」『冊府元亀』九八一）。この儀に参加した倭人は、白村江で捕虜になった人たちや、前年に派遣された遣唐使だっただろう。

†天智の大津宮遷都と即位

六六六年十二月には唐は再び高句麗を攻め始める。六六七年三月には中大兄は都を飛鳥から近江（滋賀県大津市）に移す。同年十一月には百済に残る劉仁願が熊津都督府の役人を派遣して、坂合部石積らを筑紫に送り届けてきた。なお、この月には倭国の高安城《たかやすじょう》（大阪府八尾市と奈良県生駒市の境）、讃岐国の屋嶋城《やしまじょう》（香川県高松市）、対馬国の金田城《かなだじょう》（長崎県対馬市）を築いている。

そして、六六八年（唐総章之・天智七）正月に皇太子である中大兄が即位して天智天皇となる。五月五日には天智は大海人、諸王、藤原鎌足らと蒲生野《がもうの》（滋賀県近江八幡市付近）で猟を行い、また七月には蝦夷に饗宴を開いた。九月には中臣鎌足が新羅の金庾信に船を送り、天皇からは新羅王に船を送っている。同月にはついに高句麗が滅びる。

六六九年五月には天智天皇は大海人や鎌足ら群臣たちと山科（京都市）で猟を昨年にひきつづき行い、八月には天智は高安嶺に登り、城を修築しようとしたが、民の疲れを考えて工事をやめた。六七〇年（唐咸亨元・天智九）には唐に高句麗平定を祝う使を送り（『冊府元亀』九七〇）、わが国で最初の戸籍庚午年籍《こうごねんじゃく》を作る。

以上が、百済が滅んでから白村江の戦い、天智の即位にいたる経過である。ここからはいくつかそこから明らかになっている事柄を述べていきたい。

†唐軍と倭軍

戦争の結果は倭の大敗なのだが、福信の言葉にもあるように倭は唐と直接対決しようとしたわけではないと考えられる。当時の唐の目的は高句麗討伐であり、劉仁軌による高宗の詔に反する進言がなければ唐の大軍が百済に向かうことはなく、百済と新羅の戦いに全面的に唐が参加するという推測を倭はしていなかったと思われる。しかし、唐の大軍はやってきた。史料にもあったとおり倭軍は、劉仁軌・扶余隆率いる唐の水軍に遭「遇」した。倭は船を自由に動かすことができなかったというように、水軍の唐と倭の差は圧倒的なものであった。

また、唐軍の左武衛《さぶえい》大将軍蘇定方は衛府職員令《えふしきいんれい》に規定された軍関係の組織左右十二衛のうちの左武衛のトップ、左衛中郎将王文度は左衛の一つ下段階の軍組織のトップ、右威衛将軍孫仁師は左右十二衛のうちの左威衛のトップである大将軍の次の将軍であった。出征時には「神丘道大総管」など攻撃する方向の地名のついた行軍大惣管のもとに軍が派遣された。このように、唐は律令体制のもとで秩序だった軍編成・戸籍制度に基づいた徴兵制（府兵制）を持っていたが、倭軍は前軍・中軍・後軍など出発の前後を表す程度であり、軍の体制も大きく差があった。

水城と大野城（杉原2011）

熟田津に二カ月いたり、九州に着いてから五カ月派兵しなかったのは、兵を招集する制度がなかったからであろう。だからこそ天智天皇は、六七〇年に庚午年籍《こうごねんじゃく》を造らせたのであろう。

†倭国の防衛

海の上である白村江では唐に大敗したのだが、それ以前の陸地の戦いでは唐・新羅軍と旧百済軍は対等とは言わないまでも一進一退の攻防を続けていた。「劉仁軌伝」には、扶余豊と福信らが拠った真峴城について、川に近くて高く険しいとあり、また、彼自身の言葉として加林城について、険固で、急いで攻めれば戦士を傷つけ、攻めるのに時間を要すると述べている。倭にやってきた百済人はこの記憶が鮮明にあり、倭にやってきた際に山城を築いたのではないだろうか。現在の古代

古代山城の分布図（森 2016）

山城の多くは海のすぐそばではなく内陸の山の上にある。海で唐軍と戦っても勝てるはずもないので、大野城や椽城《きいじょう》をはじめとする山城での戦いに持ち込むつもりだったと推測する。

白村江で敗れた後の同年の記録が『日本書紀』にはないが、翌年には防人《さきもり》を置き水城《みずき》を作り終わったようなので、倭には唐からの相当の脅威があったと考えられる。水城は全長一・二キロ、高さ七〜十メートルにわたる土塁で前面には幅六十メートルの水濠があった。これを一年あまりで作るのはよほどの突貫工事であろう。

六六五年からの長門や筑紫国の大野城と椽城の築城という記事からも唐に攻められる危険性を感じていたはずである。発掘調査成果によれば、鞠智城《きくちじょう》（熊本県菊池市・山鹿《やまが》市）も同時期に築城されたと考えられている。大野城は標高四一〇メートルの四王寺山に総延長八キロの土塁・石塁がある壮大なものである。この頃、水城の背後で、大野城や椽城に囲まれた現在の位置に大宰府《だざいふ》（福岡県太宰府市）を博多湾付近から移したと考えられている（大宰府を守るために水城や大野城が作られたというわけではないことが発掘調査により徐々に明らかになってきている）。

ただ、唐は倭を攻める理由があまりなかったかもしれない。劉仁軌の言を借りれば唐の兵はすでに疲れていて、百済を攻めたのも高句麗を滅ぼすためであり、百済と高句麗はお互いに助け合い、倭人は遠いけれども影響を与えている、というとおり、倭を直接の相手にしているとは思えない。この文言を読む限り、倭が攻めてこない限りは攻める予定はなさそうである。

そこで六六九年に行われた、高宗による泰山での封禅の儀である。周辺諸国からの使者を集め高宗は喜んだ。その様子を遣唐使から聞いた中大兄は安堵したので、翌年正月に即位式ができる状況になったのではないだろうか。即位後は猟に出かけたり高安嶺の築城をやめている。六七一年には唐の郭務悰が唐人六百人、百済人ら千四百人を連れて四七隻で来た際、たくさんの人を乗せた船が突然現れると、防人が驚いて戦争になっては困るので、僧道久《どうきゅう》や後述の筑紫君薩野馬《ちくしのきみさちやま》らを先に対馬に派遣した。つまり、唐は倭と戦うつもりはなかったと考えられる。古代山城に築城途中のものがあると考えられるのもうなずける。

白村江で戦った兵たちのその後

さて、最後に白村江で戦った兵たちのその後について触れて終わりにしたい。まず、『日本書紀』に出てくる将軍たちについては、後で遣唐使として現れる守大石や河辺百枝以外はその後に出てこないので、戦死したと推測される。また、生き残った人の話としては、『日本霊異記』上巻に、備後国三谷郡《びんごのくにみたにぐん》（広島県三次《みよし》市付近）の郡司大領（郡の長官）の先祖が、百済を救うために派遣され、百済出身の僧弘済《ぐさい》と一緒に帰ってきて三谷寺を作ったという話がある。この寺は広島県三次市にある寺町廃寺《てらまちはいじ》跡《あと》と考えられている。旧百済軍の中心に僧道琛がいたように僧も軍の中に多く一緒にいたのであろうし、郡の長官になるような人々が倭から派遣されていたことを物語る。

また、白村江の戦いの三十年後である六九十年に新羅からの使に従って帰国した筑後国《ちくごのくに》上妻郡《かみつやめぐん》（福岡県八女《やめ》市付近）の軍丁大伴部博麻《ぐんていおおともべのはかま》は、唐軍の捕虜になり、先述の筑紫君薩夜馬ら四人を先に返すために自分を身売りし、その対価で彼らに衣・食料を与えた。実際に彼らは先述のように六七一年に先に帰ることができた。感動的な自己犠牲の話ではあるが、その背景には、筑紫君薩夜馬が姓から考えてかつて反乱を起こした筑紫君磐井《ちくしのきみいわい》の系譜をひく者で、磐井の墓である岩戸山《いわとやま》古墳が八女市にあることから、上妻郡の有力豪族であったと考えられる、ということがある。配下の者が豪族のために犠牲になったということだろう。

これらのことから、のちに郡司になるような地方豪族がその配下の人たちを連れて百済に渡ったと考えられる。倭軍は将軍である中央豪族と、地方豪族がその配下を指揮した各軍の連合軍であった。

さらに詳しく知るための参考文献

森公章『「白村江」以後――国家危機と東アジア外交』（講談社選書メチエ、一九九八）……白村江の戦いの背景から、戦いの経過、その後に至るまで丁寧にまとめられている書。著者には『天智天皇』（吉川弘文館・人物叢書、二〇一六）もある。

倉本一宏『戦争の日本古代史――好太王碑、白村江から刀伊の入寇まで』（講談社現代新書、二〇一七）……韓国の現地調査の成果を踏まえて書かれている。中大兄が唐との戦いに負けてもよかったと考えていたと考察。

杉原敏之『遠の朝廷　大宰府』（シリーズ「遺跡を学ぶ」、新泉社、二〇一一）……白村江の戦いと密接に関係のある遺跡、特別史跡大宰府跡、水城跡、大野城跡の調査成果や保存の経過を理解するうえで重要。

近江俊秀『入門　歴史時代の考古学』（同成社、二〇一八）……考古学と文献史学の両面から古代山城の築城時期や立地、天智朝の国防政策の実態に迫る。

金富軾『三国史記』一～四（井上秀雄ほか訳注、平凡社・東洋文庫、一九八〇～一九八八）……本講では唐の史書『旧唐書』や『新唐書』、百済に残る石碑、高句麗・新羅・百済の史書『三国史記』、日本の史書『日本書紀』、各地の遺跡から白村江の戦いを考えたが、その中で専門家によって注釈及び現代語訳をされていて、大変ありがたい。

第5講

壬申の乱

北 啓太

†創業の戦い

壬申《じんしん》の乱は天智天皇死後の皇位をめぐり、六七二年に起こった大乱である。一旦は吉野に隠退した天智天皇の弟大海人《おおあま》皇子が兵を挙げ、天皇の子大友《おおとも》皇子率いる近江大津宮《おおつのみや》の朝廷を倒して天武天皇となった。反乱を起こした側が勝利したのであり、その後天武系の皇統は約百年間続いた。

八世紀前半、天皇・太上《だじょう》天皇は四度にわたって美濃国を訪れる。美濃国の不破《ふわ》はいち早く大海人皇子がここを押さえて乱が終わるまで拠点とした地であり、その頃の天皇達にとっていわば創業の聖地であって、乱の関係地を辿りながらの訪問は、自己の王権の由来を回顧し、朝廷内外に向けて権威をあらためて固める意味を持っていた。七二〇年（養老四）完成の『日本書紀』巻二十八、いわゆる壬申紀がわざわざ一巻を充てて乱を詳述しているのも、当時の王権にとって壬申の乱が持った意味の大きさを物語る。無論、王朝交替というものではない。しかし大海人皇子はそれになぞらえる姿勢をみせ、その後継者たちにとって乱は自らの王権を成り立たせた重要な画期だったのである。

壬申の乱は皇位をめぐる争いであるが、そこには当時の社会・国際情勢が絡んでいる。大海人皇子はそれらの情勢を読みとって不満勢力を取り込み、勝利の結果大きな権威を獲得して天皇を頂点とする中央集権的体制への動きを加速させ、後継者による七〇一年の大《たい》宝律令《ほうりつりょう》の成立に結実させた。壬申の乱は一つの皇統の起点となっただけでなく、そのような律令国家体制成立への道程としても大きな意味を持つものだった。

壬申紀のおかげで乱の経過は古代史では珍しく詳細に跡づけられる。しかしその性格上、大海人正当化の筆致に満ちており、一方で敗者の記述は断片的である。

†天智朝の情勢

天智朝で大海人皇子が東宮《とうぐう》であったとの見方は今ではだいぶ後退しているが、それでも天智天皇の同母弟であり、甲子宣《かっしのせん》（後述）の宣者となるなど、皇族筆頭として天皇（称制《しょうせい》時代を含む）の政治を輔佐する、当時最も有力な皇子だったことを疑う必要はないだろう。

しかし天智天皇と大海人皇子の間には確執が芽生えていたようで（『家伝』の伝える浜楼の

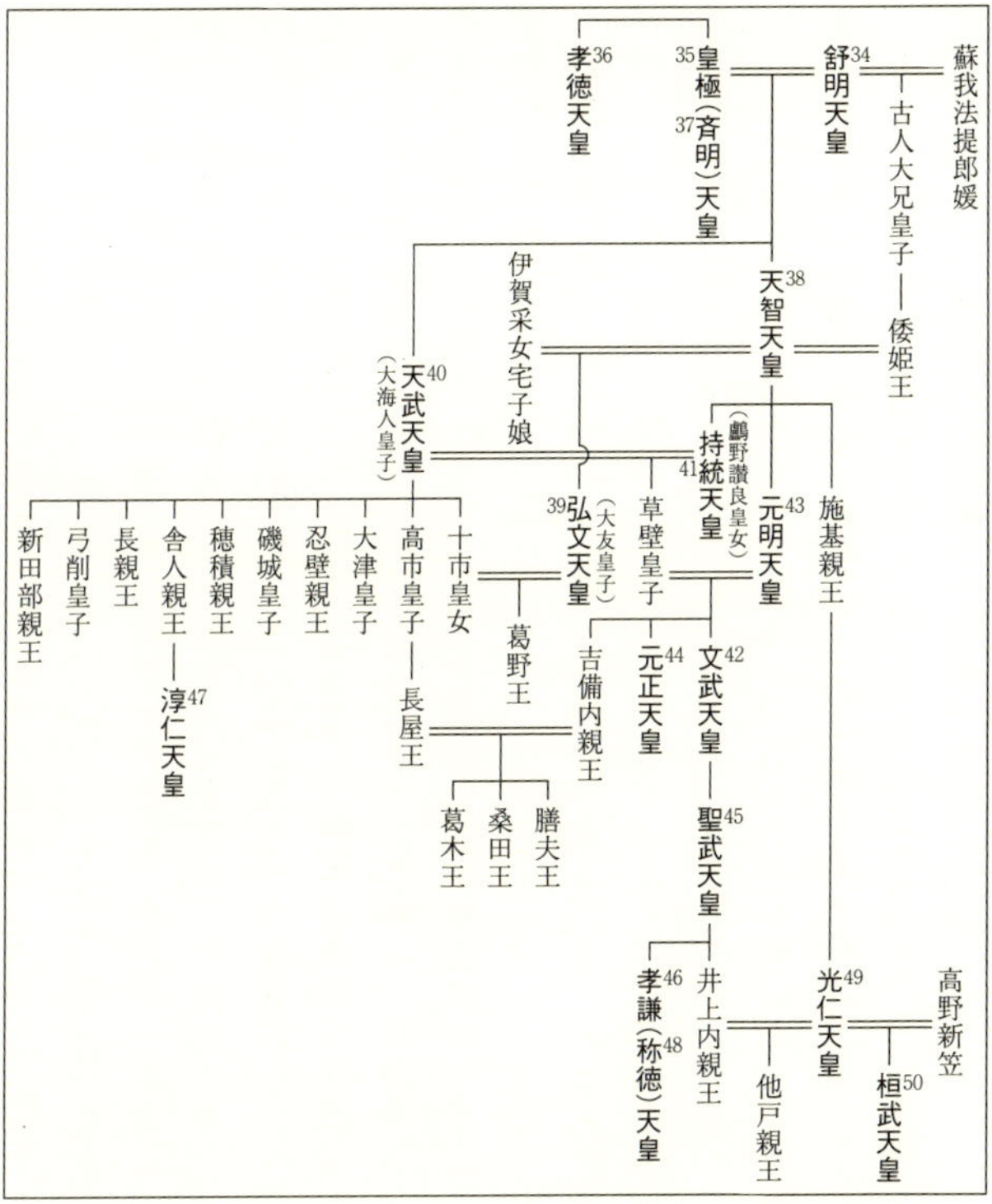

蘇我法提郎媛
34 舒明天皇
35 皇極（37 斉明）天皇
36 孝徳天皇
古人大兄皇子
倭姫王
38 天智天皇
伊賀采女宅子娘
40 天武天皇（大海人皇子）
41 持統天皇（鸕野讃良皇女）
43 元明天皇
施基親王
39 弘文天皇（大友皇子）
草壁皇子
十市皇女
高市皇子
大津皇子
忍壁親王
磯城皇子
穂積親王
舎人親王
長親王
弓削皇子
新田部親王
葛野王
吉備内親王
44 元正天皇
42 文武天皇
47 淳仁天皇
長屋王
膳夫王
桑田王
葛木王
45 聖武天皇
46 孝謙（48 称徳）天皇
井上内親王
49 光仁天皇
高野新笠
他戸親王
50 桓武天皇

天皇関係略系図

宴での事件。大海人皇子が突然長槍で敷板を貫き、天智天皇が怒って殺そうとした。六六八年〈天智七〉のことと考えられる）、それは天智天皇が我が子大友皇子を重んじ出したことに関係しているだろう。そして六七一年正月、天皇は大友皇子を太政大臣とし、左大臣に蘇我赤兄《そがのあかえ》、右大臣に中臣金《なかとみのかね》を任じ、併せて御史《ぎよし》大夫《たいふ》三人を任命、大友皇子をトップとする首脳部を新たに構築した。大友皇子はこの時二十四歳の若さで、蘇我氏らの大豪族を配して支える形をとっている。『懐風藻《かいふうそう》』によれば大友皇子の風采は極めて立派で、亡命百済人とよく交わり博学多才であったという。天智天皇の皇后倭姫《やまとひめ》王や有力豪族の女の配偶から生まれた男子は早世した建皇子だけで、大友皇子は母親が伊賀采女《いがのうねめ》宅子娘《やかこのいらつめ》、すなわち伊賀の地方豪族の女であった。

　新体制の位置づけについては様々な評価があり、また天智天皇が「卑母」所生の皇子を登用したのは、単純に我が子への情愛からではなく、父子相承への転換や、先の世代を見通した将来構想との関わりで論じられるに至っているが、結果的に大海人皇子との関係を悪くしてしまったと考えざるを得ない。同年五月の宴における田儛《たまい》の記事を大友皇子の皇太子としての地位の決定・披露とみる見解もあるが（森公章『天智天皇』吉川弘文館、二〇一六）、そうとすればなおさらである。天智天皇は自分がこの体制を守り育てるつもりだったのだろうが、残された時間は少なかった。

一方、百済救援の最中に始まった天智朝の治政は、六六三年の白村江の敗戦で唐の侵攻の可能性に直面し、防衛態勢の整備が重要課題となった。対馬《つしま》・壱岐《いき》・筑紫《つくし》への防人派遣、烽の設置、大宰府の水城《みずき》の造営、西日本各地における山城の造営などが知られており、六六七年の大津遷都も関係あるとみられる。また白村江敗戦の半年後に氏上《うじのかみ》への武器賜与などとともにその「民部《かきべ》・家部《やかべ》」を定めて豪族とその部民の把握を強め（甲子宣《かっしのせん》）、六七〇年には初めての全国的戸籍である庚午年籍《こうごねんじゃく》を作成した。これらは当時は軍事的意味が強かっただろうが、大化以来の中央集権体制形成の中で大きな画期を持つものとなった。以上のような施策には豪族層・民衆の反発や負担を招く面もあり、乱の伏線となっていく。

天智朝では唐と使節の往来もあり、緊張した外交が繰り広げられたが、朝鮮半島では六六八年の高句麗滅亡後、新羅が統一の動きをみせ、唐と敵対するに至った。こうしてあたかも大友皇子が太政大臣となった六七一年には、唐と新羅双方が日本に遣使してきた。唐使は二度に渉って来日し、日本に援軍の派遣を要求したらしい。日本側が出兵を承諾したかどうかについては意見が分かれているが、二度目の唐使郭務悰《かくむそう》は入京しないまま翌年五月に甲冑弓矢と大量の絁《ふとぎぬ》・布《ぬの》・綿《わた》を賜って帰り、この後半島情勢はさらに悪化するものの、もはや唐使は来なかった。しかしこの間、難題に直面して国内では外交方針をめぐり対立が生じていただろう。今日では乱の原因にこの対立を考える見方が存在している。

†大海人皇子の吉野隠退

六七一年の一度目の唐使が帰った後、天智天皇は病床に伏し、病状が進んだ十月十七日、大海人皇子を呼んだ。『日本書紀』天智紀と壬申紀にその時の記事がある。天皇は大海人皇子に皇位を授ける意志を示したが、皇子は辞退し、かわりに皇后倭姫《やまとひめ》王を次の天皇とし、大友皇子を「儲君《もうけのきみ》」とするよう提案した（壬申紀。天智紀では「奉宣諸政」）。そして自身は直ちに出家し、二日後には吉野に向かった。天智紀と壬申紀では若干相違があり、また壬申紀は「隠謀」の存在を示唆しているが内容の大枠は両者同じである。

大海人皇子の吉野隠退は乱に至る重大な転機となったもので、この出来事をどう理解するか色々な見方があるが、そもそも記事の通りのやりとりがあったかどうかから疑うべきであろう。ここでは大海人皇子が無事吉野に入り、その後も朝廷から攻められなかったこと、後述のように朝廷の大海人側に対する警戒は緩かったことなどから、大海人皇子が政治から退く意志を示し、天智天皇と朝廷側はこの結果で一応はよしとしていたものと解しておきたい。天皇の重病で皇位継承が大きな政治問題となる中、体制固めをされている大友皇子に対し、人望のある大海人皇子が宮廷内に留まることは必ずや紛争や謀略を招き、しかも不利であるとみて大海人皇子は吉野に退いたのだろう。外交方針をめぐる対立の先鋭化から身を避けた面も考えられる。

天智天皇はその年の十二月に崩ずる。その後大友皇子が即位したかどうかはかつて大きな問題で、一八七〇年（明治三）に「弘文天皇《こうぶん》」の諡号《しごう》がおくられ歴代に列せられたが、その後の研究を経て、今日では即位については疑わしいものの、朝廷を主宰する立場にあったと考えられている。唐使郭務悰との交渉はこの大友政権が担った。

†大海人皇子の挙兵

壬申紀によれば六七二年五月、大海人皇子の舎人《とねり》柄井雄君《えのいのおきみ》から、朝廷が美濃・尾張両国司に命じて山陵造営の人夫を徴発しているが、人夫には武器をとらせており、山陵を造るのではなく、危険が迫っていると皇子に報告があった。また近江京から倭京まで監視を置き、菟道《うじ》の橋守に舎人の私粮《しろう》運搬を妨害させているとの情報も入った。大海人皇子は、自分が皇位を辞退したのは病をおさめ生涯を全うするためなのに、いまやむを得ず禍《わざわい》をうけようとしている、「何《いか》ぞ黙《もだ》して身を亡ぼさむや」と言ったという。

壬申紀の記述は大海人皇子が朝廷の攻撃から身を守るためやむを得ず立ち上がったとするものである。しかし吉野の山あい（奈良県吉野町宮滝《みやたき》）に少人数で暮らす皇子を攻撃するならば少数精鋭の兵力で急襲するべきで、わざわざ美濃・尾張から人夫を集め武器を持たせるなどというのはあり得ず（倉本一宏『壬申の乱』）、壬申紀の挙兵理由には信用できないものがある。かつては乱の計画非計画論争というものもあったが、今日では大海人皇子に計画性を認めるのが普通で、大津退去の時からすでに反乱の意志を持っていたともされる。

六月二十二日、大海人皇子は舎人の村国男依《むらくにのおより》・和珥部君手《わにべのきみて》・身毛広《むげつのひろ》の三人に、美濃国に急行し、安八磨評《あはちまのこおり》の湯沐令《ゆのうながし》多品治《おおのほんじ》に連絡し評の兵を発して、国司等に経《ふ》れ諸軍を発し不破道を塞ぐことを命じた。湯沐は大海人皇子の私領的な所で、使者三人は美濃の豪族出身か美濃に関係深い氏族であり、まず自身の私的基盤と在地豪族の力を利用して兵を発し、それを梃子に国司を動かそうというのである。そして二十四日、大海人皇子は東国に向かう。その際近江にいる息子の高市《たけち》王・大津王に舎人を遣わして伊勢での合流を指示し、また大和にいる大伴氏など支持者に行動開始を知らせた。

大海人一行は宇陀を北上し、ついで現在の近鉄大阪線に沿うルートを東北に進み、夜半に隠評《なばりのこおり》を通過、北へ方向を転じ、現在のJR関西本線に沿うルートに出て、鈴鹿山脈の南を越え東国に入った。昼夜兼行で進んだ一行は二十六日、伊勢国桑名評家《くわなのこおりのみやけ》でようやく歩を留める。この間二十五日午前には高市王が積殖山口《つむえのやまぐち》（伊賀市柘植町《つげまち》）で合流し、同日中に大津王も鈴鹿まで来た。

出発時に皇子と妃の鸕野《うの》皇女のほか、草壁《くさかべ》・忍壁《おさかべ》両王と舎人二十余人、女孺十余人であ

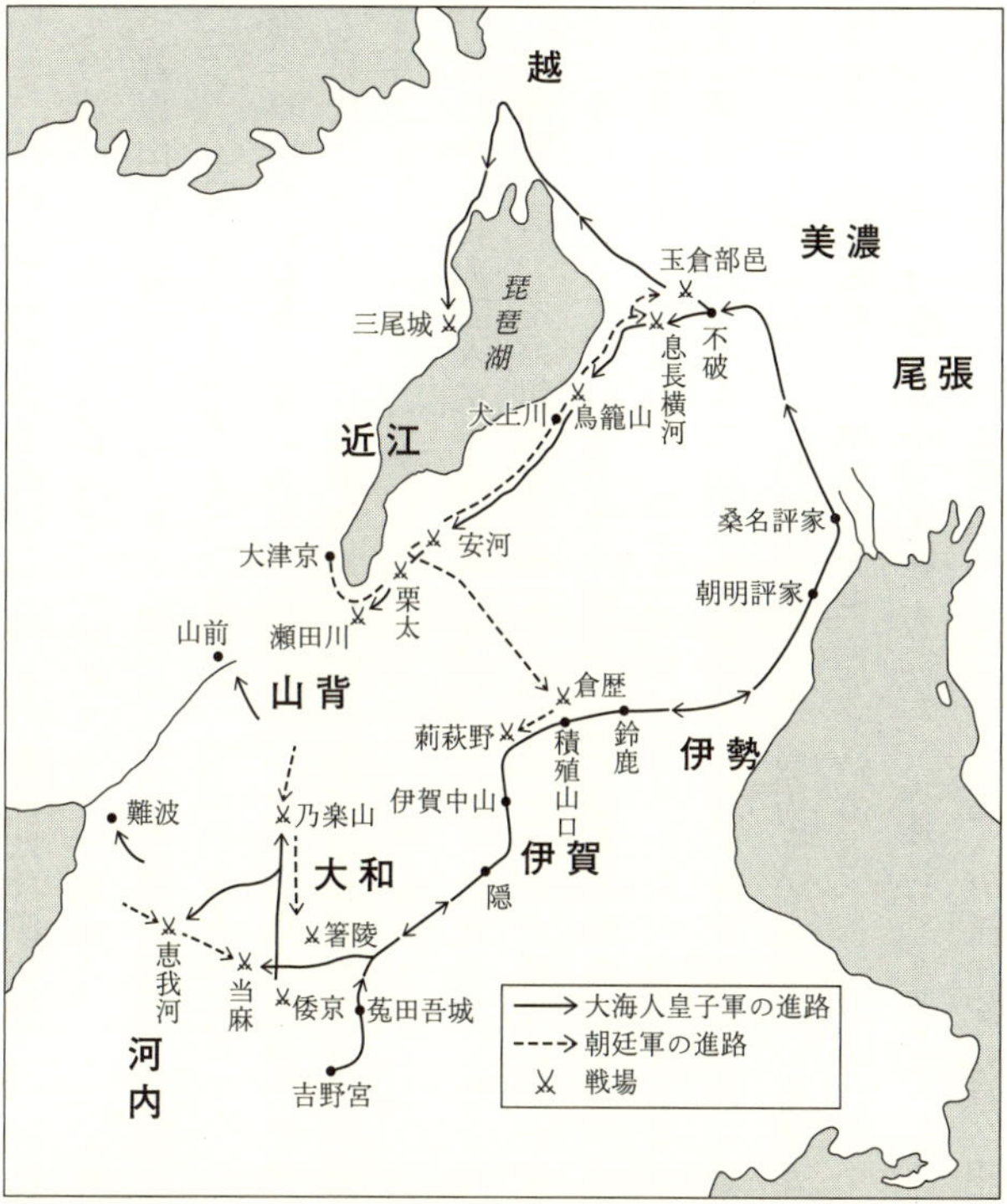
越
美濃
尾張
近江
琵琶湖
玉倉部邑
不破
息長横河
三尾城
犬上川
鳥籠山
桑名評家
朝明評家
安河
大津京
栗太
瀬田川
山前
山背
倉歴
莿萩野
積殖山口
鈴鹿
伊勢
伊賀中山
伊賀
難波
乃楽山
大和
隠
箸陵
恵我河
当麻
倭京
菟田吾城
吉野宮
河内
大海人皇子軍の進路
朝廷軍の進路
戦場

壬申の乱関係図

った一行は途中次第に数を増し、二十四日夜には伊賀中山で評司らが「数百」の衆を率いて合流、二十五日には鈴鹿で国司や湯沐令らが出迎え、ここで大海人皇子は「五百」の兵で鈴鹿山道を塞いでいる。桑名評の手前の朝明《あさけ》評では二十六日、村国男依から美濃の軍「三千」で不破道を閉塞した報を受け、高市王を不破に遣わして指揮をとらせる一方、東海・東山道に動員の使いを発した。挙兵の第一段階は見事に成功した。なお「三千」という兵数は具体的だが、漢籍による潤色が指摘されており、壬申紀にみえる兵数はそのまま信用はできない。

翌二十七日大海人皇子は不破に移る。このとき尾張国守小子部鉏鉤《ちいさこべのさいち》が「二万」の衆を率いて帰順した。その鉏鉤は乱後に自殺してしまい、種々説があるが、やはり鉏鉤は在地豪族の意向に逆らえず、やむなく大海人方に帰順したのだろう。尾張の大豪族、尾張大隅《おわりのおおすみ》や多品治《おおのほんじ》（小子部氏と同始祖）による説得が考えられる（遠山美都男『壬申の乱』）。そして大海人軍は軍容を整え、七月二日遂に攻勢に出た。紀阿閉麻呂《きのあへまろ》らが「数万」の衆を率い伊勢大山《おおやま》を越えて大和に向かい、村国男依らも「数万」の衆を率い不破から近江に向かった。また多品治・田中足麻呂《たりまろ》を伊賀に分屯させている。

大海人皇子は東国で国司を味方にし、迅速に兵を集めた。その動員の範囲は美濃・尾張・伊勢を中心に、その周辺地域までであろう。壬申紀には「甲斐《かい》の勇者」が見えるが、特に遠方だったために記録されたのだろう。動員については騎兵・歩兵や輜重《しちょう》の別も考慮すべきだが、朝廷側も含め全体として非常に早く、中でも六月二十七日の段階ですでに尾張国守が大軍を率いている。

この問題につき、朝廷は唐の要求に応じ新羅派遣軍を準備しており、まさにそれが整った時に大海人皇子は行動し、その軍を接収したとする説が提唱された（倉本前掲書）。壬申の乱をめぐる最も注目される新説であり、現在有力と言える。ただしその主要根拠はそう考えれば動員が迅速だった説明がつくということにあり、元は海外派遣用の軍だったという直接の証拠はない。また朝廷の唐への回答については意見が分かれる。朝廷準備の軍の接収という考え方は以前からあり、それは美濃・尾張における山陵造営名目の兵を接収したとの説である。五月の記事の人夫徴発は山陵造営が目的という点で事実であり、それを大海人側が接収して武装させたということも考えてみるべきだろう。

また天智朝の防衛対策は前述したが、施設造営や防人、或いは人民把握の進展だけでは唐に対する防衛態勢が済むはずはない。この他に当然、兵士の養成、武器の充実、軍粮の備蓄、即応体制の整備などといった軍事力そのものの強化が考えられる。後世の軍団制のような中央集権的兵制はまだないが、各地の豪族を通じてこのようなことが行われたと想定してみたい。『日本書紀』の天智四年に「大きに菟道《うじ》に閲《けみ》す」、同七年に「近江国武を講《なら》ふ」とあり、いずれも都の近辺における軍事訓練の例を見る。迅速な動員の背後にこのような天智朝における軍国体制の整備があったことも考えてよい。

†朝廷の対応と大和での挙兵

大海人皇子の東国入りを知った近江の朝廷は大騒ぎになった。このとき大友皇子は、直ちに精強の騎兵を集めて追撃すべきとする進言を退け、諸方に兵を興す使いを派遣した。この最初の選択で朝廷は貴重な機会を逸したとする意見がある。しかし高市王と大津王は六月二十四日の夜に大津京を脱出したとみられるので、その時までに朝廷は大海人側の動きに気づいていない。このことはまた大海人一族への警戒が元々緩かったことを示している。一方東国に向かった興兵使が二十六日夜に不破で大海人方に捕えられているから、この使者の大津出発は同日昼頃であり、朝廷が事態を把握したのは二十五日昼頃〜二十六日朝くらいであろう。すなわち騎兵を急派してももはや間に合わないと判断したのだろう。

壬申紀の記す興兵使の派遣先は東国・倭京・筑紫・吉備国である。しかしこの四使については、いずれも壬申紀中にその後の出来事が書かれており、編者が大海人方の史料から知ることのできた個々の使いの顚末から派遣記事を再構成したもので、実際はもっと様々な方面に動員をかけたであろう。派遣先のうち筑紫大宰の栗隈王《くりくまおう》と吉備国守当麻広嶋《たぎまのひろしま》については大海人皇子との関係が警戒され、吉備への使者は広嶋を殺してしまうが、筑紫の栗隈王からは辺境防衛の軍を内賊には出せないと動員を拒否され、使者は空しく帰った。大海人支持の広がりが確認できるが、この遠方二箇所への使いは大海人皇子への呼応を抑える意味もあったのだろう。

一方、大和では大海人皇子に呼応する動きが始まった。病を称して退去していた大伴氏の馬来田《まぐた》・吹負《ふけい》の兄弟は、大海人皇子の吉野出立をうけ、馬来田が皇子に従い、吹負は「豪傑」数十人を集め、飛鳥寺西の興兵使の軍営を六月二十九日急襲した。留守司らの内応もあって急襲は成功し、興兵使穂積百足《ほづみのももたり》は殺された。ここに近隣の三輪高市麻呂《みわのたけちまろ》等の豪族も参じ、翌七月一日、早くも吹負の軍は近江を目指して出発する。

†初期の戦況

朝廷は立ち遅れたものの東国方面と大和に積極的に軍を進めた。山部《やまべ》王・蘇我果安《そがのはたやす》・巨《こ》勢比等《せのひと》が「数万」の衆を率い、不破を目指して近江路を進んだ。蘇我果安と巨勢比等は御《ぎょ》史大夫《したいふ》で、この軍が朝廷軍の基幹である。しかし犬上川《いぬかみがわ》（彦根市）で指揮官の内紛が起こり、山部王は果安と比等に殺されてしまい、軍は進まず、果安は戻って自殺した。これをみて朝廷軍からは羽田矢国《はたのやくに》が一族を率いて大海人方に投降する。大海人皇子は早速矢国を近江の北、越《こし》の方面の将に任じた。

なおこれらは壬申紀では七月二日にかけられているが、同日の大海人軍進発の記事に合せて朝廷主力軍の動静を述べたもので、のちの交戦や伊賀方面の別働隊の動きなどから、犬上川の出来事は七月四、五日頃のことかもしれない。朝廷軍には羽田氏ほか近江の豪族もいたので、地元近江や大津京にあった兵（宮都造営人夫の武装もあっただろう）を中心に、畿内近国から集めた兵から成っていたと思われる。

ただし朝廷側はそれに先だち「精兵」により不破を急襲していた。不破の北側、玉倉部《たまくらべの》邑《むら》（岐阜県関ヶ原町玉《たま》）の交戦がそれで、大海人方に撃退されている。詳細は不明だが、この方面では最も早い交戦で、北側から迂回して大海人本営への奇襲を図ったのであろう。

また別働隊として田辺小隅《おすみ》率いる軍が伊賀に進み、七月五日、倉歴《くらふ》（伊賀市柘植町）にいた田中足麻呂の営に夜襲をかけ、これを破った。小隅は勢いをかって翌六日さらに西の莿《た》萩野《らの》にいた多品治の営を急襲したが、反撃され敗れた。恐らく小隅の軍は少数で、まず伊賀地域を押さえようとしたのだろうが果たせなかった。

大和では河内と山背から朝廷軍が進攻した。河内からは壱伎韓国《いきのからくに》の軍が進み、これに対し大伴吹負らの軍から生駒山地南側の諸道に部隊が派遣されたが、そのうち坂本財《たから》らの「三百」の軍が七月二日或いは三日、恵我《えが》河（柏原《かしわら》市の石川）の西で韓国軍と交戦した。韓国軍はこれを破ったがそのまますぐには追わなかった。

山背から進んだ大野果安《はたやす》の軍は七月四日、乃楽山《ならやま》で吹負軍と交戦した。吹負は倭京防衛にも部隊を戻していて手薄で、果安軍は吹負を破り倭京に迫ったが、伏兵を疑い引き返したという。韓国や果安が一気に倭京へ攻め込まなかったのは、韓国軍の中で大海人方に帰順を図った河内国守来目塩籠《くめのしおこ》の自殺という混乱があったことや、果安の戦意の問題もあろうが、七月初めの段階で近江路に主力を振り向ける中、こちらは兵力・補給がまだ十分でなかったのだろう。

†大海人皇子の勝利

大和で敗れ東に向かった吹負は紀阿閉麻呂から急派された置始莵《おきそめのうさぎ》率いる「千余騎」と出会い、陣容を立て直し、河内から進攻してきた壱伎韓国軍と当麻衢《たぎまのちまた》の葦池《あしいけ》の辺で戦い、これを破った。その後東国からの本隊が続々と大和に到着する。朝廷側は新たに犬養《いぬかいの》五十《い》君《きみ》を将とする軍が南下し、別将廬井鯨《いおいのくじら》が精兵「二百」を率いて中《なか》つ道の吹負の営を衝いた。吹負はこれに苦戦したが、一方上《かみ》つ道の箸陵《はしのはか》では三輪高市麻呂・置始莵の軍が朝廷軍を破り、鯨の軍の背後を衝いたので、遂に鯨軍も潰走する。朝廷軍の倭京への攻撃はこれで終わった。

朝廷軍は緒戦では勝利したが、その後、倭京に進んで来る間に大海人方は東国の軍が加わって強力になり、これに敗れたのである。なおこの大和の終盤の戦いについては時期が曖昧で、普通は七月四日以後数日の間に考えられているが（八日に終結など）、七月二十日近くまでかかっていた可能性も指摘されている。

近江路の村国男依率いる軍は七月七日、息長横河《おきながのよこかわ》（米原市梓河内《あんさかわち》か）で初めて朝廷軍と交戦した。かなり不破に近い所だが、男依軍はこの戦いに勝利して南下を始め、九日鳥籠山《とこやま》（彦根市正法寺町）、十三日安河《やすのかわ》（野洲川《やすがわ》）、十七日栗太《くるもと》と次々に朝廷軍を破り、二十二日遂に瀬田川に至った。朝廷はここが最後の決戦場と、大友皇子自ら橋の西に陣取る。しかし戦いはやはり大海人方の勝利に終わった。朝廷軍は橋の中ほどを切断して板を一枚わたし、通る者は板につけた綱を引いて落とそうとしたが、大分稚臣《おおきだのわかみ》が突進して綱を切り敵陣に突入するや、軍衆は乱れて逃げ出したという。群臣たちも散り散りになり、大友皇子は翌二十三日山前《やまさき》で自縊した（実は殺されたとする説などもある）。この山前については大津市内や京都府大山崎《おおやまざき》町などに当てる説があるが、弘文天皇陵は大津市内に治定されている。

七月二十二日には越方面から回ってきた羽田矢国らも三尾《みお》城（高島《たかしま》市）を攻略し、大和を制圧した軍も山前（こちらは大山崎）まで進み、吹負は難波に至って西国の国司から官鑰《かぎ》・駅鈴《すず》・伝印《つたいのしるし》を没収した。大友皇子の首は二十六日、不破に献じられた。大海人皇子はなお不破に留まり、近江朝廷群臣らの処決を行い、右大臣中臣金以下八人を極刑に処した。九月八日大海人皇子は不破を発し、もと来た道を戻り、十二日に倭京に入った。そして飛鳥浄御原宮《あすかのきよみはらのみや》を造営し、翌年二月二十七日即位したのである。

†乱の総括

大海人皇子の勝因は色々あるが、やはり第一に不破と鈴鹿を素早く閉塞し朝廷と東国を遮断、東国の軍事力を自己のものとしたことである。ここから軍事力の大きな差が生まれた。朝廷軍は近江路では連戦連敗、緒戦に勝利した大和でも東国軍が到着するや敗れ去っており、明らかに大海人軍に比べて弱体であった。

第二には大海人皇子への支持の広がりがあろう。初期の段階で地方豪族の協力を得たことが国司を動かす大きな力となり、また当初から広い支持層があって、状況に伴い帰順する者も出た。この点につき、大豪族・中小豪族の別、或いは中央豪族と地方豪族というような区分で支持勢力を特徴付ける見方もあったが、そのような区分では両者の差をみないのが大勢であろう。

壬申の乱が起こった直接的原因は皇位継承の問題である。ただ皇位をめぐる紛争は六・七世紀には少なくないが、今回は大規模な内乱となった。それは大海人皇子が幅広い地域・豪族を巻き込む戦略をとることにこそ勝ち目があるとみたからであり、実際それに成功したからである。その背景には半島出兵と敗戦、防衛の緊張と負担、改革への不満、外交への批判等々の累積の上に、大海人皇子が排除され卑母所生の若き大友皇子が天智天皇の事業を継承することへの反感があった。挙兵理由として壬申紀の記す、やむを得ず禍をうけようとしているというのは、実際に大海人皇子が挙兵に際して喧伝したことなのであろう。さらに天智朝における軍国体制の整備が大乱となる条件を提供したことも考えられる。

天武朝では新羅と親密な関係を保つ一方、遣唐使は派遣されなくなり、国際情勢の安定化にも助けられて内政改革が進んだ。いわゆる皇親政治の下で部曲《かきべ》の廃止、食封《じきふ》の改定が行われ、また官人の出身・考選法の整備、新冠位制度や八色《やくさ》の姓《かばね》の制定など、天皇の下への豪族の統制、官人化が進んだ。地方においても国―評《こおり》制の深まりがあった。このような天皇を頂点とした秩序と制度の形成、中央集権の強化から、律令体制成立史上で天武朝の重要性は明らかである。ただし天武朝の改革は天智朝までの達成あっての故であり、画期として天智朝を重視する考え方もあって、今後も議論が続いていくと思われる。

なお天武朝における君権の強化とも関わって天皇号の成立を天武朝に求める説も有力だが、今日では溯る説もあって多様化しており、本稿もそれに鑑みて天皇・皇子等の名称を使用した。
不破を発した大海人軍は赤色を衣の上に着け、これは大海人皇子が漢を興した高祖に自らをなぞらえたもので、近江朝廷を克服するという政治姿勢を示したものである。勝利の後、大津京には目もくれず飛鳥に戻って都としたこともその流れであろう。乱によって皇位の行方は変わり、外交も転換したが、大化以来の改革の方向性が大きく変わった訳ではない。しかし天智朝・大友政権までに生じていた様々な軋轢・反発のエネルギーは大海人皇子が解放して、近江朝廷の瓦解でひとまずリセットされ、新たに強大な天皇権威を獲得した天武朝のもとで中央集権国家への動きが加速していったのである。

さらに詳しく知るための参考文献

亀田隆之『壬申の乱』(至文堂、一九六六)/直木孝次郎『壬申の乱　増補版』(塙書房、一九九二)……両書とも初版は一九六一年。戦後初期における壬申の乱研究興隆の成果を示し、詳細な全体像を呈示している。

星野良作『研究史壬申の乱　増補版』(吉川弘文館、一九七八)……膨大な壬申の乱の研究史をコンパクトに知ることができる。特に第二次世界大戦までの研究が詳しい。

遠山美都男『壬申の乱――天皇誕生の神話と史実』(中公新書、一九九六)……乱の経過を詳細に追うが、特に乱の登場人物を丹念に分析する。

倉本一宏『戦争の日本史2　壬申の乱』(吉川弘文館、二〇〇七)……亀田・直木両著以後の研究の成果をうけた、現在最も詳細・包括的な壬申の乱に関する単著。同氏『歴史の旅　壬申の乱を歩く』(吉川弘文館、二〇〇七)は姉妹書とも言えるもので、より現地に即して乱を知ることができる。なお本文中で触れた新羅派遣軍接収説に関する専門論文は同氏『日本古代国家成立期の政権構造』(吉川弘文館、一九九七)所収の「天智朝末年の国際関係と壬申の乱」。また氏の近著『内戦の日本古代史――邪馬台国から武士の誕生まで』(講談社現代新書、二〇一八)でも壬申の乱について述べている。

『日本書紀』(日本古典文学大系、岩波書店、一九六五～六七／新編日本古典文学全集、小学館、一九九四～九八)……いずれも原文・書き下し文を掲げ、注釈が詳しく、後者には現代語訳もついている。壬申紀は乱の基本史料で、大海人皇子に随従した舎人の日記や大伴氏の提出した戦記などが基になっている。実録風のスリリングな東国脱出行、戦闘場面の英雄譚など、読ませる場面も多いが、本文中に述べた通り、大海人正当化の立場によって叙述されていることを念頭に置かなければならない。そのため様々な解釈が出てくることにもなるが、諸説の拠ってきたる史料そのものは最も基礎的な参考文献となるだろう。

第6講

長屋王の変

山下信一郎

†長屋王の変とは

左大臣《さだいじん》・正二位《しょうにい》という当時の政府において最高権力者の地位にあった長屋王《ながやおう》が、「謀反《むへん》」（天皇に直接危害を加えようとする罪）で失脚、妻の吉備内親王《きびないしんのう》・子息四人の王と共に平城京《へいじょうきょう》（現・奈良市）の自邸で自殺したのは、七二九年（神亀《じんき》六）二月十二日のことであった。これを長屋王の変という。

長屋王の変についてはすでに膨大な研究の蓄積があり、かつては、藤原光明子《ふじわらのこうみょうし》（聖武《しょうむ》天皇の妻の一人。当時「夫人《ぶにん》」の地位にあった）を皇后《こうごう》の位につけようと目論む藤原《ふじわら》氏が、これに反対するであろう長屋王を除いた政変であるとした、岸俊男氏が一九五七年（昭和三十二）に発表した論文が通説であった（「光明立后の史的意義」『日本古代政治史研究』塙書房、一九六六に所収）。しかし最近では、この指摘に加えて、長屋王及びその妻吉備内親王との間に生まれた男子が皇位継承の有力候補となる可能性があり、それを恐れた藤原氏が長屋王に濡れ衣を着せて王夫妻と男子を抹殺したとする見方が有力となっている（研究史の整理については、寺崎一九九九、木本二〇一三など参照）。まず、『続日本紀《しよくにほんぎ》』（平安時代編纂の官撰史書）をもとに、変の経過をみてみよう。

・二月十日、平城京左京の住人の漆部造君足《ぬりべのみやつこきみたり》と中臣宮処連東人《なかとみのみやどころのむらじあずまひと》の二人が、「長屋王が密かに『左道《さどう》』（人民を惑わすまじない）を学び、国家を傾けようとしている」と密告した。政府は、その夜、東国に通じる三つの関を固守するとともに、式部卿《しきぶきよう》の藤原《ふじわらの》宇合《うまかい》らに六衛府《りくえふ》（中央軍）の軍隊を引率させ、長屋王邸を取り囲んだ。

・十一日、巳時（午前一〇時頃）、舎人親王《とねりしんのう》・新田部親王《にいたべしんのう》、大納言《だいなごん》の多治比池守《たじひのいけもり》、中納言《ちゆうなごん》の藤原武智麻呂《ふじわらのむちまろ》などの太政官《だいじようかん》官人が長屋王宅に派遣され、その罪を尋問した。

・十二日、長屋王が自尽（自殺）し、その妻・吉備内親王と、子息の従四位下《じゆしいのげ》膳夫王《かしわでおう》、無位桑田王《くわたおう》・葛木王《かづらきおう》・鉤取王《かぎとりおう》も同様に自ら首をくくった。

・十三日、長屋王・吉備内親王を生駒山《いこまやま》に葬った。聖武天皇は勅を下し、吉備内親王には罪がないので規定通りの葬送次第とすること、その家令《けりよう》・帳内《ちようない》（家政を司る職員と従者）を赦すこと、長屋王は罪人とはいえその葬送を醜くしてはならないと命じた。

・十五日、全国の国司に対し、悪逆な長屋王の罪が露見し誅伐したことを触れ、不穏な動きを封じるため人民の集会を禁じた。
・十七日、長屋王の与同者《よどうしゃ》である七人を流罪《るざい》に処した。その他の九十人は赦された。
・十八日、長屋王の弟の鈴鹿王《すずかおう》ら兄弟・姉妹・子孫と妾の連坐の罪が赦された。
・二十一日、長屋王を密告した漆部君足・中臣東人に外従五位下《げじゅごいのげ》の位階と、食封《じきふ》三十戸、田《た》十町などの褒美が与えられた。
・二十六日、長屋王の弟・姉妹に対して、従来通りの諸給付を支給することとした。

†長屋王の謀反は冤罪

以上が、『続日本紀』に記された長屋王の変の経過である。密告から長屋王夫妻と子息四人の自尽までわずか三日間というスピード処理であった。長屋王とともに自尽したのは吉備内親王及び吉備内親王が生んだ膳夫王・葛木王・鉤取王、それに石川氏の娘が生んだ桑田王に限られ、藤原不比等《ふじわらのふひと》の娘が生んだ安宿王《あすかべおう》・黄文王《きぶみおう》・山背王《やましろおう》・教勝《きょうしょう》（女子）は死を賜らなかったし、長屋王の兄弟姉妹等に対する連坐の適用も免除された。長屋王の与同者として流罪になったのも七人と少なかった。

八虐《はちぎゃく》の一つ「謀反《むへん》」罪に対する刑罰は斬《ざん》刑であり（賊盗律《ぞくとうりつ》）、都の市《いち》で処刑する原則であるが、貴族や皇親の場合、悪逆《あくぎゃく》以上でなければ自宅での自尽が認められていた（獄令《ごくりょう》）。長屋王は悪逆以上の罪であるが、この規定に準じて自邸での自尽が許された。また、「謀反」罪を犯した者の父と子、若しくは家人・資財・田宅は没官《もっかん》（官戸《かんこ》という賤民となる）、祖父母・孫・兄弟は遠流《おんる》となる規定であるが、一族の多くが赦された。しかし、妻の吉備内親王と子息四人だけが長屋王とともに自尽を強いられた点が注目されるのである。

実は、『続日本紀』の別の記事には、長屋王は冤罪であったと記している。変から九年後の七三八年（天平十）七月十日のこと、かつて長屋王を密告した中臣東人が大伴子虫《おおとものこむし》に斬殺されるという事件が発生した。隣同士の役所に勤めていた両人は仕事の合間に囲碁をしていたが、話が長屋王のことに及び、激怒した子虫が剣を抜いて東人を切り殺したのである。子虫はもと長屋王に仕え恩遇を受けていた人物であり、東人は長屋王を「誣告《ぶこく》」した（人を罪に陥れるためにわざと事実を偽って訴えた）人であるとハッキリ書いてあるのである。では、どうして無実の罪を着せられてしまったのか。変に至る経緯を長屋王の生い立ちや経歴等に触れながら、筆を進めていこう。

†長屋王の生い立ち、親族関係

長屋王の父・高市皇子《たけちのおうじ》は、天武《てんむ》天皇《てんのう》の第一皇子であり、皇位争奪の戦いとなった六七二年（天武天皇元）の壬申《じんしん》の乱では父を支えて乱を勝利に導いた。その母（胸形君徳善《むなかたのきみとくぜん》の娘、尼《あま》

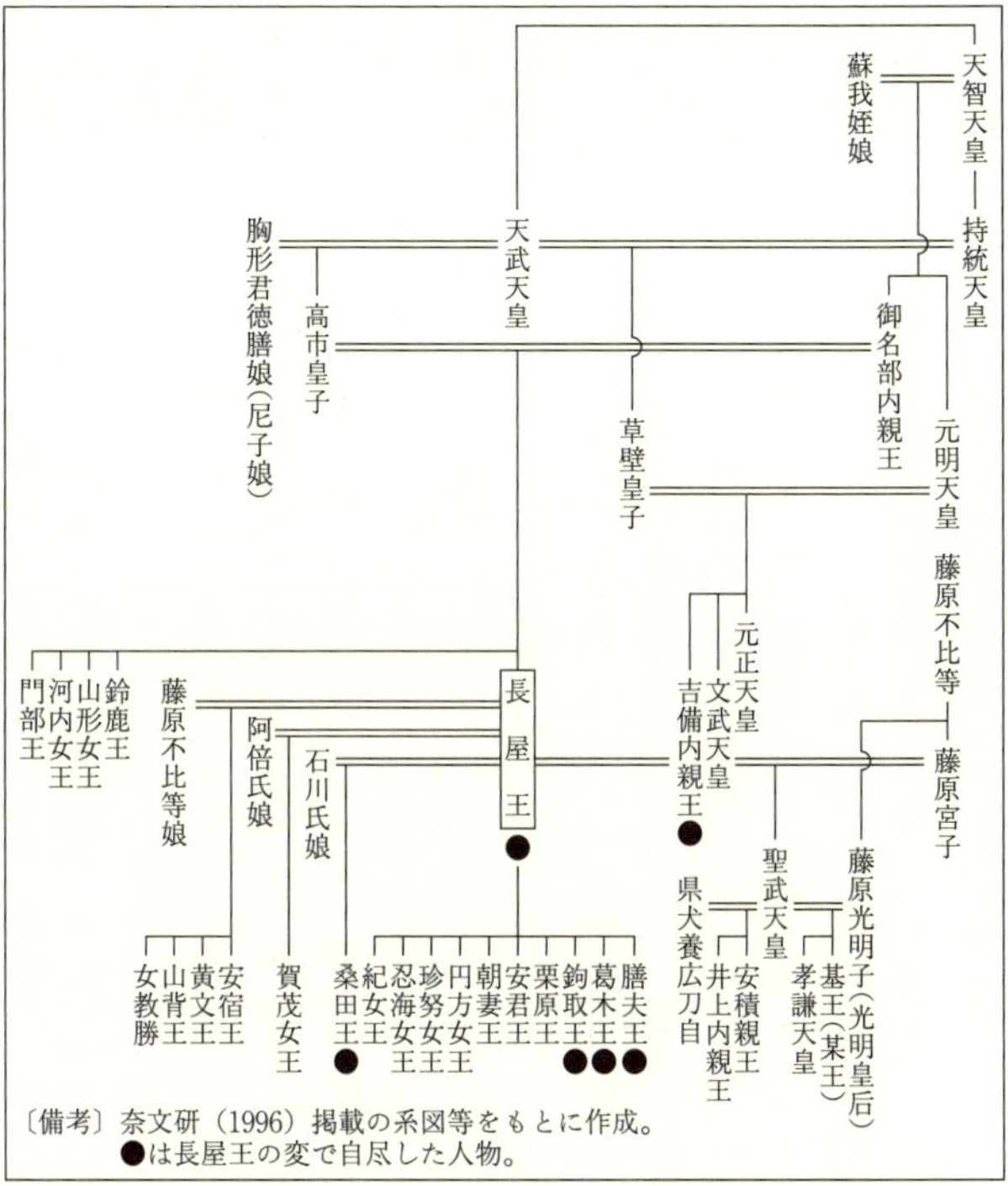

〔備考〕奈文研（1996）掲載の系図等をもとに作成。
●は長屋王の変で自尽した人物。

長屋王を中心とする系図

子娘《このいらつめ》）が筑紫の豪族出身という低い地位であったため、天武天皇の後継とはならなかったが、皇太子草壁皇子《くさかべのおうじ》の没後は太政大臣《だいじょうだいじん》となり、草壁と並ぶ「後皇子尊《のちのみこのみこと》」と称され持統朝に重きをなした。

長屋王の母とされる御名部《みなべ》内親王《ないしんのう》は、天智《てんち》天皇《てんのう》と蘇我姪娘《そがのめいのいらつめ》（右大臣蘇我倉山田石川麻呂《そがのくらやまだのいしかわまろ》の娘）との間に生まれた皇女であり、同母の妹に阿閇《あへ》内親王（元明《げんめい》天皇）がいる。長屋王の生没年については、享年を四十六歳とする説と五十四歳とする説（数え年）があり、前者であれば六八四年（天武天皇十三）の生まれ、後者を採れば六七六年（天武天皇五）の生まれとなる。その弟妹には、鈴鹿王《すずかおう》・門部《かどべ》王・山形女王《やまがたじょおう》・河内《かわち》女王といった人物が知られている。

長屋王の配偶者として名前が知られるのは四人である。正妻と言うべき、夫と共に自尽した吉備内親王は草壁皇子の皇女である。母は阿閇内親王（元明天皇）とされ、氷高《ひだか》内親王（元正《げんしょう》天皇）・文武《もんむ》天皇とは兄弟姉妹である。次に、藤原不比等の娘（長娥子《ながこ》とする説がある）、阿倍《あべ》氏の娘、石川《いしかわ》氏の娘がいた。系図に示したように、長屋王はこれらの配偶者との間に多くの子女を儲けている。長屋王は、天智・天武天皇の血を引く皇子女を両親に持つ貴種の生まれであり、かつ、その正妻に草壁皇子の皇女吉備内親王を迎えている。長屋王家が天皇家と極めて親しい関係にあることが一目瞭然である。なお、七一五年（霊亀《れいき》元）には、吉備内親王が生んだ子女を皇孫の扱いとする優遇もなされた。

†長屋王の政界進出、人となり

長屋王は、都が藤原京《ふじわらきょう》にあった文武天皇の七〇四年（慶雲《けいうん》元）、無位から正四位上《しょうしいのじょう》に叙せられた。通常ならば従四位下《じゅしいのげ》となるところ、三ランクアップの優遇であった。七〇九年（和銅《わどう》二）、天皇や皇室の事務を担当する宮内省《くないしょう》の長官である宮内卿《くないきょう》に任命された。時に従《じゅ》三位《さんみ》である。都が平城京《へいじょうきょう》に遷った七一〇年（和銅三）には文官の人事等を扱う式部省《しきぶしょう》の長官である式部卿《しきぶきょう》になり、七一六年（霊亀《れいき》二）正三位《しょうさんみ》に昇叙。元正天皇の七一八年（養老《ようろう》二）大納言になり、右大臣《うだいじん》・藤原不比等の次位に位置する太政官《だいじょうかん》の一員となった。

七二〇年（養老四）に不比等が没すると、長屋王は太政官の首班となった。七二一年（養老五）には従二位《じゅにい》・右大臣に昇り、同年の元明太上天皇《げんめいだいじょうてんのう》の崩御に際しては、参議《さんぎ》・藤原《ふじわらの》房前《ふささき》とともに元明の寝前に召されて遺詔を承った。七二四年（神亀《じんき》元）聖武天皇の即位と同時に正二位《しょうにい》・左大臣《さだいじん》となった。

政治家としての長屋王はどうであったろうか。太政官首班時代の政策として、七二二年（養老六）の百万町歩《ひやくまんちょうぶ》開墾計画、翌年の三世一身法《さんぜいっしんのほう》の発布が代表的であるが、長屋王は、災害や異変の有無によって政治の得失を決める災異説を重視していたという指摘がある（川崎庸之《つねゆき》「長屋王時代」『記紀万葉の世界』東京大学出版会、一九八二）。

また、「大夫人《だいぶにん》」称号事件はよく取り上げられている。七二四年（神亀元）二月、即位した聖武天皇はその母で文武天皇の夫人《ぶにん》・藤原宮子《ふじわらのみやこ》を尊んで「大夫人」と称する勅命を発した。ところが長屋王は、公式令《くしきりよう》（文書の書式・用語を定めた法律）に従えば「皇太夫人《こうたいぶにん》」と言うべきであり、勅命に従えば「皇」の字を失い、法律に依ろうとすれば違勅の罪となってしまうので、その判断を聖武に奏上した。その結果、勅命は撤回され、文字では「皇太夫人」と書き、口語では「大御祖《おおみおや》」とすることとなった。この一件をめぐる裏事情には様々な解釈が存在するが、物事を厳密に取り扱う長屋王の性格を知ることができるとされる。

このような、長屋王と吉備内親王との婚姻、そして順調な政界進出の背景には、同母姉の子である長屋王に対する元明天皇の大きな期待があったと推測される。しかし、元明太上天皇の死によって長屋王は重要な後ろ盾を失い、聖武天皇の即位、藤原四子《よんし》（藤原不比等《ふじわらのふひと》の四人の子息。武智麻呂《むちまろ》、房前《ふささき》、宇合《うまかい》、麻呂《まろ》）の政治的進出にともなって、左大臣という地位にありながらも、その地位は不安定な孤立したものとなっていくのである（笹山晴生「奈良朝政治の推移」『奈良の都——その光と影』吉川弘文館、一九九二）。

†長屋王家木簡が語る王家の豊かな経済基盤

「悲劇の宰相」と評された長屋王の存在に、新たな脚光をあてることになったのが、一九

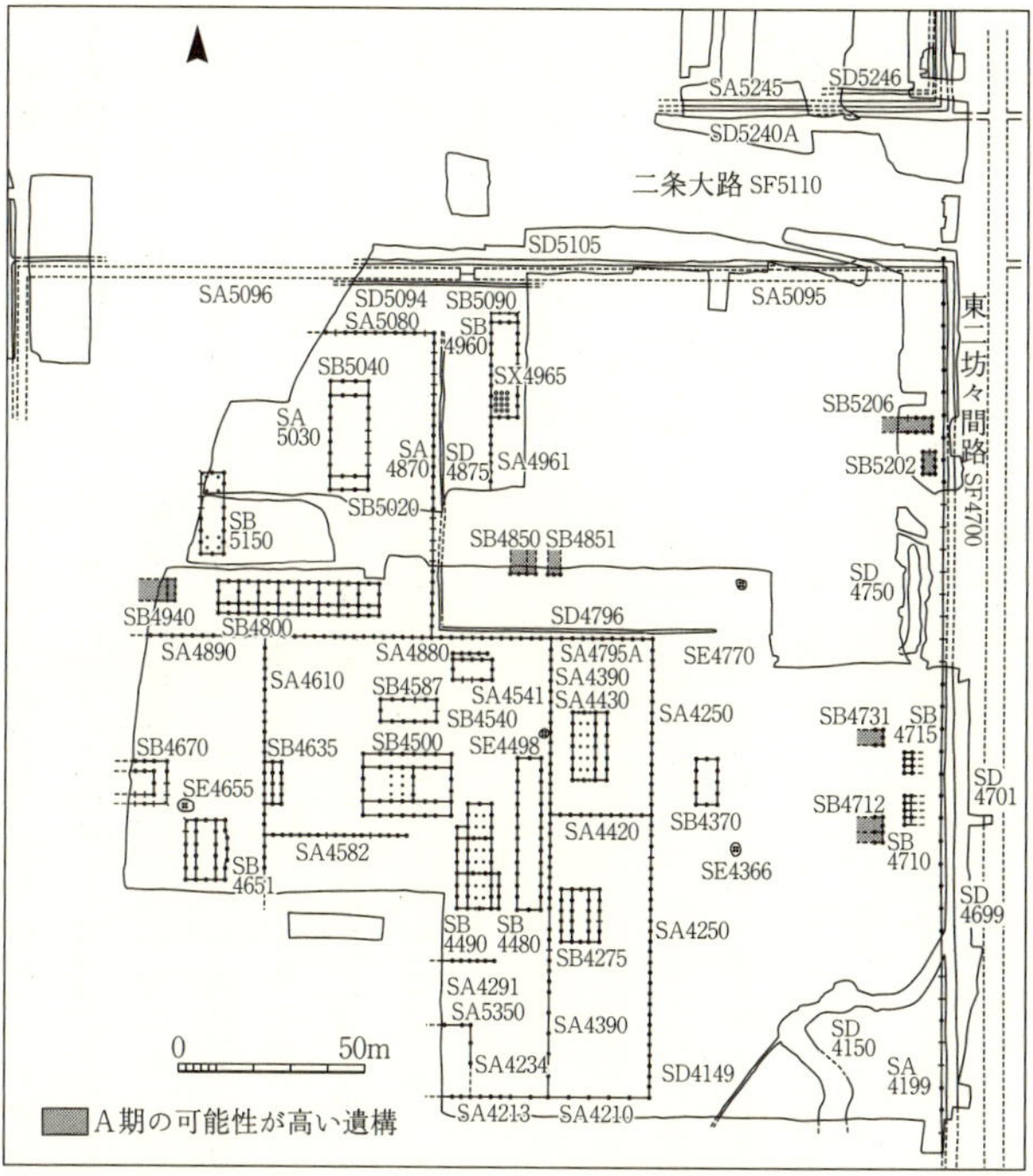

長屋王邸の遺構配置　A期　710～720年頃（出典：奈文研 1996）

八六年（昭和六十一）～一九八九年（平成元）にかけて、奈良市内での百貨店建築に伴い、奈良国立文化財研究所（現・独立行政法人国立文化財機構奈良文化財研究所。奈文研と略称）が行った発掘調査であった。奈良時代前半、東西約二四〇m、南北二三〇mの四町（当時の住所表示で言えば平城京左京三条二坊一・二・七・八坪）を占める大邸宅が営まれていたことが判明し、邸宅内東寄りで見つかった溝状の土坑《どこう》（ゴミ棄て穴）を中心に出土した約三万五千点という大量の木簡《もっかん》（木に文字を墨書きしたもの。文書や伝票、荷札等として利用した）の記載内容から、邸宅の主が長屋王であることが判明したのである。出土した木簡は「長屋《ながや》王家《おうけ》木《もっ》簡《かん》」と命名された。

また、この邸宅は変によって没官《もっかん》（没収）され、皮肉にも光明皇后邸（皇后宮《こうごうぐう》）となったらしいことや、二条大路《にじょうおおじ》を挟んだ北側の区画には藤原麻呂邸があったことが二条大路から出土した約七万四千点の木簡（「二条大路木簡」と命名）の記載内容から推定されている（長屋王邸の発掘調査成果については、奈文研一九九一、同一九九六を参照）。

歴史学・考古学において世紀の発見となった長屋王邸の発掘であり、多量の木簡の整理と解読が奈文研により精力的に行われ、また古代史学者等による多くの研究がなされた結果、長屋王家の豊かな経済基盤の存在や、家政組織の実態が長屋王家木簡から解明された。長屋王家は国家から与えられた封戸《ふこ》等の給付だけでなく、大和国《やまとのくに》（奈良県）や河内国《かわちのくに》（大阪

長屋王邸復元模型　奈良文化財研究所蔵（出典：奈文研 1996）

府）に御薗《みその》・御田《みた》といった所領を多数所有していた。興味深いのは、二系統の家政機関（貴族の日常的な家事や資産管理運営を担う組織）が存在していた点である。一つは長屋王の家政機関であり、もう一つについては諸説があったが、長屋王の父、高市皇子《たけちのおうじ》の家政機関に由来すると考える説が有力である（東野治之『長屋王家木簡の研究』塙書房、一九九六／森公章『長屋王家木簡の基礎的研究』吉川弘文館、二〇〇〇）。

高市皇子は大和三山《やまとさんざん》の一つ天香具《あまのかぐ》山《やま》（奈良県橿原《かしはら》市）周辺に「北宮《きたみや》」と呼ぶ邸宅を構えていたが、高市皇子の没後に長屋王がそれを引き継ぎ、高市皇子一族「北宮」王家のための組織として運営した。この機関は、藤原京から平城京へ遷都後も香具山周辺に残り、長屋王の監督のもと、高市皇子の旧領の管理や仏事、王子たちへの物品支給をしていた。長屋王の家政は、長屋王家のものと父の高市皇子に由来する「北宮」王家全体のものとを統括する二重の構造になっていたと考えられる。

さらに、長屋王家一族の居住形態についても注目される知見が得られた。邸宅内には長屋王・吉備《きび》内親王夫妻、吉備内親王所生の子供達が居住するだけでなく、石川氏・阿倍氏の娘といった配偶者とその子女も同居していた。その一方、藤原不比等の娘とその生んだ子女に関する木簡がないことから、この邸宅外に居住していたと推測されている。

†変の原因をめぐる諸説

かくも繁栄を極めた長屋王が謀反の罪を着せられ、一瞬にして自尽に至った背景・原因はなんであったのか？　変が勃発する二年前の七二七年（神亀四）閏《うるう》九月、聖武天皇と夫人・藤原光明子《ふじわらのこうみょうし》との間に待望の皇子（基王《もといおう》。某王とも）が生まれ、同年十一月に皇太子に立てられた。乳飲み子が立太子すること自体、前例のない事態であり、聖武天皇・藤原氏の皇位継承に対する強い執着の表れとされる。しかし、七二八年（神亀五）九月、皇太子は病没してしまう。聖武天皇・光明子そして藤原氏の落胆は尋常ではなかった。その一方、この年には聖武天皇と夫人・県犬養宿禰広刀自《あがたのいぬかいのすくねひろとじ》との間に安積親王《あさかしんのう》が生まれていたのである。

冒頭に紹介した岸俊男氏は、以下のように当時の政治状況を分析した。このまま将来、藤原氏の血を引かない皇子が天皇となり、天皇の外戚の立場を失えば、藤原氏の権勢の低下は避けられない。そう考えた藤原氏は、皇太子に比肩しうる執政権を保有しているとともに、皇位継承の機会をも有する皇后の位に目を付け、夫人・光明子を皇后の位に昇格させ、光明子が次の男子を産むのを待ちつつ、もしもの場合には光明子を天皇に即位させ、権力保持を図ろうとした。しかし、律令の規定では皇后になれるのは内親王であり、古来、臣下出身者がついた例はなく、光明子を皇后に昇格させようとすれば、「大夫人《だいぶにん》」号の騒動と同様、規則に厳密で皇親勢力の代表者である長屋王の反対は必至である。そこで、藤原氏は長屋王に謀反の濡れ衣を着せて抹殺し、同年八月、光明子の立后を実現させた、とこのように岸俊男氏は論じたのである。

なお、藤原氏と言っても、藤原四子《よんし》が一枚岩となって長屋王の変を計画したのかは議論がある。房前は長屋王と親しく、武智麻呂・宇合《うまかい》らと距離をおいていたと推測する研究者もいる。

その後長らく通説となった岸俊男氏説に対して、藤原氏の利害に視点を据えたもので、藤原氏中心の権力闘争史観だと批判し、聖武天皇の立場から分析したのが、河内祥輔《こうちしょうすけ》氏であった（同『古代政治史における天皇制の論理』吉川弘文館、一九八六）。河内氏は、生母が皇女でなく藤原氏出身である聖武天皇は、皇統として劣等意識をもち、自身の皇統直系としての権威を確立し、自らの子孫のみ皇位継承権があるという直系原理の確立を構想していた。しかし、せっかく誕生した皇太子基王《もといおう》の夭折《ようせつ》に大きな衝撃を受け、にわかに吉備内親王を妻にもつ長屋王、そしてその男子の存在に脅威を感じ、彼らを抹殺することで、自身の子孫にのみ皇位継承権があることを示した、というものである。

河内氏の研究は長屋王邸発掘以前に公刊されたものであるが、聖武天皇の立場を軸とし、長屋王と吉備内親王の産んだ男子に着目したことは、その後の研究に影響を与えたと言える。

†長屋王家木簡による研究の進展

発掘調査によって長屋王邸が発見され、長屋王家木簡が出土したことを契機に、長屋王に関する研究が活発化した。なかでも、「長屋親王宮《ながやしんのうのみや》」「長屋皇宮《ながやこうきゅう》」「長屋皇子宮《ながやおうじのみや》」と書かれた木簡があったことから、長屋王が法律上は諸王だが親王《しんのう》に準じた扱いを受けていた、あるいは、天皇の身内では親王として処遇され、皇位継承の有資格者として内々に認められていたとして、長屋王の抹殺が政変の目的であったとする見方が出された（例えば、金子裕之「長屋王は左道を学んだか」『歴史読本　臨時増刊特集　古代天皇家と宗教の謎』第三十三巻第二十四号、新人物往来社、一九八八／早川庄八「補講「長屋親王宮」木簡を読む」『続日本紀（古典講読シリーズ）』岩波セミナーブックス、岩波書店、一九九三など）。

実は、長屋王が有力な皇位継承者とみなされていたとの意見は古く指摘されていたが（直木孝次郎『奈良時代史の諸問題』塙書房、一九六八）、上記木簡の出土によって一気に展開したのである。

さらに、長屋王と吉備内親王との間に生まれた膳夫王《かしわでおう》らの男子こそ、皇位継承の有力候補となることが予想され、藤原氏の真の狙いはその排除にあり、長屋王夫妻もろとも滅ぼ

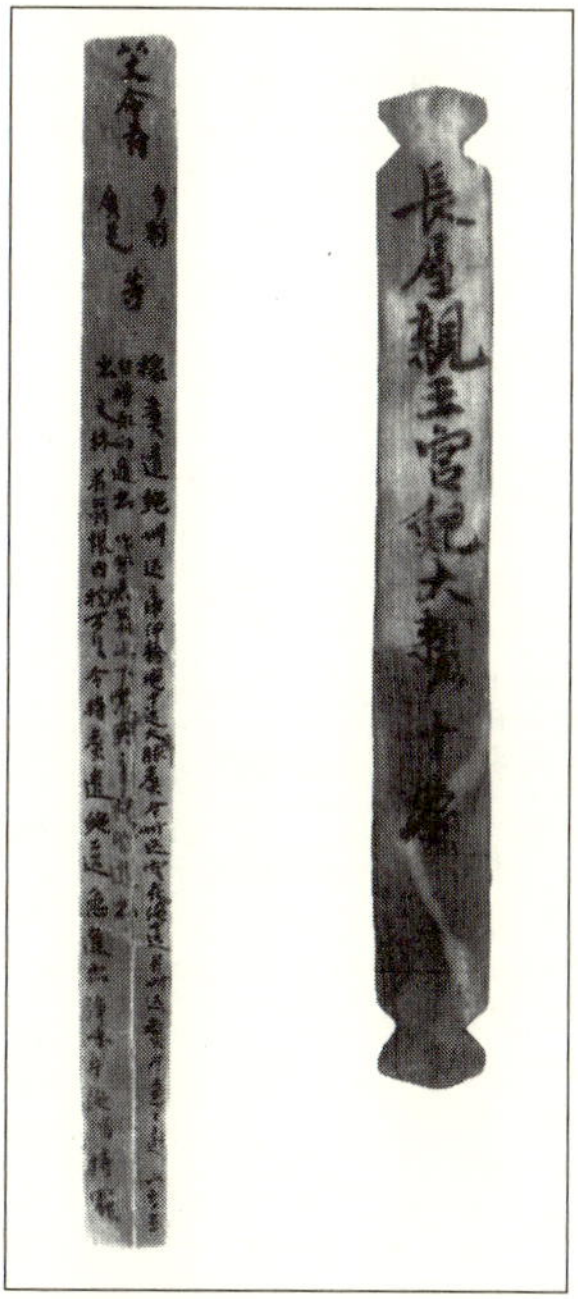

代表的な長屋王家木簡（いずれも奈良文化財研究所蔵。出典：奈文研 1996）
左　吉備内親王の「大命」を伝える文書木簡
右「長屋親王宮」に鮑（アワビ）を納めた際の荷札木簡

したとする見方が出された（例えば、大山誠一『長屋王家木簡と奈良朝政治史』吉川弘文館、一九九三など）。なお、自尽した子息四人のすべてが吉備内親王の所生ではない点は注意が必要である。桑田《くわた》王《おう》の母は石川氏の娘とされている（『本朝皇胤紹運録《ほんちょうこういんしょううんろく》』）。犠牲になった長屋王の子息は、膳夫王をはじめとする吉備内親王所生の子息、及び邸内同居のその他の子息ということになる（森二〇〇九）。

果たして、長屋王は「親王」扱いされたのであろうか。長屋王家木簡の用語や文体を検討した研究によれば、長屋王家内部で作成された木簡は、和文・和語によって書かれ、使われる用語も和語・和訓を念頭において理解すべきであり（「王」も「親王」も、和語では「ミコ」と音読する）、木簡に「親王」と書いてあっても、その語本来の意味で理解することは妥当でないことが明らかである（前掲・東野治之著）。

したがって、長屋王が文字通り「親王」として処遇されていたとは言えない。若年時ならともかく、齢五十を過ぎた長屋王がこの時点において、若き聖武天皇の後継候補となり得たか、懐疑的な意見もある（寺崎一九九九）。しかし、長屋王本人そして吉備内親王との間に儲けた膳夫王ら男子が、その血筋からして皇位継承の可能性を十分有しており、当時の支配層も長屋王家にそのような視線を向けていたことは、想像に難くない。

森公章氏によれば、変の原因を皇位継承の問題を軸としつつも、長屋王家が高市皇子の家産と宮を継承し、高市皇子一族の長として振る舞う「北宮王家《きたみやおうけ》」と呼ぶべき存在であったこと、長屋王と吉備内親王の婚姻は、草壁皇子《くさかべのおうじ》の直系（草壁―文武―聖武）によるタテの皇統に対するヨコの系統の創出であり、草壁系の皇統の拡大方策であるが、長屋王と吉備内親王の間に将来生まれる子女は、文武天皇の後宮に較べ、より天皇家中枢に近い血筋を引くようになること、こうした強大な「北宮王家」に対する藤原氏の警戒感が変の遠因になり、その弱体化を狙ったと指摘されている（森二〇〇九）。

長屋王は親王ではないが、高市皇子宮の家産と、天皇家と同じ草壁系統の血筋を嗣ぐ、自他共に認める強大豪勢な王家であり、好むと好まざるとに関係なく、皇位継承をめぐる政争に巻きこまれたと評価されるのである。

†長屋王の変は奈良朝戦乱史の第一幕

このように、現在では、長屋王の変とは、皇太子基王の死去を直接的な契機として、将来の皇位継承問題を有利とするため藤原氏側が立案した光明子立后《こうみょうしりっこう》計画に対して、長屋王の反対が予測されたこと、長屋王及びその妻吉備内親王との間に生まれた男子王はその血筋からして皇位継承の可能性を十分有していたこと、長屋王家自体が強大豪勢な王家であったことなどの理由から、これらの点を脅威と感じた聖武天皇・藤原氏側が、謀反の罪を着せて長屋王夫妻と子息を抹殺したという、皇位継承問題を根底に有する政変であると考えられている。
長屋王の変のように、皇族・貴族が政争によって命を奪われたのは、六八六年（朱鳥《しゅちょう》元）の大津皇子《おおつのおうじ》の謀反以来、実に四十三年振りの出来事であった。長屋王の変は、この後、血みどろに展開していく激動の奈良朝戦乱史の第一幕を飾るものとして、古代史上重要な画期をなしたと言えよう。

さらに詳しく知るための参考文献

奈良国立文化財研究所編『平城京　長屋王邸宅と木簡』（吉川弘文館、一九九一）……発掘調査を担当した奈文研が編集した概要報告書。長屋王邸の遺構の変遷、邸宅の復元、出土した長屋王家木簡の概要を載せており、長屋王邸の発掘成果とその歴史的価値をつぶさに理解することができる。なお、その後、正式報告書として同編『平城京長屋王邸跡　左京二条二坊・三条二坊発掘調査報告』本文編・図版編（吉川弘文館、一九九六）が刊行されている。

寺崎保広『長屋王』（吉川弘文館・人物叢書、一九九九）……長屋王の誕生から自尽に至るまでの歴史を叙述したもの。邸宅の発掘に立ち会った著者による、大量の木簡や資料をもとに王家の生活や変の真相を叙述したもの。長屋王邸の発掘調査や長屋王家木簡の概要の紹介もされている。長屋王の伝記として好著。

森公章『奈良貴族の時代史――長屋王家木簡と北宮王家』（講談社選書メチエ、二〇〇九）……長屋王家木簡の詳細な分析をもとに、長屋王家木簡が呈する新知見を整理し、皇族や貴族の家族関係、経済基盤、家政運営のあり方に留意しながら、高市皇子とその子長屋王へと続く王家を「北宮王家」と命名し、その視座から奈良時代史を叙述したもの。

木本好信『藤原四子——国家を鎮安す』(ミネルヴァ書房・日本評伝選、二〇一三)……長屋王の生涯と関わりが深い、藤原不比等の四人の子供達=藤原四子の伝記。律令体制下で藤原氏政権の確立に努めた四人の政策と相互関係、人物像を描く。長屋王政権や変に関する詳細な分析、学説整理がされている。

第7講　藤原広嗣の乱

松川博一

†藤原式家の御曹司広嗣

藤原広嗣《ひろつぐ》は藤原式家《しきけ》の長男として生を受けた。式家の祖である父宇合《うまかい》は、律令国家建設の大功労者である不比等《ふひと》の三男であり、武智麻呂《むちまろ》・房前《ふささき》・麻呂とともに藤原四子《よんし》政権を樹立し、政治のみならず外交・軍事において大いに手腕を発揮した人物であった。

宇合は、七一七年（養老元）、若くして遣唐副使に抜擢され、押使《おうし》の多治比県守《たじひのあがたもり》の下、留《る》学生《がくしょう》の吉備真備《きびのまきび》や留《る》学僧《がくそう》の玄昉《げんぼう》とともに海を渡り、中国の先進文化の受容に努めた。武人としての活躍も目覚ましく、七二四年（神亀《じんき》元）の蝦夷《えみし》の反乱には征夷持節大将軍《せいいじせつだいしょうぐん》として東北へ遠征し、その軍功により従三位勲二等を授けられる。藤原四子体制を盤石なものとした七二九年（天平元）の長屋王の変では、中央の六衛《りくえい》の兵を率いて長屋王の邸宅を包囲し、自尽に追い込んでいる。

その後、七三一年に国内の治安維持のための鎮撫使《ちんぶし》が設置されると、宇合は畿内の副惣管《ふくそうかん》に任じられ、七三二年に対外防衛のための節度使《せつどし》が置かれると、その最前線である西海道《さいかいどう》節度使となり、九国三島の軍備の強化に努めた。山陰道節度使の例をみると、武器・武具の製造・修理、烽《とぶひ》の設置、兵員の確保・教練、備辺式《びへんしき》の策定と、軍備全般にわたっている。備辺式にあたるものとして、西海道では「節度使従三位藤原朝臣宇合の時の式」や「警固式《けごしき》」が確認でき、各道によって内容が異なったようである。

『筑前国風土記《ちくぜんのくにふどき》』の逸文《いつぶん》によれば、節度使だった宇合は「前議の偏りを嫌い、当時の要を考える」と評されており、現状に即し時宜を得た施策を打ち出していたことがうかがえる。それらは中国で得た最新の知識と国際感覚、さらには蝦夷征討や政変での豊富な経験に裏打ちされたものであった。節度使は七三四年に停止されるが、宇合と西海道との関わりはその後も続き、大宰帥《だざいのそち》に任じられている。

しかしながら、七三七年八月、宇合は大宰府管内から大流行し全国に蔓延した疫病（天然痘）によって命を落とすことになる。享年四十四歳であった。同年には宇合だけではなく、兄弟の房前・麻呂・武智麻呂も相次いでこの世を去り、藤原四子体制は自壊した。そして、それに代わり、皇族出身の橘諸兄《たちばなのもろえ》を首班とする政権が成立する。この時、宇合の長男である広嗣は二十代のはじめで従五位下《じゅごいのげ》になったばかりである。翌年四月、広嗣は式《しき》

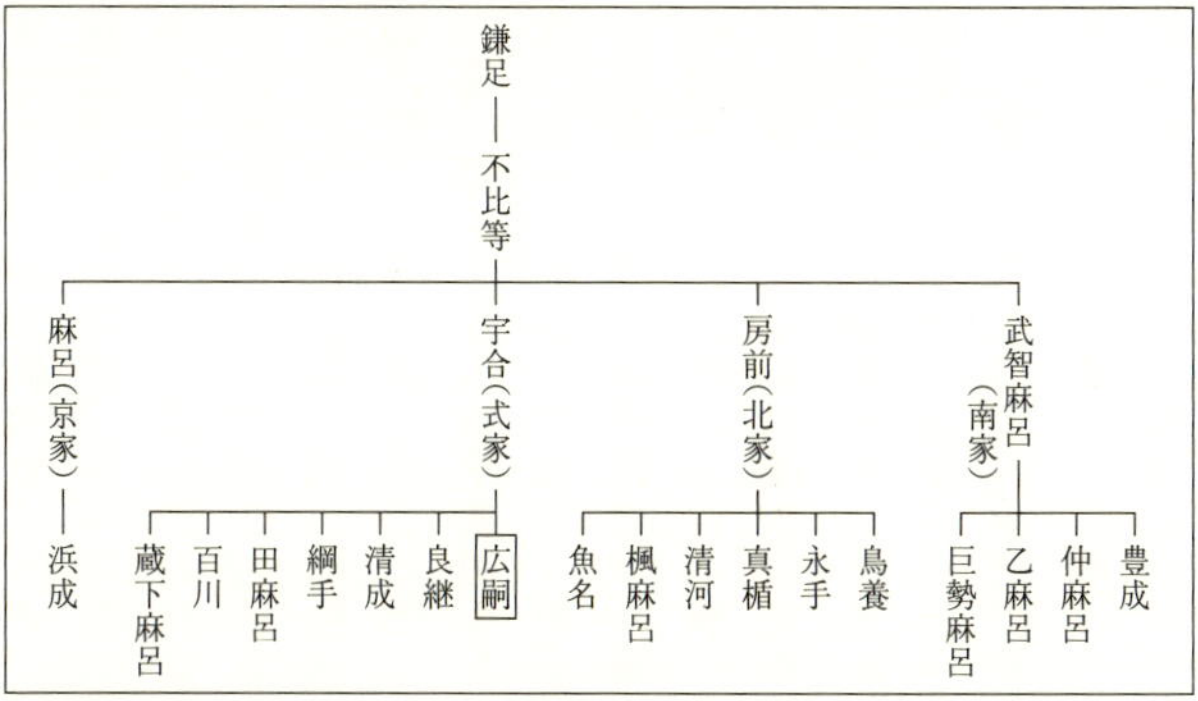

藤原氏系図

部少輔《ぶのしょう》に加えて大養徳守《やまとのかみ》に任じられている。式部少輔とは父宇合が終生長官を務めた式部省の次官であり、大養徳守とは畿内の大国に格付けられる大和国（現在の奈良県）の長官である。式家の御曹司としては順当な人事といえよう。

大宰府赴任

ところが年末になって、突如大宰府の次官である大宰少弐《しょうに》として九州への赴任が言い渡される。のちの聖武天皇の勅の中では、広嗣がしきりに親族をおとしめるようなことを言って一族の和を乱すので、遠く西海の地に左遷することで改心させようとしたと述べ、聖武天皇の深い考えがあってのことだとされるが、それが広嗣追討の勅だけに鵜呑みにすることはできない。

大宰府といえば、大宰権帥《ごんのそち》として左遷され大宰府で亡くなった菅原道真のイメージが強く、往々にして左遷先とみられがちだが、大宰府自体は西海道の総管、対外防衛、外交の窓口という重要な任務を担った地方最大の官司《かんし》であった。そのため、帥《そち》・弐《に》は有徳の者、監《げん》・典《てん》は才良の者が就くべき要職とされた。

広嗣にとって大宰府は、遣唐副使や西海道節度使・大宰帥を務めた父宇合ゆかりの地である。さらに大宰大弐《だいに》の高橋安麻呂は宇合が征夷持節大将軍の時の副将軍、少弐の多治比伯《おおじ》は勲十二等であり宇合の部下だった可能性があり、広嗣にとって心強い顔ぶれである。当時、帥は宇合以降空席であり、右大弁兼大弐の安麻呂は西下しておらず、いうなれば少弐であった広嗣と伯の二人が現地の最高責任者ということになる。

広嗣の大宰少弐任命は、一概に左遷とはいえず、宇合ゆかりの地において父同様の働きを期待しての人事だった可能性も皆無とはいえない。当時の大宰府では、疫病や天災からの復興が大きな政治課題となっていた。また、前年には新羅《しらぎ》が常礼を失したとして、その理由を問う使節を派遣すべきか、出兵して征討すべきか、朝廷で議論されており、日本と新羅との軍事的な緊張が高まっていた時期にあたる。さらに諸兄《もろえ》政権が成立当初から地方の行財政改革や公民の救済政策を断行していたことを考えると、大宰府の高官はむしろ重要ポストといえよう。広嗣はその最前線にいたことになる。それがゆえに、疫病・天災による大宰府管内の惨状はもとより、復興救済政策の遅れや一連の行財政改革に対する地方の不満を肌身で感じていた可能性が高い。

　七四〇年八月二十九日、広嗣は「時政の得失」と「天地の災異」について陳べた上表文を認めて中央政府に提出した。当時の中央政府は、右大臣に橘諸兄、知太政官事《ちだいじょうかんじ》に鈴鹿王《すずかおう》、参議に大伴道足《おおとものみちたり》・大野東人《おおののあずまひと》・巨勢奈弖麻呂《こせのなてまろ》・大伴牛養《うしかい》・県犬養石次《あがたいぬかいのいわすき》、そして、武智麻呂の長男である藤原豊成《とよなり》が就いており、諸兄を首班とする政治運営が行われていた。藤原氏の勢力後退は明らかであり、中央政治から遠ざかった広嗣に不満や焦りがあったのも事実であろう。

大宰府政庁跡（九州歴史資料館提供）

　彼の主張は、天変地異が起こるのは悪政のためであり、その元凶である僧正の玄昉と右衛士《うえじの》督《かみ》の下道《しもつみち》（吉備）真備《まきび》の両名を除かなければならないというものである。父宇合とともに唐に渡った二人であったが、帰国後は諸兄政権において重用されていた。広嗣の目には、天皇家や政権首脳に取り入り、僧侶や学者の分を弁えない者と映ったのかもしれない。

『続日本紀《しょくにほんぎ》』においても広嗣の挙兵の目的は二人の追放にあったと強調されている。これについては、広嗣の反乱の動機を政治批判から二人への私怨に転化しようとする藤原氏の意図が編纂時に働いたとの指摘もある（中西康裕『続日本紀と奈良朝の政変』吉川弘文館、二〇〇二）。そうだとすれば、広嗣の上表文の真意は、むしろ大宰府管内の実状に鑑みて、その是正を求めることに重きがあったと考えられる。いずれにしても、上表文を受け取った側には現政権への非難、ひいては天皇の治政への批判と受けとめられたであろう。それは当時の刑法である律に照らせば、それだけで天皇を指斥《しせき》した罪として斬刑に値する。

†乱の経過

『続日本紀』の記事にしたがい、広嗣の乱の経過をたどっていくことにする（青木一九九〇）。九月三日、上表文を受け取った聖武天皇はただちに反乱と判断して、大野東人を大将軍、紀飯麻呂《きのいいまろ》を副将軍に任命し、東海・東山・山陰・山陽・南海の五道の兵一万七千人を率いて広嗣を討伐するように命じた。さらに二十一日、隼人《はやと》二十四人と勅使の佐伯常《さえきのつね》人《ひと》・阿倍虫麻呂《あべのむしまろ》らを派遣するとともに、長門《ながと》国まで帰国していた遣新羅使の人や船を東人の判断で使用してよいとの勅も発せられている。

二十四日付けの東人の戦況報告によれば、まず二十一日に長門国豊浦郡少領額田《ぬかた》部広麻《べのひろま》呂《ろ》が精兵四十人を率いて豊前へ乗り込み、ついで翌日に勅使の佐伯常人・阿倍虫麻呂が隼人二十四人と軍士四千人を率いて九州へ渡海している。二十四日には政府軍が豊前国の登《と》美《み》・板櫃《いたびつ》・京都《みやこ》郡の三鎮を占拠し、京都郡鎮長《ちんちょう》であった大宰史生小長谷常人《ししょうおはつせのつねひと》、企救《きく》郡板櫃鎮小長《ちんしょうちょう》の凡河内田道《おおしかわちのたみち》を殺害、同鎮大長三田塩籠《みたのしおこ》を負傷させ、三鎮の営兵一七六七人を捕虜にしたという。三鎮については、防人の配備地や広嗣の臨時的な軍事拠点とする説もあるが、節度使下に整備された鎮所であり豊前の軍団兵士が守備していたとみるべきであろう。

板櫃鎮は現在の北九州市小倉北区到津《いとうづ》、登《と》美鎮《みのちん》は同区富野《とみの》とされていたが、富野では両鎮が至近であることや後述する綱手軍の豊後経由の進軍路から山国川《やまくにかわ》下流の吉富町《よしとみまち》周辺と考えられるようになってきた。京都郡鎮については交通の要衝である草野津《かやのつ》の付近とされている。近年、行橋市《ゆくはし》の延永《のぶなが》ヤヨミ園遺跡から「津」「京都大」銘墨書土器や「少長」と書かれた郡符《ぐんぷ》木簡が出土し、草野

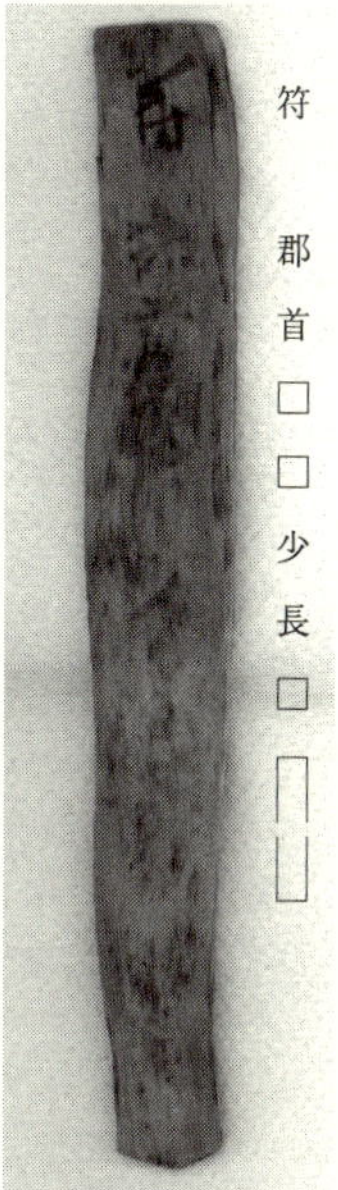

延永ヤヨミ園遺跡出土郡符木簡（赤外線写真、九州歴史資料館所蔵）

津に比定されたことから鎮所《ちんしょ》もこの周辺にあったとみられている（酒井二〇一六）。

一方の広嗣軍の本隊は筑前国の遠珂《おか》（遠賀）郡家《ぐうけ》に軍営を構えて武器武具を整え、さらに烽火《ほうか》を使って国内の兵を徴発した。翌二十五日付けの報告では、広嗣に味方していた豊前国京都郡大領の楉田勢麻呂《しもとたのせまろ》・仲津郡擬少領《ぎしょうりょう》の膳 東人《かしわでのあずまひと》・下毛《しもつみけ》郡擬少領の勇山伎美麻呂《いさやまのきみまろ》・築城《ついき》郡擬領の佐伯豊石《とよいわ》など、豊前国の郡司らが政府軍へ投降してきたことを伝える。

二十九日、大宰府管内諸国の官人《かんじん》および百姓に向けて聖武天皇の広嗣追討の勅が発せられ、情宣活動が行われている。その内容は、第一に逆賊である広嗣は生来凶悪であり必ず滅びる運命にあること、第二に勅符は数千枚を撒いているので使者を妨害しても無駄であること、第三に広嗣の共謀者であっても改心して広嗣を斬殺すれば行賞に与れることを呼びかけたものであった。

十月九日の報告では、板櫃川《いたびつがわ》を挟んで、東岸に勅使率いる政府軍の軍士約六千人、西岸に広嗣率いる反乱軍約一万騎が対峙したことを伝えている。常人が広嗣に何度も呼びかけたところ、広嗣は馬に乗って現れる。そして、常人が勅使であることを知ると、馬より下りて両段再拝し、自分は朝廷の命に背く気持ちはなく、ただ朝廷を乱す玄昉と吉備真備の引き渡しを求めているだけだと弁明した。これに対して常人が勅符を与えるために召喚したのに挙兵して押し寄せてきたのはなぜかと問い質すと、返答することができず、馬に乗

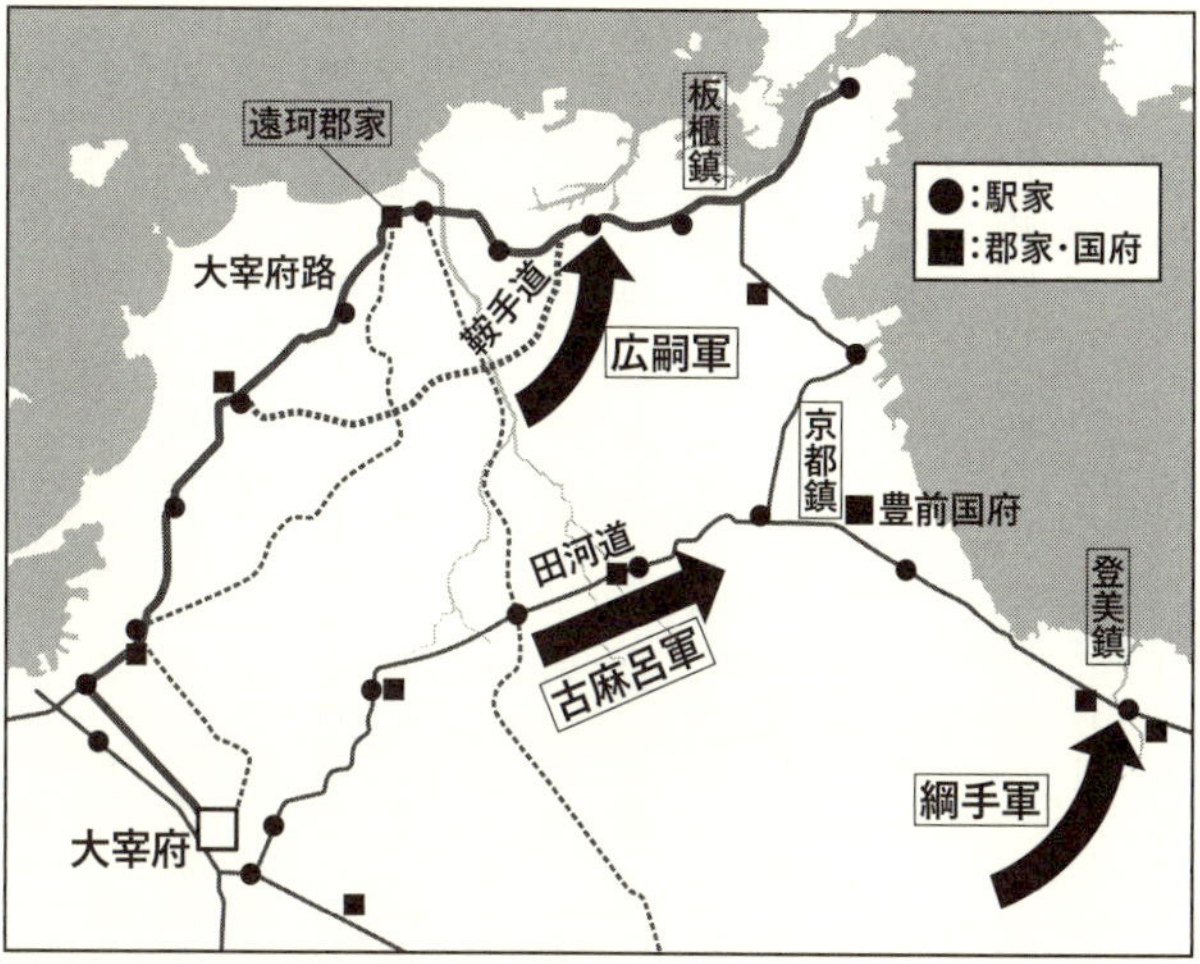

広嗣軍の予定進路図（大高 2018 を改変）

って引き返したという。その様子をみて、広嗣軍から投降する者が後を絶たなかったようである。

　そのひとりである隼人の贈唹君《そおのきみ》多理志《たりし》佐《さ》の証言によると、広嗣は『続日本紀』に「三道より往かむ」と記されているように、三方から軍を進めて政府軍を迎え撃つという戦略を立てていたようである。広嗣は大隅・薩摩・筑前・豊後の兵士五千人を率いて大宰府から穂波《ほなみ》郡もしくは宗像郡に出て鞍手《くらて》郡を経由する「鞍手道《みち》」を進軍し、弟の綱手《つなて》は筑後・肥前の兵士五千人を率いて豊後から山間を抜けて山国川河口へ出る進軍路をとり、多胡《たご》古麻呂《こまろ》は田川郡を経由して豊前国府へ向かう「田河道《たがわみち》」を進むことになっていた。

ところが、綱手・古麻呂の両軍は鎮所に到着せず、進軍計画は失敗に終わった。広嗣としては、広嗣・綱手・古麻呂の三軍がそれぞれ板櫃・登美・京都郡の三つの鎮所を目指して進軍し、すでに配備に就いていた豊前の軍団兵士等と合流して、そこで政府軍を撃退するつもりだったが、政府軍に先を越される結果になったのかもしれない。結局、広嗣軍は板櫃鎮より後退した遠賀郡家を軍営としたが、敗走を余儀なくされた。

二十九日になって大将軍の東人より広嗣が二十三日に肥前国松浦《まつら》郡値嘉《ちか》嶋で捕らえられた旨の上奏があり、それに対して法にしたがい処決したのちに報告するように詔が出された。十一月五日付けで東人の報告があり、十一月一日に松浦郡家において広嗣・綱手の兄弟が斬刑に処されたことや広嗣が海外逃亡を企て耽羅嶋《たんら》（済州島）の近くまで行ったが風に吹き戻されたことなどが知らされた。翌年正月二十二日、広嗣の与党は法にしたがって処罰された。その数は死罪二十六人や流罪四十七人など総数三百人近かった。

†大宰府の軍事権

広嗣は政府軍に敗れることにはなったが、一万人を超える兵士を動員することができたのも事実である。広嗣の反乱軍の主力となったのは、西海道諸国の軍団兵士と考えられる。乱の前年に全国の軍団兵士制は停止されるが、三関《さんげん》・陸奥・出羽・越後・長門と大宰府管内の諸国だけはそれから除外され、軍団兵士制は存続した。『類聚三代格《るいじゅうさんだいきゃく》』弘仁四年（八一三）八月九日の太政官符によれば、西海道諸国の軍団兵士数は、筑前国が四千人、筑後国が三千人、豊前国が二千人、豊後国千六百人、肥前国二千五百人、肥後国四千人、合計一万七千百人となる。中央政府はこれに対抗するため、東海・東山・山陰・山陽・南海の五道から兵一万七千人を動員しようとした。その数的な根拠は、府下六国の軍団兵士の総数にあったと考えられる。

一方の反乱軍をみると、広嗣軍は筑前・豊後国等、綱手軍は筑後・肥前国からそれぞれ五千人の兵を率いたとされる。その数は筑前・豊後国の軍団兵士を合わせた五千六百人、筑後・肥前国を合わせた五千五百人に近似した数値である。政府軍・反乱軍ともに大宰府管内の軍団兵士数を基準にして動員計画を立案したことがうかがえる。

加えて反乱軍の軍事編成を明らかにする上で検討を要するのは、広嗣が率いた薩摩・大隅国の隼人軍と、管内諸国からの上番兵士によって構成された大宰府常備軍の存在である。「隼人軍」については、律令制支配への不満をもつ隼人を大量動員したとの理解があるが、対する政府軍動員の隼人はわずか二十四人である。それを考えると、広嗣が率いた「隼人軍」も戦闘力というより言葉や弓弦《ゆみづる》を用いた呪力を期待しての要員であり、その内実は翌年の朝貢・交替のために大宰府に召集されていた隼人の集団だった可能性が高い（松本政

春『律令兵制史の研究』清文堂出版、二〇〇二)。

むしろ、反乱軍の中核となったのは大宰府常備軍であり、大宰府管内の筑前・筑後・肥前・肥後・豊前・豊後の六国から上番《じょうばん》していた軍毅《ぐんき》・兵士や選士《せんし》だったと考えられる。彼らは平常時、大宰府政庁をはじめとした官衙、特に兵庫や筑紫大蔵の警衛、古代都市大宰府の治安維持を任務とした「遠《とお》の朝廷《みかど》」の衛士《えじ》ともよぶべき存在であった。また、大宰府が西海道支配を完遂するための中央軍事力としての役割も担っていた。広嗣の乱では、この常備軍が反乱軍の核となり、管内の軍団兵士を巻き込みながら兵力を拡大していった可能性が高い。広嗣が率いる部隊が五千人から最終的に一万騎に及んだのは、筑前国内にいた大宰府常備軍の存在があったからと考えられる。

もうひとつ注目すべきは、大宰府上番にともなって生じた大宰府と西海道諸国の郡司《ぐんじ》層との関係である。管内諸国の郡司子弟は、大宰府において、大弐《だいに》・少弐《しょうに》の指揮指導の下で、大宰府上番の軍毅や選士として宇合策定の警固式《けごしき》に基づく教練をうけていたと考えられる。彼らは任務終了後、西海道諸国へもどり、郡司や軍毅として、郡衙《ぐんが》や軍団の中心的な構成員になったと想定される。

そのことは軍事面に限らない。行政面でも文書《もんじょ》事務を担う府書生《しょしょう》百名や府学校で学ぶ六国の学生《がくしょう》二百余名など、郡司子弟等が大宰府の官人の指導・監督の下で修学と実務経験を積み、帰郷後は地方行政の担い手になっていった。そこには大宰府の官人と西海道の郡司層との国司を介さない特殊な関係が浮かび上がってくる。広嗣は、大宰少弐としてそれらの関係を最大限に利用して兵力の動員を図った可能性が考えられる。乱の記事の中に一切国司が登場せず、大宰府の官人と郡司層のみがみえるのはそのためと思われる。

とはいえ、大宰府直轄の常備軍はともかく、西海道諸国の軍団兵士を動員するためには、それなりの法的根拠と手続きが必要となる。大宰府が西海道諸国の兵員を動員・指揮できる権限、つまり独自の軍事権を付与されていたかというと、その根拠となりうる律令の規定はない。律令制下において、軍事権を発動できたのは原則として天皇もしくはその代行者である太政官だけであり、たとえ従三位相当の大宰帥《だざいのそち》であっても付与されていなかったとみるべきであろう。地方官が大量の兵員を動員・指揮するためには、天皇の命令、つまり勅が必要である。

したがって、広嗣による西海道諸国の兵員の動員は勅の偽造もしくはそれに類する行為によるものとみられる（北條秀樹『日本古代国家の地方支配』吉川弘文館、二〇〇〇）。政府軍による勅符の大量配布の例をみると、広嗣は必ずしも国府を経由せず、直接、管内の郡司や軍団に対して偽造した勅符を送り、軍団兵士の動員を図ったこともありうる。

広嗣が偽造された勅であれ、管内の軍団兵士を動員できたのは、大宰府が西海道諸国を惣管する立場にあり、非常時には天皇の命令を受けてその代行者として管内の軍団を動員・指揮する権限を有していたからだと考えられる。その権限は節度使から引き継がれたものとの意見もある。広嗣が西海道節度使であった父宇合によって整えられた軍備や警固式などを継承し利用したことは十分に想定されるが、勅を前提とした軍事権の発動に関しては、あくまで現地最高責任者である大宰少弐としてもともと大宰府が有する権限を行使したと考えられる。

†大宰府の廃止

七四二年（天平十四）正月、乱の本拠となった大宰府は廃止されることになる。乱の鎮圧から一年後のことである。それまで大宰府が管理していた西海道諸国の貢納物は筑前国府へ移管された。それ以前、西海道の調庸物はすべて大宰府へ納められ、一部の特産物を除き、それらは大宰府の運営費に充てられることになっていた。筑前国は大宰府が持っていた西海道総管機能のすべてを継承したのではなく、おそらく官物《かんもつ》の保管とそれに関わる事務処理程度を代行することになったのであろう。

当然、大宰府の機能の中には、筑前国だけでは担いきれない重要なものもあった。その表れとして七四三年十二月に新たに鎮西府《ちんぜいふ》が置かれることになる。職員構成は、将軍の石川加美《かみ》、副将軍の大伴百世《ももよ》、判官《じょう》二人、主典《さかん》二人の四等官《しとうかん》からなる。それは東北の蝦夷《えみし》対策のために陸奥国に置かれた鎮守府《ちんじゅふ》にならったものであり、長官である将軍の職名にも象徴されているように軍政府としての性格が強いものであった。

　鎮西府が置かれた一番の理由は、大宰府常備軍を再置することにあったのではないか。乱の終結ののち、反乱軍の中核となった大宰府常備軍は解体されたと考えられる。それにかわって筑前国の軍団が、それまでの大野城・水城《みずき》・筑紫館《つくしのむろつみ》（のちの鴻臚館《こうろかん》）などに加えて、大宰府の旧庁舎はもとより、兵庫や筑紫大蔵などを守衛することになったとみられる。大宰府の廃止にともなう筑前国の負担は、行政事務だけでなく兵役の負担にも及んだ。その対応策として、ふたたび府下六国から軍団兵士を上番させて常備軍を編成し、それを統率するための軍事的な機関として鎮西府が置かれたと考えられる。あわせて大宰府管内の軍備の維持や一般兵事行政も担ったであろう。

　さらに大宰府の廃止の直後、新羅使金欽英《きんきんえい》一行一八七人が筑紫に来着し、大宰府が無いなかでの外交使節の応接という事態が起こった。この時は紀飯麻呂《きのいいまろ》等を筑紫に派遣して饗応・帰国させている。ところが翌年に来日した新羅使金序貞《きんじょてい》等に対しては、多治比土作《たじひはじつくり》を筑紫に派遣したものの、常例を失するとの理由により追い返している。その後、七五二年（天平勝宝四）まで新羅使の来日が途絶したことをみると、それを機に新羅との関係が悪化したとみられる。鎮西府の新置と大宰府常備軍の復活の背景には、単なる重要施設の守衛の問題だけではなく、対新羅政策としての側面もあった可能性が想定される。

七四五年六月、大宰府は一年半ぶりに復置されることになる。それにともない、鎮西府の将軍であった石川加美はそのまま大宰大弐に任じられ、鎮西府が担った軍事的機能は『延喜式《えんぎしき》』にみえる大宰府管下の府衛《ふえい》に引き継がれたとみられる。そして、八月になり大宰府管下の十二の諸司に公印が支給されている。これは蔵司《くらのつかさ》や匠司《たくみのつかさ》などの十二の被管官司が復置されたことを意味し、大宰府の官司運営が正常化したことを表している（松川二〇一八）。藤原広嗣の乱の勃発からちょうど五年後のことである。

この間、聖武天皇は広嗣の乱の最中、平城京を離れ東国行幸を行い、さらに山城の恭仁《くに》京《きょう》へ遷都を宣言し、それも束の間、七四二年に近江の紫香楽《しがらき》宮を造営し新都と定めたかと思うと、七四四年に摂津の難波《なにわ》宮へ遷都、七四五年にふたたび紫香楽宮を新京としたのち、結局同年六月に宮門に大楯が立てられ平城京への還都が示される。時を同じくして都も大宰府も元の鞘に収まったことになる。この聖武天皇の彷徨の主因が広嗣の乱にあったことはいうまでもなく、遠く大宰府で起こった反乱が王権をも不安と混乱に陥れる一大事であったことがうかがえる。

さらに詳しく知るための参考文献

九州歴史資料館編『大宰府古文化論叢』上・下巻（吉川弘文館、一九八三）……大宰府と九州についての論文約五十余編を収載。下巻所収、栄原永遠男「藤原広嗣の乱の展開過程」は広嗣の乱関係の史料を丹念に読み込み詳述。

倉住靖彦『古代の大宰府』（吉川弘文館、一九八五）……大宰府の成立過程から変質にいたるまで大宰府をめぐる諸問題について考察した単著で、古代の大宰府を知る上では必見の書。

青木和夫他校注『続日本紀二　新日本古典文学大系13』（岩波書店、一九九〇）……『続日本紀』の注釈書。藤原広嗣の乱関係記事を漢文原文と訓読文で読むことができるとともに、先行研究を踏まえつつ乱の経過をわかりやすく時系列に整理。

舘野和己・出田和久編『日本古代の交通・交流・情報1　制度と実態』（吉川弘文館、二〇一六）……古代日本の交通制度とその下で展開した交通の実態に関わる論考を収載。酒井芳司「九州地方の軍事と交通」は防人の設置・隼人の反乱への大宰府の官人の参加や広嗣の乱における軍団兵士の動員を通して大宰府の軍事権を検討し、九州地方の軍事と交通について論述。

大宰府史跡発掘五〇周年記念論文集刊行会編『大宰府の研究』（高志書院、二〇一八）……古代の大宰府に関する論文四十三編を収めた論文集で平成までの大宰府研究の到達点を示す。大高広和「大宰府成立前後の大宰府・豊前間の交通路」は広嗣の乱の経過とともに反乱軍が使用した交通路について詳述。松川博一「大宰府官司制論」は大宰府常備軍や乱後の大宰府の廃復置などについて言及。

第8講 橘奈良麻呂の変

小倉真紀子

†「橘奈良麻呂の変」のあらまし

本講で取り上げる「橘奈良麻呂《たちばなのならまろ》の変」は、学校教育の場ではおそらく印象が薄い事件の一つなのではないだろうか。小学校・中学校の教科書には見られず、高等学校の日本史の教科書でも全てにおいて触れられているわけではないため、古代史に強い関心をお持ちの方でない限り、高校で日本史を履修しなければその名を知る機会さえない事件である。しかしながら、知名度が低いこの事件が、歴史上の重要性も低かったかといえば、決してそうではない。

橘奈良麻呂の変は、七五七（天平宝字《てんぴょうほうじ》元）年に、皇族出身でかつて左大臣として政権を担っていた橘諸兄《もろえ》の子の奈良麻呂が、父諸兄の死後、光明《こうみょう》皇太后の信任を得て権力を握っていた藤原仲麻呂《ふじわらのなかまろ》を倒すために反乱の計画を企てたものの未然に発覚して失敗し、滅ぼされた政治事件である。

橘諸兄は、聖武天皇の在位中である七三七（天平九）年に疫病の流行によって藤原四子《よんし》（不比等《ふひと》の子である武智麻呂《むちまろ》・房前《ふささき》・宇合《うまかい》・麻呂《まろ》の四人で、光明皇后の兄）が死去した後、政界の中心的な存在となったのであるが、孝謙《こうけん》天皇の即位後、武智麻呂の子で光明皇太后の甥であった仲麻呂が台頭するにつれて政治的な影響力を弱め、やがて左大臣を辞するに至り、その翌年の七五七年正月に死去した。このような状況の中で、諸兄の子の奈良麻呂は、大伴《おおとも》氏や多治比《たじひ》氏等と仲麻呂の排斥を謀り、仲麻呂が擁立した皇太子大炊王《おおいおう》（後の淳仁《じゅんにん》天皇）の廃太子を計画したのであるが、密告により露見し、失敗に終わった。

計画の首謀者であった黄文王《きぶみおう》（長屋王の子）・道祖王《ふなどおう》（天武天皇の孫で新田部《にいたべ》親王の子）・大伴古麻呂《こまろ》・多治比犢養《こうしかい》・小野東人《おののあずまひと》・賀茂角足《かものつのたり》が拷問によって死去した他、子の乙縄《おとただ》が奈良麻呂と親しかった右大臣藤原豊成《とよなり》（仲麻呂の同母兄）が大宰員外帥《だざいのいんがいのそち》（大宰府《だざいふ》の長官で、定員外に任命された者）に左遷されるなど、この事件で処罰された者は四百四十三人に上った。奈良麻呂が受けた処罰については、六国史《りっこくし》の一つである『続日本紀《しょくにほんぎ》』には記述がないのであるが、他の首謀者と同様にやはり処刑されたであろうと考えられている。以上が、橘奈良麻呂の変のあらましである。

†事件の背景にあった皇位継承問題

橘奈良麻呂の変について、近年では、藤原仲麻呂に対する反対派の単なる抵抗ではなく、皇位継承に関する争い、特に、孝謙天皇の即位に対する反発こそがこの事件の中核にあったとする見解も示されている。その根拠として挙げられるのは、『続日本紀』天平宝字元年（七五七）七月庚戌《こうじゅつ》（四日）条に見られる次のような記事である。

去《さ》んぬる天平十七年、先帝陛下難波《なにわ》に行幸《みゆき》するに、寝膳《しんぜん》宜《よろ》しきに乖《そむ》けり。時に、奈良麻呂、全成《またなり》に謂《い》いて曰《いわ》く、「陛下、枕席《ちんせき》安からず、殆《ほとん》ど大漸《たいぜん》に至る。然《しか》るに猶皇嗣《なおこうし》を立つること無し。恐るらくは変有らんか。願わくは多治比国人《くにひと》・多治比犢養・小野東人を率い、黄文を立てて君《きみ》と為し、以《もっ》て百姓《ひやくせい》の望みに答えんことを。（中略）」と。

［去る天平十七年（七四五）、先帝陛下（聖武天皇）が難波に行幸なさった際に、ご病気になりました。その時、奈良麻呂は、私全成に「陛下は、ご病状が悪化しているにもかかわらず、まだ皇嗣（皇位継承者）をお立てになっていない。（このままでは）政変が起こるのではないか。多治比国人・多治比犢養・小野東人に声を掛け、黄文王を皇嗣に立てて、人々の望みに応えたいものだ。（中略）」と言いました。］

これは、奈良麻呂による仲麻呂・大炊王排斥計画が発覚した後、尋問を受けた佐伯全成《さえきまたなり》

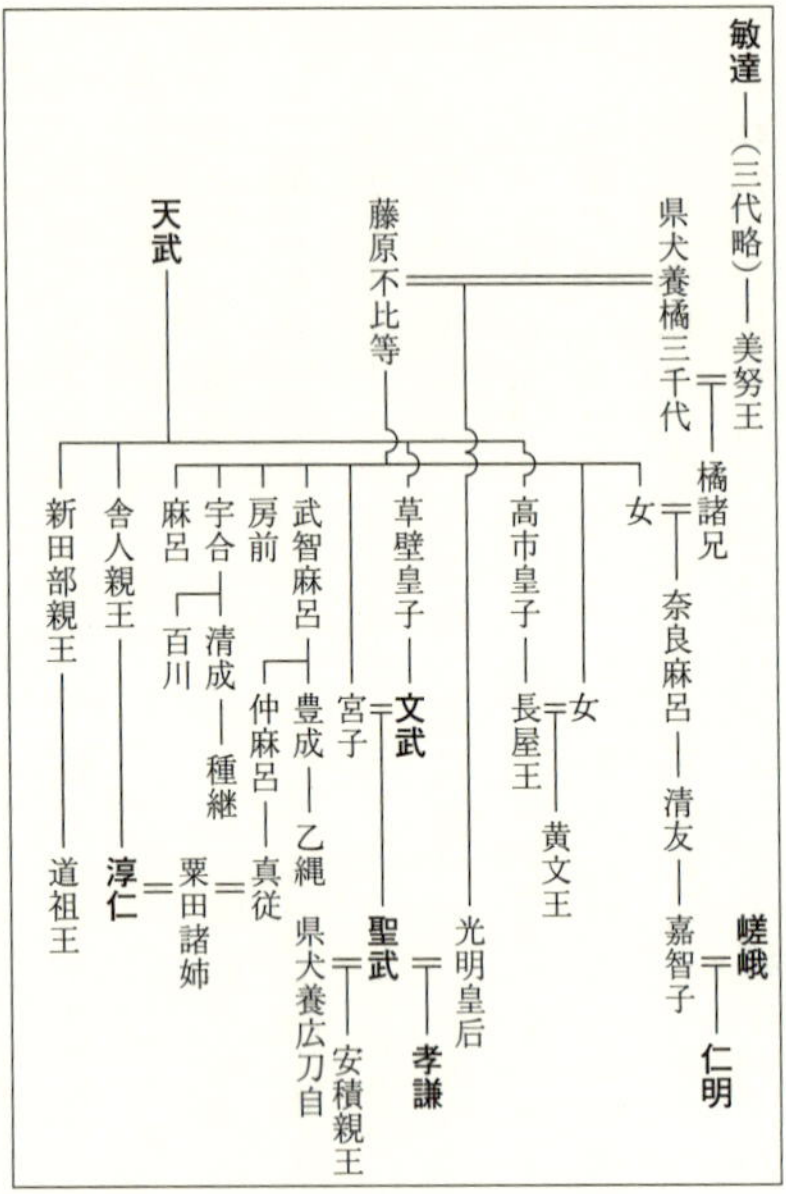

皇族・橘氏・藤原氏略系図（太字は天皇）

が供述した自白の一部である。ここでは、七四五年に行幸先の難波で聖武天皇の病状が重くなった時に、奈良麻呂が、皇嗣がまだ立てられていないことを懸念し、黄文王を皇嗣に立てたいと語った、ということが述べられている。

奈良麻呂の変の主眼が孝謙天皇の即位に対する不満にあった、とする論者は、ここに見られる「皇嗣」を、聖武天皇の次の皇位継承者、すなわち阿倍《あべ》内親王（後の孝謙天皇）と解しているようである。阿倍内親王が立太子したのは七三八（天平十）年であるから、七四五年の奈良麻呂の言にある「皇嗣」が仮に阿倍内親王を指すとすれば、奈良麻呂は、すでに皇太子がいるにもかかわらず敢えて「皇嗣を立つること無し」と言った、すなわち、阿倍内親王の立太子を認めないという趣旨の発言をした、ということになる。だが、このような解釈は正しいであろうか。

阿倍内親王の立太子をめぐって考えなければならない点は、未婚の女性である身で立太子した以上、今後皇太子が結婚して子を産むことがない、言い換えれば、皇太子が即位しても、将来その天皇の皇子女が皇位を継承する可能性が皆無だということである。これは、誰の目から見ても自明の事柄であり、当時、朝廷の周辺にいた者全てが共有していた認識であろう。このことを踏まえるならば、奈良麻呂が「皇嗣を立つること無し」と言った「皇嗣」は、阿倍内親王ではなく、阿倍内親王の次の皇位継承者を指すと読み解くのが正しいのではないだろうか。つまり、未婚の女性である阿倍内親王を皇太子に立てたところで、その次の皇嗣も決めておかないことには安定した皇位の継承が望めず、皇位継承をめぐる争いが起こって政情が不安定になりかねない、というのが奈良麻呂の主張だったのではないかと考えられるのである。

ところで、奈良麻呂が皇嗣に立てようとした黄文王は、長屋王の子で、七二九（天平元）年に起こった長屋王の変の際に、母が藤原不比等の娘であったために死を免れた人物である。奈良麻呂の母も藤原不比等の娘であったため、奈良麻呂にとっては母方の従兄弟《いとこ》に当たる。先述した聖武天皇の難波行幸《ぎょうこう》の前年である七四四（天平十六）年、聖武天皇の皇子としてただ一人存命していた安積《あさか》親王が死去した。阿倍内親王の立太子に当たって、弟である安積親王がその次の皇位継承者と目されていた可能性は多分にあるであろう。ところが、その安積親王が死去したために、奈良麻呂は、阿倍内親王の次の皇位継承者の擁立を急ぐべきと考え、もし自分が率先して擁立できるならば近親者である黄文王を皇嗣にしたいと願ったのではないだろうか。

†事件の処理における藤原仲麻呂の意図

橘奈良麻呂の変に対して藤原仲麻呂が施した厳しい処置については、一口に、反仲麻呂勢力の一掃、と評されることが多い。処罰者が四百四十三人にも上った点に鑑みれば、その評価は誤りではないのであるが、仲麻呂はなぜこれほど多くの人を処罰しなければならなかったのであろうか。処罰の対象者を、事件に直接関与した首謀者とその親類縁者に限ったとしても、皇太子大炊王の廃太子を企てたという謀反《むへん》の罪（君主への反抗を図る罪）に対する科刑としては法制上十分だったはずである。それが、これほどまでに処罰者が大多数に及んだのには、何か理由があったと見てよいであろう。

この点を考える上で注目されるのが、『日本紀略《にほんきりやく》』における橘奈良麻呂の変の記述のあり方である。『日本紀略』とは、神代《じんだい》から後一条《ごいちじよう》天皇の時代までの歴史を綴った史書で、前篇と後篇から成っており、前篇は六国史の抄録、後篇は六国史より後の時代の歴史を六国史に似た様式で記したものである。編者と成立時期は未詳であるが、前篇に、現存の『続日本紀』には見られない藤原百川《ももかわ》の伝記や藤原種継《たねつぐ》暗殺事件に関する詳細な記事が収録されていることから、百川や種継が属した藤原式家《しきけ》（宇合の子孫）の関係者が編纂したと推測する見解もある。

さて、『日本紀略』において、『続日本紀』で縷述《るじゅつ》された橘奈良麻呂の変の記事がどのように抄録されているのかを見てみると、まず驚くべき点は、首謀者・関係者に対する尋問の内容など『続日本紀』の中で事件に関して最も詳述している天平宝字元年（七五七）七月庚戌（四日）条が、『日本紀略』では全く採録されていないことである。

次に目を引く点は、右大臣藤原豊成の不忠と左遷の記事ばかりが掲載されており、天平宝字元年の記事には橘奈良麻呂の名が全くないことである。『日本紀略』全体において橘奈良麻呂の名が抹消されたわけではなく、天平宝字八年（七六四）の藤原仲麻呂の伝記では奈良麻呂の名を示して事件に触れているのであるが、事件が起こった天平宝字元年の記事で奈良麻呂の名を一切挙げず右大臣であった豊成に焦点を当てているのは、編者による何らかの意図を感じさせる。

豊成に関しては、天平宝字八年に、右大臣復任の記事と、奈良麻呂の変に際して出された豊成を不忠とする奏上を「讒詐《ざんさ》」であったとする記事が遺漏なく採録されている点にも留意してよいであろう。要するに、『日本紀略』では、橘奈良麻呂の変が、讒言による右大臣藤原豊成の左遷と復任の事件として扱われているのである。

このことは、いったい何を示すのであろうか。豊成は、仲麻呂の同母兄であり、藤原式家ではないため、先述した藤原百川や種継といった式家の人物を重視する『日本紀略』の編者が特別な配慮をもって取り上げる対象とはならなかったと思われるのであるが、それでも橘奈良麻呂の変についてこのように記しているということは、『日本紀略』が編纂された平安時代以降のある時期に、橘奈良麻呂の変の本質を、藤原豊成の政界排斥事件と評する見方があったことの証左となるのではないだろうか。

橘奈良麻呂の変は、『続日本紀』に記されるように、藤原仲麻呂を排斥しようとした奈良麻呂の企ての露見に端を発する政治事件であることは確かであろう。だが、それに対して仲麻呂が施した処置は、本来行われるべき範囲を過分に越えたものであった。仲麻呂が事件の対処に当たった時点で、この一件は、奈良麻呂の謀反に便乗した仲麻呂の謀略に変質したのである。

仲麻呂の狙いは、元左大臣橘諸兄の子の奈良麻呂と、右大臣藤原豊成の排斥であったと見て間違いない。仲麻呂自身、光明皇太后の甥として力を伸ばしていたが、同母兄である豊成も光明皇太后の甥であるという点では仲麻呂と同じであり、また、橘諸兄は光明皇太后の異父兄であった（二人の母は共に県犬養《あがたいぬかいの》橘《たちばなの》三千代《みちよ》）。このような中で仲麻呂が独裁的な権力を掌握するには、よほど大きな出来事が起こるのを待たなければならなかったであろう。その「大きな出来事」が橘奈良麻呂の変だったのであり、裏を返せば、仲麻呂は、このような事件を口実にし、通常では想定し得ない過剰な処罰を決行することによってしか、橘氏と同母兄の豊成を排斥できなかったといえるであろう。

†『続日本紀』に見る後世の為政者の内意

橘奈良麻呂の変に直接関わる事柄ではないが、『続日本紀』における橘奈良麻呂の変の記事のあり方からは、『続日本紀』の編纂に関与した後世の為政者の内意を窺い知ることができる。最後に、この点について述べて本講の締め括りとしたい。

まず、この事件の首謀者である橘奈良麻呂に下された処分に関して『続日本紀』で言及されていない点についてであるが、これは、この後に奈良麻呂の孫である嘉智子《かちこ》が嵯峨《さが》天皇の皇后となったことにより、奈良麻呂に関する生々しい処刑の記事が削除されたためであると推測されている。先述したように、『日本紀略』において天平宝字元年（七五七）の記事に橘奈良麻呂の名が全く載せられていない点も、同様の趣意による意図的な作為と見てよいかもしれない。

一部には、奈良麻呂が処刑されたのではなく流罪《るざい》になったとする見解もあるようであるが、『続日本紀』の天平宝字八年（七六四）九月壬子《じんし》（十八日）条にある藤原仲麻呂の伝記には「宝字元年、橘奈良麻呂等謀《はか》りて之《これ》（仲麻呂）を除かんと欲す。事廃立《はいりつ》に渉《わた》り、反《かえ》りて滅ぼす所と為《な》る（天平宝字元年に橘奈良麻呂らが仲麻呂を排除しようとしたが、皇太子の廃立に事が及んだため、かえって滅ぼされてしまった）」とあるため、奈良麻呂はやはり他の首謀者と同様に処刑されたと考えるのが妥当であろう。

なお、ここで付言しておくと、奈良麻呂は、嵯峨天皇の皇后となった嘉智子を母とする仁明《にんみよう》天皇の在位中に名誉を回復し、八四三（承和《じようわ》十）年に従三位、八四七（承和十四）年に太政大臣正一位が贈られている。

次に興味深い点は、橘奈良麻呂の尋問に対する供述の内容である。事件をなぜ企てたのか、という勅使の問いに対し、奈良麻呂は「内相《ないしよう》、政《まつりごと》を行ふに、甚《はなは》だ無道《むどう》なること多し（紫微内相《しびないしよう》〔光明皇太后に関する業務を担当した官職〕である仲麻呂が行う政治には、道理に外れたことが多い）」と答え、その具体的な内容として、東大寺の造営により人民が苦しんでいることと、剗《せき》（関）を奈羅《なら》（奈良）に設置し交通の大きな障害となっていることを挙げているのである。

東大寺造営事業の縮小と関の廃止は、いずれも『続日本紀』の完成時に在位していた桓《かん》武《む》天皇の施策と一致する。桓武天皇は、七八九（延暦八）年三月に、聖武天皇の時代以来東大寺の造営事業と管理・運営業務を担ってきた造東大寺司《ぞうとうだいじし》を廃止し、同じ年の七月には、交通の障害となり人民を苦しめているという理由で三関《さんげん》（古代において特に重要とされた伊勢国鈴鹿関《すずかのせき》・美濃国不破関《ふわのせき》・越前国愛発関《あらちのせき》）を廃止しているのである。造東大寺司と三関は、それぞれ前代まで国政上重要な組織・設備と位置付けられていたため、その廃止には反発も小さくなかったであろうと推察される。

桓武天皇が、自らの治世の終わりを待たず、在位中に「今皇帝《いまのすめらみこと》」としてその治世を『続日本紀』に記させた人物であることを勘案するならば、自らの政策を正当化するために『続日本紀』の記事を利用し、橘奈良麻呂に仲麻呂の政治を批判させる形をとって、東大寺の造営と関の設置を「無道」と言わせるのは造作もないことだったであろう。このような憶測は、『続日本紀』の編纂過程において、宝亀九年（七七八）〜延暦十年（七九一）の記事（光仁天皇から桓武天皇の途中まで）を収める巻三十五〜四十が先に完成し、その後に文武天皇元年（六九七）〜天平宝字元年（七五七）の記事を収める巻一〜二十が完成した、という事実によっても裏付けられるように思われる。

桓武天皇が、自らの政治の正当性を語るのに『続日本紀』における橘奈良麻呂の変の記事を利用したとすれば、それは、この事件が世の人々の耳目を引くものだったからである。

橘氏は、最終的に藤原氏の勢力に押されて政権の中枢から姿を消したため、歴史上の存在感は薄くなり、今となっては、一時政界の中心にいた橘諸兄も藤原豊成も、また諸兄の子の奈良麻呂も、奈良時代の政治史における重要人物とは目されなくなってしまったが、史書に残された彼等に関する記事を繙《ひもと》けば、そこからは、過去のある時点において彼等が奈良時代の政治史上大きな意味を持つ存在であったことが知られるのである。

さらに詳しく知るための参考文献

岸俊男『藤原仲麻呂』(吉川弘文館・人物叢書、一九六九)……橘奈良麻呂が政権からの排斥を試みた藤原仲麻呂に関する評伝。途中、橘奈良麻呂の変についても詳述している。

木本好信『藤原仲麻呂――率性は聡く敏くして』(ミネルヴァ書房・日本評伝選、二〇一一)……本書も藤原仲麻呂に関する評伝。近年の研究成果を盛り込み、橘奈良麻呂についても多く触れている。

坂本太郎『六国史』(吉川弘文館、一九七〇〔第一版〕、一九九四〔新装版〕)……本講で取り上げた『続日本紀』を含む六国史、及び『日本紀略』等関連する古代の史書について、基本的な事柄を詳しく解説する。

第9講

藤原仲麻呂(恵美押勝)の乱

寺崎保広

†はじめに

奈良時代には、さまざまな政争・事変・戦闘があったが、権力者どうしが都を舞台として直接戦闘行為に及んだ事件としては、藤原仲麻呂《ふじわらのなかまろ》の乱だけと言ってよい。たとえば、長屋王の変は、謀反の疑いがかけられたものの長屋王は戦うことなく自害したし、橘奈良麻呂《たちばなのならまろ》の変では、戦う前に情報が漏れて未遂のまま終結している。大きな戦いになったものとして、対蝦夷《えみし》戦争を別にすれば、藤原広嗣《ひろつぐ》の乱があげられるが、これも権力者どうしのぶつかりあいではないし、場所も九州北部で戦われたものである。したがって、権力闘争としての本格的な戦争としては、壬申の乱以来の出来事と言えるのである。

この事件は、天皇の地位を巡っての争いであり、それまで絶大な権力を握っていた藤原仲麻呂が殺され、一度退位した孝謙《こうけん》女帝が淳仁《じゅんにん》天皇を廃し、自ら再び天皇の地位につくという大きな転換点となるものであった。また未婚の女帝の再登場ということで、天武天皇の血筋を受け継いできた天皇位を次に誰に委ねるのか、という問題が振り出しに戻る結果となり、それがやがて奈良時代の終末へと動いていく転機でもあった。

†戦いの経過

まずは、七六四年（天平宝字《てんぴょうほうじ》八）九月の『続日本紀』の記事をもとに、乱の経過を追うことからはじめよう。

【九月二日】大師《たいし》・恵美押勝《えみのおしかつ》（＝藤原仲麻呂、以下「仲麻呂」と表記）が高野《たかの》天皇（＝孝謙上皇、以下「上皇」）に要請して都督兵事使《ととくひょうじし》となり、畿内および周辺国で兵を集めて武芸を指揮する権限を得た。その後、仲麻呂は、兵士を増員しようと太政官印を用いて文書を改竄したという。

【九月十一日】大外記《だいげき》・高丘比良麻呂《たかおかのひらまろ》が、災いが自分に及ぶことを恐れ、仲麻呂の文書改竄を密奏した。上皇はこれを「逆謀」と判断し、山村王をつかわし中宮院（淳仁天皇の居所）にあった鈴印《れいいん》（駅鈴《えきれい》と内印《ないいん》）を奪おうとし、戦闘が始まった。仲麻呂方の藤原訓儒麻《くずま》呂《ろ》・矢田部老《やたべのおゆ》と、上皇方の坂上苅田麻呂《かりたまろ》・牡鹿嶋足《おしかのしまたり》・紀船足《きのふなもり》らが戦った結果、上皇方が鈴印を奪取した。

その後、上皇は詔を出し、仲麻呂の官位・藤原姓・封戸《ふこ》を奪うことを宣言し、さらに、三関《さんげん》（鈴鹿《すずか》関・不破《ふわ》関・愛発《あらち》関）を固めるよう指示した。この日、藤原永手《ながて》らに授位。

仲麻呂は、この日の夜、平城京を出て宇治を経て近江に移動しようとしたが、上皇軍（日下部子麻呂《くさかべのこまろ》・佐伯伊多智《さえきのいたち》ら）は、田原道《たはらみち》をとって先に近江に到着し、勢多《せた》橋を焼き落とした。これを見た仲麻呂は湖西を北上して高島郡に移動し、前郡司・角家足《つぬのいえたり》の宅に宿ることとなった。

【九月十二日】上皇は勅を出し、逆臣の仲麻呂が官印を奪って逃げたこと、したがって官印を押した太政官符《だじょうかんぷ》は無効であること、仲麻呂を倒した者を重く用いることなどを述べた。この日、白壁《しらかべ》王らに授位。

上皇軍（佐伯伊多智ら）は越前国に先行し、越前守で仲麻呂の子・藤原辛加知《からかち》を殺害した。仲麻呂はその情報を知らないまま、塩焼《しおやき》王（氷上《ひかみの》塩焼）を立てて「今帝《きんてい》」とし、自分の息子の真先《まさき》・朝獦《あさかり》らを親王に準じて三品《さんぼん》とした。仲麻呂は精兵を派遣して愛発関を押さえようとするが、物部広成《ひろなり》らに阻まれた。そこで仲麻呂は船で浅井郡塩津《しおつ》を目指すが、船は風で漂没してしまった。湖岸に着いた仲麻呂は、山道に変更して愛発関に向かうが、佐伯伊多智らに阻まれた。

仲麻呂は高島郡三《み》尾崎《おのさき》まで戻り、北上してきた上皇軍（佐伯三野《みの》・大野真本《まもと》ら）と戦い、戦闘は昼から夕方に及んだ。上皇方が疲弊したところに藤原蔵下麻呂《くらじまろ》の率いる援軍が到着し、仲麻呂軍は死傷者が多く出て退却した。これを見た仲麻呂は、船に逃れ、水陸両道から攻める上皇軍と勝野《かちの》の鬼江《おにえ》を拠点として戦ったものの敗れ、仲麻呂と妻子らは船で湖上

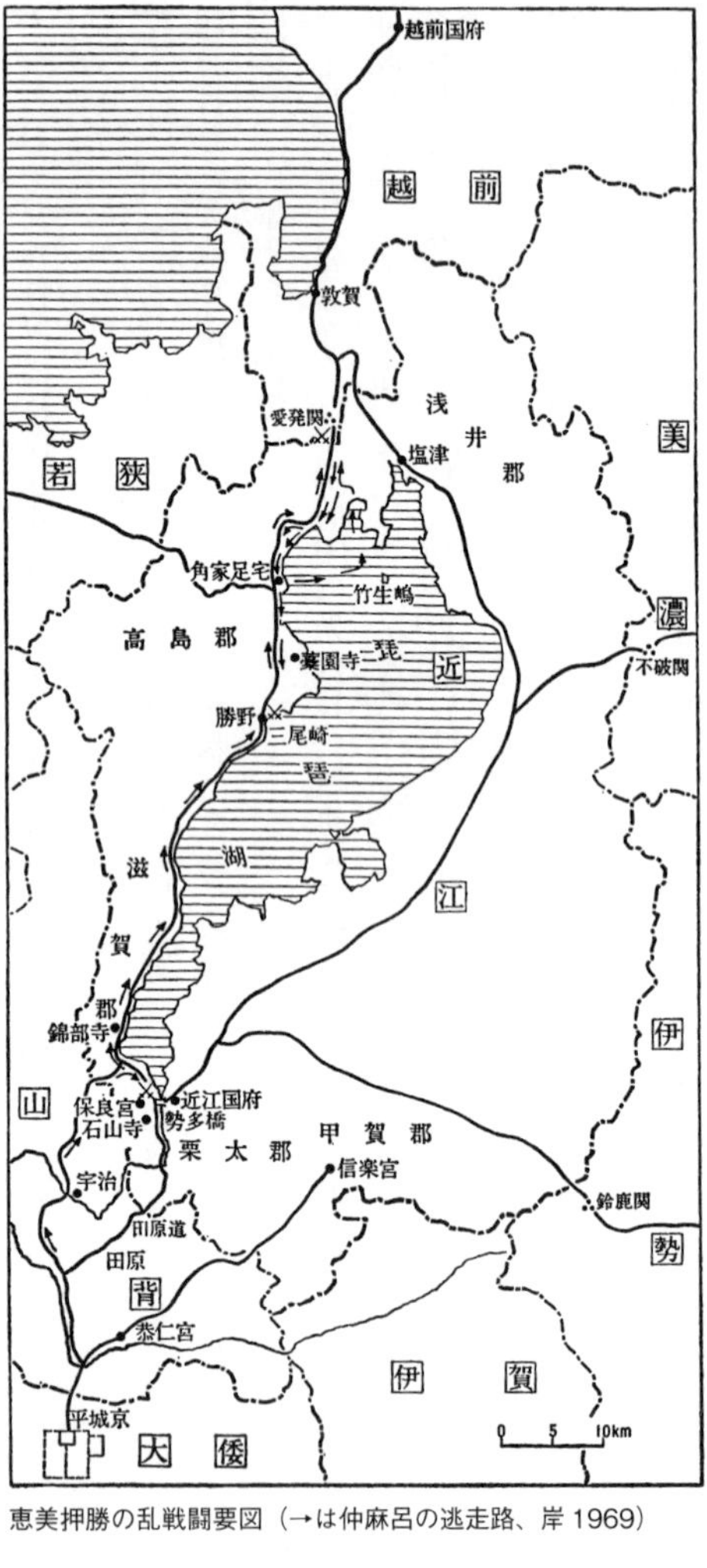

恵美押勝の乱戦闘要図（→は仲麻呂の逃走路、岸 1969）

にいたところを石村石楯《いわれのいわたて》に捕らえられた。そして、仲麻呂は妻子・徒党三四人とともに湖のほとりで斬殺された。

【九月十三日】伊勢大神宮に幣帛《みてぐら》を奉った。石川豊成《とよなり》らに授位。

【九月十四日】大宰府に左遷されていた藤原豊成を右大臣に復した。

【九月十七日】新たな越前守に藤原継縄《つぐただ》を任命した。

【九月十八日】石村石楯が仲麻呂らを斬ったという報告が京に届いた。

【九月二十日】藤原蔵下麻呂が京に凱旋し、勝利を報告した。美濃少掾《みののしょうじょう》・村国嶋主《むらくにのしまぬし》が仲麻呂に坐して誅された。上皇は宣命を出して次のように述べた。「仲麻呂の逆心は明らかであり、彼が以前に奏したことは間違いだったので、藤原豊成の左遷を撤回し右大臣に復することとした。悪事を企む仲麻呂の奏に従って人事をしてきたが、これからは仕える様に応じて人事を行う。そして道鏡《どうきょう》を大臣禅師《だいじんぜんし》とする」。この日、藤原豊成らに授位。

【九月二十一日】藤原蔵下麻呂に授位。

【九月二十二日】勅により、仲麻呂が改名した官司・官職名をすべて元に戻した。

【九月二十九日】勅を出し、改めて仲麻呂の誅状をあげた、さらに藤原豊成の左遷を命じた勅・官符の焼却を命じた。この日、宇佐《うさ》八幡《はちまん》に封戸を充てた。

†鈴印の争奪戦

右の経緯をみて注目されることの一つが、九月十一日の戦闘が鈴印《れいいん》の争奪から始まっている点である。駅鈴《えきれい》・内印《ないいん》ともに天皇を象徴するものであり、それをどちら側が握っているかが重要で、鈴印を持つことが正統性を持つことになるからだ、といった説明がされるが、もう少し具体的な役割を考えてみる必要があるように思う。

そもそも仲麻呂の「逆謀」なるものは、九月二日に都督兵事使となり、兵士を集めて武芸する権限を得たものの、勝手に兵を増員しようとして「文書を改竄」したことから発している。その改竄のために太政官印を勝手に用いたことが非難されている。そして、これを密告した高丘比良麻呂は大外記の職にあり、太政官符等の作成に関わる立場であったからこそ、責任が及ぶことを恐れたのであろう。九月十一日の争奪戦が終わり鈴印が上皇方に収まると、翌日、上皇は勅を出し、仲麻呂が太政官印を持ったまま逃走したので、これから発行される太政官符の無効を即座に宣言している。

仲麻呂斬殺後の二十日に上皇の出した宣命の冒頭で、仲麻呂「逆心」の根拠として次のように述べている。

「逆《さかしま》に穢《きたな》き奴《やつこ》仲末呂い詐《いつわ》り奸《かだ》める心を以《もち》て兵《いくさ》を発《おこ》し、朝庭《みかど》を傾《かたぶ》け動かさむとして鈴・印《おして》を奪ひ、復皇位《またみかどのくらい》を掠《かそ》ひて、先に捨てきらひ賜ひてし道祖が兄塩焼を「皇位には定めつ」と云ひて官印《つかさのおして》を押して天下《あめのした》の諸国《くにぐに》に書《ふみ》を散《あか》ちて告げ知らしめ、復云はく、「今の勅《おおみこと》を承《う》け用ゐよ、先に詐りて勅と称ひて在《い》る事を承け用ゐること得ざれ」と云ひて、諸人の心を惑乱《まと》はし、三つの関に使を遣《や》りて窃《ひそか》に関を閉《と》じ、一つ二つの国に軍丁《いくさよほろ》を乞ひ兵発さしむ」

すなわち、①兵をおこして朝廷を傾けようと「鈴印」を奪ったこと、②先に排除した道祖王の兄・塩焼王を勝手に天皇とし、「官印」を押した文書を全国に下したこと、③塩焼王の「勅」こそが正しく上皇の勅は無効であると詐って、人々を惑わせたこと、④三関《さんげん》を閉じ、それらの国から兵を徴発しようとしたこと、の四点が挙げられている。④について、二十九日の勅では「乾政官符《けんせいかんぷ》（太政官符）を造り詐りて、兵を三関の諸国より発す」と記す。そうすると、この四点は、「鈴印」「官印」「勅」「乾政官符」と、いずれも文書発行という権力者の意思伝達における正統性の争いであることが明らかであろう。

さらに、二十九日には、仲麻呂によって左遷されていた兄・豊成の復帰について、十四日の決定をあらためて指示した上で、左遷関係の文書を全て焼却せよとまで命じている。

このように見てくると、七〇一年（大宝《たいほう》元）より本格的に始まった文書行政というものが、六十年余を経て官人社会に深く浸透してきた様子がうかがえるのである。それだからこそ、鈴印をどちら側が保持するのかということが、実質的にも重要な争いだったと言うことができよう。

†上皇の勝因

乱の経緯から注目されることのもう一点は、二大権力者の戦いにしては、短期間のうちに優劣が決してしまったということである。

上皇方の勝因としては、作戦参謀としての吉備真備《きびのまきび》の存在や、坂上苅田麻呂《さかのうえのかりたまろ》・牡鹿嶋足《おしかのしまたり》といった有力武将が上皇側についたことなどが挙げられる。

吉備真備は、留学生として十七年も唐に滞在した後、さまざまな書物・文物をもって帰国したが、そのもたらした知識には軍事的なものも含まれていた。たとえば、七六〇年、大宰府に勤務していた彼のもとに中央から六人の舎人《とねり》が派遣され、諸葛孔明や孫子の軍法を学びに行ったという記録があり、また、七七五年（宝亀《ほうき》六）十月に亡くなった時の薨伝《こうでん》には、仲麻呂の乱が起こると、仲麻呂の進路を的確に予測して兵を配備して遮り、はかりごとによって瞬く間に乱が平定された、とある。

坂上苅田麻呂は、後に蝦夷征討で大活躍する田村麻呂の父であるが、彼も武人として早くから知られていて、七五七年の橘奈良麻呂の変の時には、奈良麻呂側に警戒され、事件を起こす時にその場に居ないように、別の宴会に誘われ足止めされたほどであった。仲麻呂の乱の時には、緒戦で牡鹿嶋足らとともに、仲麻呂の子・訓儒麻呂《くずまろ》を射殺するという武功をあげた。この戦いに敗れた仲麻呂は、鈴印を奪われたまま、都を去り近江に走るわけであるから、緒戦の帰趨が決定的であったことは確かであろう。

しかし、右の要因以上に、戦いが開始される以前から水面下で「仲麻呂派」と「反仲麻呂派」とのせめぎ合いが続けられており、以下に述べるように、すでに仲麻呂は孤立を深めていたのである。

戦闘開始時の政府の主要メンバーの旗色は、直後の叙位によってうかがえる。つまり、九月十一・十二日といった早い時期に位階を授かった者たちは、当初から上皇側についたと見ることができる。両日に授位された者のうち、武勲等で特進した者を除けば、藤原永手・白壁王・藤原真楯《またて》・吉備真備・中臣清麻呂《なかとみのきよまろ》・藤原縄麻呂《ただまろ》・同宿奈麻呂《すくなまろ》・同楓麻呂《かえでまろ》らがそれに該当するであろう。

また、参議以上の議政官について、乱前後の変化を示せば、次の表のようになる。戦闘直前の議政官には、仲麻呂とその子（真先・訓儒麻呂・藤原朝獦）、及び弟（巨勢麻呂《こせまろ》）がおり、仲麻呂が天皇にしようとした塩焼王を含めた六人が仲麻呂派であり、いずれも乱で殺害されている。それを除く藤原永手・白壁王らの五人が反仲麻呂派といえる。これは見方をかえれば、仲麻呂政権の末期において、彼は自分の身内で議政官を固めなければならないほ

	七六四年九月十日		七六四年一二月末日
太政大臣	正一位 藤原仲麻呂	×	
右大臣			△従一位 藤原豊成（正二位 大宰員外帥）
大臣			△大臣禅師 道鏡
大納言			＊正三位 藤原永手
中納言	従三位 藤原永手		
	従三位 塩焼王	×	
	従三位 白壁王		↓正三位 白壁王
	従三位 藤原真楯		↓正三位 藤原真楯
参議	従三位 藤原巨勢麻呂	×	△従三位 山村王（正五位下）
	正四位上 藤原真先	×	△従三位 和気王（従四位上）
			△従三位 吉備真備（正四位下）
	従四位上 中臣清麻呂		↓正四位下 中臣清麻呂
	従四位上 石川豊成		↓正四位下 石川豊成
	従四位下 藤原訓儒麻呂	×	△従四位下 藤原縄麻呂（正五位下）
	従四位下 藤原朝獦	×	△従四位下 粟田道麻呂（外従五位下）
			△従四位下 弓削浄人（従八位上）

×：乱で殺害、△：新任（前任）、＊：昇任

議政官の変化

ど追い詰められていた、とも言えそうである。

さらに、岸俊男氏は天《てん》平宝字《ぴょうほうじ》年間の「造東大寺司」という一つの役所を例に、官人の人事異動を詳細に追うことによって、役所内での両派の交替という事実を明らかにした。たとえば、長らく造東大寺司に勤めていた佐伯今《いま》毛人《えみし》は、七五五年（天平勝宝《しょうほう》七）正月に次官から長官に昇任したが、七五七年七月の橘奈良麻呂の変を境に、その職を離れている。その後、七六三年（天平宝字七）正月には再び長官に復帰している。こうした動きは彼一人だけではなく、ほぼ同時期に次官・判官などの異動も行われているのである。今毛人は、藤原良継《よしつぐ》らの仲麻呂暗殺計画にも関わっており、明らかに反仲麻呂派とみられる。

そこから岸氏は、橘奈良麻呂の変で権力を確立した仲麻呂の意向が造東大寺司に及んで今毛人らが外され、彼の長官復帰は反仲麻呂派の巻き返しによるものと推測している。造東大寺司では、両派の綱引きがしばらく続くが、七六四年正月に吉備真備が長官となるにいたって、最終的に反仲麻呂派が押さえることとなったのである。

この例を参考にすれば、他のさまざまな官司内でも両派の対立があったことが推測でき、おおよそ七六四年初め頃には、反仲麻呂派の勢力が強くなっており、九月の戦闘勃発前に、官人たちの大半は上皇側についていたのではなかろうか。

仲麻呂の評価

仲麻呂が権力を握り、独自の政策を実施したのは、おおよそ天平宝字年間（七五七〜七六四）である。その間の主なものを挙げれば、次のようなものがある。

①養老律令《ようろうりつりょう》の施行。祖父の不比等が大宝律令を修正して完成した律令を四十年後に施行にうつし、これが長く基本法となった。②税の軽減。雑徭《ぞうよう》を半減し、また正丁《せいてい》・老丁《ろうてい》・中《ちゅう》男《なん》といった年齢区分を改め、納税年数を短縮した。③問民苦使《もみくし》の派遣。直接、民情を視察する使者を派遣し、民政に生かそうとした。④官司・官職の名称を変更。「太政官」を「乾政官《けんせいかん》」、「大納言」を「御史大夫《ぎょしたいふ》」のように改名した。⑤新貨幣の発行。「和同開弥《わどうかいちん》」以

来五十年ぶりに銅銭「万年通宝《まんねんつうほう》」を発行した。⑥漢風諡号《しごう》の制定。歴代天皇に「舒明天皇」「持統天皇」といった中国風の「おくりな」を定めた。⑦国史の編纂。『日本書紀』につぐ歴史書の編纂を開始した（のちに桓武朝になって『続日本紀』として完成）。

こうした政策について、かつては自分の祖先の業績を顕彰するものだ（①など）とか、中国かぶれの仲麻呂の唐風趣味の反映に過ぎない（③④⑥）といった批判が多かった。しかし、それは、孝謙上皇に対して反乱を企てた逆賊という『続日本紀』の評価を前提とした見解である。実際に出された政策を見てみると、たしかにあまり意味のない唐風化で、仲麻呂失脚後に程なく元に戻された④のようなものもあるが、多くは、現実的な課題に直面して、具体的なかたちで応えようとする政策が目につく（②③⑤など）。大宝律令の施行から六十年がたち、様々な面で制度の修正が必要となっていた時期に、正面から向き合おうとしていた、と積極的に評価することも可能であろう。

ただし、執政の後半期に入ると、徐々に独断的、自己保身的な政策が多くなっていった、ということは認めざるをえないであろう。そして、そのことは、政権内部での仲麻呂派と反仲麻呂派の対立といった事態と並行して進んでいったものと思われる。自己保身的になっていった時期の目安としては、息子たちが相次いで参議に登用された七六二年（天平宝字六）頃であろう。

†おわりに

最後に、天皇と上皇の対立という問題である。

中国の皇帝は終身その地位にとどまることが多く譲位の例は少ないが、譲位した場合、前皇帝は完全に隠退し政治的な関与はしないものとされている。これに対し、日本の天皇の場合は、律令の規定によれば、譲位して上皇となっても天皇と同等の権限を持ち、詔勅といった命令も出すことができると定めている。なぜ、そうした違いが生じたのかといえば、律と令が完備した大宝律令制定時（七〇一年）の事情によるのではないか、という説が有力である。

時の天皇は文武天皇で未だ十九歳であった。その若い天皇を支えたのが祖母であり経験豊富な持統上皇である。そのため、前の天皇が新天皇を後見人として支えるために、上皇の権限を大きく定めたのだというのである。たしかに、これは正統な血筋の者に確実に皇位を伝えること、そのために必要があれば女帝を間に挟むこと、譲位した後も上皇として新天皇を支えること、というようによく考えられた方式といえよう。しかし、この制度は天皇と上皇とが「対立」するということは全く想定していないものであった。それが初めて現実におこったのが、仲麻呂の支える淳仁天皇と孝謙上皇との対立だったのである。

孝謙から淳仁に譲位した七五七年の時点では、両者の関係は良好であり、さらに孝謙の母である光明太皇太后《こうみょうたいこうたいごう》も健在であったから、その三者を上にいただきながら、仲麻呂が思うままに政治を動かすことができた。しかし、七六〇年六月に光明が亡くなると、天皇と上皇の調整役が失われ、さらに、孝謙上皇は病気を治してくれた道鏡との仲を深めてゆき、淳仁天皇および仲麻呂と対立するようになってゆく。そして、ついに上皇は七六二年六月、淳仁天皇に対して、有名な宣言を発することになる。

「政事《まつりごと》は、常の祀《まつり》、小事は今の帝《みかど》行ひ給へ。国家《みかど》の大事《おほきこと》、賞罰二つの柄《もと》は朕《われ》行はむ。」

両者の対立は決定的となった。そして、話は本稿の冒頭に戻ることになる。

さらに詳しく知るための参考文献

岸俊男『藤原仲麻呂』（吉川弘文館・人物叢書、一九六九）……仲麻呂伝の基準ともいうべき名著である。

岸俊男『日本古代政治史研究』（塙書房、一九六六）……戦後の古代政治史研究を牽引した著者の論文をまとめたもので、この中に本文でふれた「東大寺をめぐる政治的情勢——藤原仲麻呂と造東大寺司を中心に」や「藤原仲麻呂の田村第」を含んでいる。

木本好信『藤原仲麻呂』（ミネルヴァ書房・日本評伝選、二〇一一）……最新の仲麻呂伝であり、岸以降の研究成果を踏まえ新たな視点から記述している。

木本好信『藤原仲麻呂政権の基礎的考察』（高科書店、一九九三）……仲麻呂政権の政策を中心にして、仲麻呂に関わる諸問題を詳細に論じた論文集である。

第10講

律令国家の対蝦夷戦争——「三十八年戦争」を中心に

永田英明

†「三十八年戦争」以前

八一一年（弘仁《こうにん》二）、爾薩体《にさったい》（岩手県二戸《にのへ》市付近）、弊伊《へい》村（岩手県宮古市付近か）への征軍を終えた征夷将軍文室綿麻呂《ふんやのわたまろ》は、嵯峨天皇への報告の中で「宝亀《ほうき》五年（七七四）より当年に至るまで惣じて卅八歳。辺寇しばしば動き、警□絶えることなし。」と長い戦乱の時代を総括した。「三十八年戦争」とは、この綿麻呂の表現をもとに造られた学術用語である。そこには、足かけ三十八年にわたるこの期間を「戦いの時代」として捉えるとともに、それを「蝦夷《えみし》」の人々と古代国家の「戦争」として捉えようという意図が込められている。

古代律令国家は、その支配領域の北方に住む人々を蝦夷《えみし》と呼んで区別しつつ、境界領域に置かれる城柵を拠点とした軍事的威圧と懐柔によってその服属・内民化を図ることを基本政策とした。このため国家と蝦夷の間には常に一定の軍事的緊張があった。とはいえ、常に両者が戦争状態にあったわけではない。

「三十八年戦争」以前の陸奥国では、七二〇年代が「戦いの時代」であった。特に重要なのが、七二〇年（養老四）の蝦夷の反乱と征夷軍の派遣である。これは八世紀初頭に進められた、陸奥国北部（宮城県大崎平野周辺）への関東地方などからの大規模な移民に、この地域の蝦夷たちが反発した事件であった。正史『続日本紀《しよくにほんぎ》』は「蝦夷反乱して按察使《あぜち》正五位上上毛野《かみつけぬの》朝臣広人を殺す」と記すに過ぎない。しかし近年の研究によって、この戦乱のあと、当時陸奥国から切り離されていた石城《いわき》・石背《いわせ》両国（現在の福島県域および宮城県南部）の陸奥への再統合、大胆な減税による民力回復、多賀柵《たがのさく》（のちの多賀城）と大崎平野の諸城柵《じようさく》の一体的整備、これらに駐在する兵士を坂東諸国から派遣する鎮兵《ちんぺい》制の創設、鎮兵を統括する鎮守将軍《ちんじゆしようぐん》以下の鎮官《ちんかん》の設置など大規模な改革が行われたことが明らかにされ、事件の衝撃の大きさが再認識されるようになっている。

陸奥国では、この改革のさ中である七二四年（神亀《じんき》元）におこった海道《かいどう》蝦夷（北上川下流域から三陸地方南部にかけての蝦夷をさすか）の反乱以後、七七四年（宝亀五）までの五〇年間大きな反乱は発生せず、特に七五〇年代半ば頃までは、比較的安定した社会状況が続いたようだ。それはこの新体制の効果であるとともに、事件の反省から蝦夷たちの動静に細心の注意が払われるようになった結果であろう。七三七年（天平九）には多賀柵と秋田の出羽

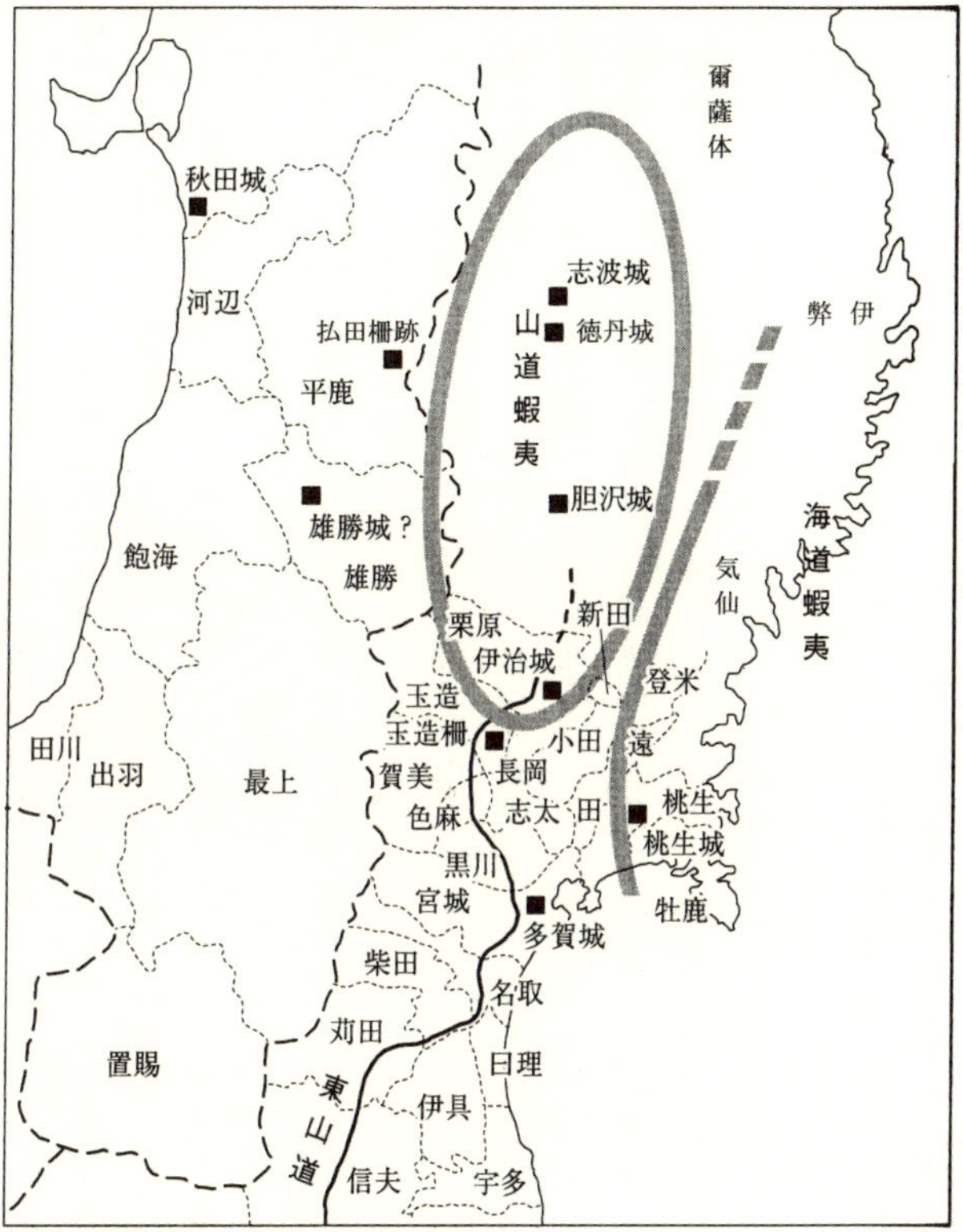

奥羽の城柵と海道・山道蝦夷（鈴木編 2016）

柵を結ぶ交通路開削に際し動揺した山道《さんどう》（岩手〜宮城県北部の内陸部の蝦夷か）・海道蝦夷が不穏な動きを見せたがそれぞれに豪族級の服属蝦夷を派遣して宥《なだ》め事なきを得た。またこの時には雄勝《おかち》村（秋田県横手市周辺）へも城柵建設が計画されたが、これも部隊が雄勝村の現地に入る手前で現地の動揺を考慮し中止された。そしてその後七五七年（天平宝字元）までの約二十年間は、新たな城柵の造営自体が行われていない。それは、七三七年（天平九）に全国的に猛威を振るった天然痘の流行後の災害復興や、その後の大仏造営という国家プロジェクトが進められた時期に重なっている。

　このような関係がバランスを失い始めたのは、七五〇年代の後半頃からであった。七五九年（天平宝字三）かつて挫折した雄勝城の造営とともに陸奥国で海道蝦夷への備えとして新たに桃生《ものう》城（石巻市飯野《いいの》）の建設が進められる。陸奥国でこの頃男女一六九〇余もの蝦夷が服属を申し出たのも、桃生城が海道蝦夷の社会に大きな圧力となったことの現れだろう。この動きは七六〇年代にも引き継がれ、七六七年（神護《じんご》景雲《けいうん》元）には伊治《これはり》城（栗原市築館《つきだて》城生《じょう》野《の》）が、それまでの最北端城柵であった玉造柵《たまつくりのさく》（大崎市古川《ふるかわ》名生館《みょうだて》）から約二十キロ北上した場所に新設された。

　これらの城柵では経営を支える柵戸《さくこ》の確保に苦心し、その柵戸の募集が繰り返し行われている。十年間の間に、それまでの境界線の北側に押し込むような形で設置されたこれらの城柵は、蝦夷と律令国家との関係を揺るがし、やがて両者の衝突の舞台となった。

†三十八年戦争のはじまりと拡大

七七四年（宝亀五）七月、陸奥国の海道蝦夷が桃生城を襲撃しその西郭を破った。「三十八年戦争」の始まりとされるこの事件は、決して突然一方的に起こったわけではない。光仁《こうにん》天皇の強い希望で陸奥按察使《あぜち》に任じられた大伴駿河麻呂《するがまろ》が、この直前に「征夷」実施につき天皇に判断を仰ぎ、許可を得ていたのである。四年前の七七〇年（宝亀元）にも、それまで国家に服属していた蝦夷の宇漢迷公宇屈波宇《うかんめのきみうくつはう》が一族を率いて突然「賊地」に戻り城柵襲撃を予告したのも、そうしたきな臭い状況を示しているのかもしれない。

もっとも桃生城の陥落後駿河麻呂が征夷の撤回を申し出て天皇の譴責を受けているように、現地の官人たちには「征夷」に踏み切ることへの迷いもあった。「征夷」に踏み出すことによって戦火が拡大することを懸念したのであろう。結局駿河麻呂は陸奥国遠山村《とおやま》（宮城県登米《とめ》市付近）を征圧し反乱は一度は鎮まったが、その後ほどなくして戦火はやはり急速に広がっていく。七七六年（宝亀七）四月、陸奥国司は二万人の兵で山道・海道蝦夷へ攻撃を行い、出羽国もまた雄勝村から山道エミシを攻撃したが、出羽の官軍は「志波《しわ》村」（盛岡市付近）の蝦夷の攻勢に遭って苦戦し、十一月には再び陸奥国が「胆沢《いさわ》の賊」を

戦闘の年	戦闘の対象	内容・備考
和銅 2（709）	越後国蝦夷（出羽郡周辺）	征越後蝦夷将軍佐伯石湯らを派遣。遠江・駿河・甲斐・常陸・信濃・上野・陸奥・越前・越中・越後国の兵士を徴発。陸奥鎮東将軍等も陸奥に派遣。
養老 4（720）	陸奥蝦夷	陸奥蝦夷反乱し按察使上毛野広人を殺害。持節征夷将軍多治比県守らを派遣。遠江・常陸・美濃・武蔵・越前・出羽等から兵を動員。出羽にも持節鎮狄将軍を派遣
神亀 1（724）	陸奥海道蝦夷	海道蝦夷が反乱し陸奥国司（大掾）を殺害 持節大将軍藤原宇合ら派遣。坂東九国から 3 万人動員。
宝亀 5（774）～6（775）	陸奥海道蝦夷	海道蝦夷の桃生城襲撃。陸奥国内兵による遠山村征圧。
宝亀 7（776）～9（778）	陸奥山道・海道蝦夷	陸奥国軍士 20000 人による山海両道攻撃 出羽国軍士 4000 人による山道攻撃 →志波村蝦夷と出羽官軍の戦い
宝亀 11（780）～天応 1(781)	陸奥蝦夷	伊治公呰麻呂らが伊治城で按察使紀広純を殺害。征東大使藤原継縄らを派遣。のち大使は藤原小黒麻呂に交代。
延暦 3（784）	（実施せず）	大伴家持を持節征東大使に任命。
延暦 8（789）	胆沢蝦夷	征東大使紀古佐美らを派遣。坂東諸国歩騎兵 52800 余人動員。 アテルイら率いる蝦夷軍と戦闘するも大敗
延暦 13（794）	（胆沢蝦夷か）	征東大使大伴弟麻呂、副使坂上田村麻呂らを派遣。軍士 10 万人を動員。
延暦 20（801）	（胆沢・志波・閉伊か）	征夷大将軍坂上田村麻呂らを派遣。軍士 4 万人を動員。
延暦 23（804）	（実施せず）	征夷大将軍坂上田村麻呂を任命（中止）
弘仁 2（811）	閉伊・尓薩体村	征夷将軍文室綿麻呂（按察使）。陸奥・出羽国の兵を動員。俘囚軍の活躍。
弘仁 4（813）		征夷将軍文室綿麻呂。賊首吉弥侯部止夜須可牟多知の反乱。

律令国家と蝦夷の戦い（9 世紀初頭まで）

攻撃。さらに翌年十二月にも「出羽国蝦賊」が反乱を起こすなど、事態は出羽側にも波及し混沌としていった。

†伊治公呰麻呂の乱

宝亀の戦いのさなかに死去した駿河麻呂の後任として按察使となった紀広純《きのひろずみ》は、この状況を打開し「胆沢の地」を得るため、七八〇年（宝亀十一）春、伊治城の北方に覚鱉《かくべつ》城という新たな城柵を造る計画をたて、上治《かみはり》郡の大領《だいりょう》伊治公呰麻呂《これはりのきみあざまろ》や牡鹿《おしか》郡の大領道嶋大楯《みちしまのおおたて》らを引き連れ伊治城に入った。呰麻呂は伊治城付近に地盤を持った蝦夷系豪族だが、宝亀年間の山道蝦夷との戦闘で官軍側として功績を挙げ、同じく蝦夷系豪族の吉弥侯伊佐西古《きみこのいさせこ》と一緒に「外従五位下《げじゅごいのげ》」という破格の位階を得ていた。「上治郡大領」（長官）という官職もまた蝦夷としては破格の待遇である。広純は呰麻呂を信頼し、呰麻呂とその配下の蝦夷たちの協力を期待して事業に参加させたのだろう。

伊治城で出土した「弩（おおゆみ）」
（『伊治城跡　平成11年第26次発掘調査報告書』築館町教育委員会）

しかし事件はそこで起こった。呰麻呂は、普段から彼を「夷俘《いふ》」と侮蔑していた道嶋大楯を殺害した上で配下の蝦夷

(俘軍《ふぐん》)とともに広純を囲んで殺害、その後南下して多賀城を襲い、城中にある兵器・粮米などを略奪した上で火を放ったのだ。政府は藤原継縄《つぐただ》を征東大使に任命し、坂東諸国から兵を集めて陸奥に派遣した。七二四年（神亀元）以来五十六年ぶりのことである。もっとも陸奥に入った征東使はなかなか軍事行動を開始せず、しびれを切らした光仁天皇があらたに大使に任命した藤原小黒麻呂《おぐろまろ》もやはり征討の延期を申請し、翌年五月頃にはさしたる戦果を挙げないまま軍を解散してしまう。現地はもはや容易には軍を動かせない状況にあったのだ。

呰麻呂の蜂起について『続日本紀』は彼の大楯や広純に対する個人的な怨嗟を挙げるが、この事件は個人の私怨を越え広範な騒乱へと急速に発展していた。かつて呰麻呂とともに外従五位下を授かった吉弥《きみ》侯伊《このい》佐西古《させこ》も国家から離反し征東使から「賊中の首《かしら》」と呼ばれており、差別を受けつつ服従・協力を余儀なくされた境界領域の他の蝦夷たちも離反していたのである。しかも反乱に与《くみ》した者の中には、蝦夷だけでなく移民系の人々も含まれていたらしい。同じ頃、雄勝城の城下でも蝦夷の騒乱が起こっている。呰麻呂の乱の前も後も、律令国家の主敵は胆沢や志波《しわ》の山道蝦夷であったが、呰麻呂の乱はその周辺地域の状況をも混乱させ、事態をより深刻化させる結果となった。三十八年戦争は新たなステージに入っていく。

†延暦八年の征夷とアテルイ

七八一年（天応元）に即位した桓武天皇は、不本意な形で終結したこの戦いのあと、七八四年（延暦三）に大伴家持《やかもち》を持節《じせつ》征東将軍として征夷軍をたちあげる。しかしこの計画は家持の死去や藤原種継《たねつぐ》暗殺事件などの中で自然消滅し、本格的な準備が始まったのは七八六年（延暦《えんりゃく》五）のことであった。七八八年（延暦七）には将軍紀古佐美《きのこさみ》以下の征東使を任命。七八九年（延暦八）三月には多賀城に集結した坂東諸国の歩兵騎兵五万余の一部を率いて北上し、衣川《ころもがわ》の北側（岩手県奥州市衣川）に軍営を敷いた。しかし今回もまた征東軍はなかなか行動をはじめない。これもまた現地の将官たちの厳しい見立てを示すものだろうが、しびれをきらした桓武天皇の叱責を受けようやく動きだし、三つの小部隊が北上川の東西両岸から河東の蝦夷の拠点を挟撃する作戦に出る。

そこに登場するのが、三十八年戦争における蝦夷側の最大のヒーロー、アテルイ（阿弖流為）であった。川の東に渡った官軍の一部隊はアテルイの居所を攻め、逃げる蝦夷軍を追い進軍する。しかしそこで山中に隠れていた蝦夷の別働隊の急襲にあうと形勢は逆転。西岸を北上してきた別の部隊が蝦夷軍に渡河を遮られるなか、前後を絶たれた川東の軍は総崩れとなり、兵士たちは北上川に飛び込み千三十六人もの溺死者を出した。アテルイら

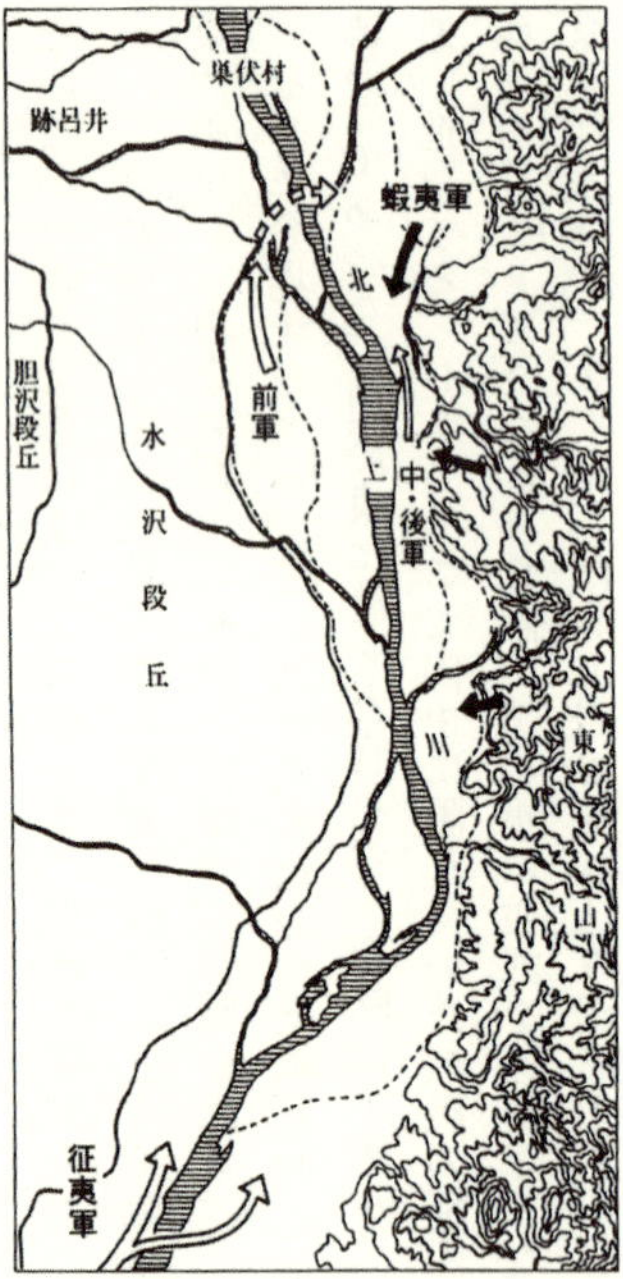

胆沢の戦い（鈴木 2008）

による巧みなゲリラ戦の勝利であり、その背景に、統率・訓練された胆沢蝦夷たちの軍事組織の存在を読み取ることもできよう。

古佐美はその後桓武天皇に対し、胆沢をすでに征圧したこと、子波《しわ》（志波＝盛岡市付近）・和我《わが》（北上市付近）へさらに進軍するには兵糧が不足していることを理由として軍の解散を報告し事後承諾を求めた。実態とはかけ離れた報告に桓武天皇は激怒したが、すでにいかんともし難い状況であった。古佐美は別部隊による三陸沿岸部での軍事行動の戦果を報告に加えたが、桓武の怒りを解くにはほど遠かった。

†延暦十三年・二十年の征夷と坂上田村麻呂

即位当初の政争を経て「新王朝」の天皇として権威を確立しつつあった桓武にとって、

この失敗は重くのしかかったであろう。手痛い敗戦から間もない七九〇年（延暦九）閏三月から桓武は早速次なる征夷への準備に着手する。征東使（のち征夷使と改称）らと現地の国司等の兼務による指揮系統の一本化、十万人の軍士調達をはじめとする大幅な軍備の増強、奥地の蝦夷の懐柔による切り崩しなどが周到に行われたが、この中ではじめて征東使幹部に名を連ねたのが、三十四歳の近衛少将、坂上田村麻呂《さかのうえのたむらまろ》である。桓武の信頼厚い側近である彼の役割は、現地に詳しい副将軍たちの間に入って桓武天皇の意向を軍に直接に反映させることにあった。

戦闘の推移は『日本後紀《にほんこうき》』の欠失のため不明だが、七九四年（延暦十三）六月初め頃には終了したらしい。十月二十八日に届いた戦勝報告では、首四五七級、虜一五〇人、馬八五疋、落七五処とあり、首八九級だった前回と比べ五倍もの多くの蝦夷が殺害されたことがわかる。身柄を拘束された蝦夷の坂東以西の諸国への移配が本格的に行われ始めたのもこの戦いの後であった。山道蝦夷の社会に律令国家のメスが入り始めたのである。

この征夷で功績をあげた田村麻呂は、戦後の七九六年（延暦十五）、近衛少将のまま今度は陸奥按察使と陸奥守、鎮守将軍を兼ね、奥羽を束ねる最高行政官として次の征夷に向けた地ならしに着手し、翌年十一月には征夷大将軍に任じられた。八〇一年（延暦二十）二月に天皇から節刀《せっとう》が授けられ現地に向かい、九月には戦勝報告がおこなわれた。動員された兵士は前回の半分以下の四万人。それ以上の詳しい戦況はわからないが、長きにわたって戦火を交えてきた胆沢・志波地方の蝦夷たちが大きなダメージを受けたことは確かであろう。

大墓公阿弖《おおはかのきみあて》利為《りい》すなわちアテルイが盤具公母礼《いわとものきみもれ〔いわぐの〕》とともに「賊種」五百人を率いて降伏を申し出たのは、この戦闘から一年近く経った八〇二年（延暦二十一）四月のことであった。胆沢地方ではこの時すでに、田村麻呂を責任者として胆沢《いさわ》城の造営がはじまっており、アテルイらの降伏は、そうした前後の状況をふまえた熟慮の結果であろう。アテルイは、七八四年（延暦八）にすでに「賊帥《ぞくすい》」として史料に登場しているから、この間十四年以上もその地位にあったことになる。長い戦いは、彼らを「首」とする軍事組織を胆沢蝦夷の社会の中に作り出したが、アテルイらの降伏は、それを自ら解体することを意味した。

田村麻呂はこのアテルイらの申し出を受け彼らを率いて上京し、朝廷では百官が表《ひょう》をたてまつって「蝦夷を平らぐ」ことを祝ったという。田村麻呂は二人を処刑せず未服属の蝦夷を服従させる役割を担わせたいと嘆願したが通らず、二人は河内国で処刑された。

†徳政相論と征夷の中止

アテルイらが処刑され胆沢城が完成した後、その北方に続いて造られたのが志波城（岩手県盛岡市）である。志波城は一辺八四〇メートルという東北最大級の城柵で、同時期に造営された払田柵跡《ほったのさく》（近年は第二次雄勝城とする説が有力）とともに、八〇四年（延暦二十三）正月から準備が始まった次なる「征夷」にあわせた、桓武天皇のさらなる積極的な蝦夷政策のあらわれと見ることができる。

しかし八〇五年（延暦二十四）十二月、桓武天皇は参議の藤原緒嗣《おつぐ》、菅野真道《すがののまみち》に「天下の徳政」を議論させ、緒嗣の主張により「軍事と造作《ぞうさく》」の停止を決定。征夷の計画は消滅した。近年の研究によれば、桓武天皇はこの相論の前からすでにこれらの事業の中止を決断しており、相論は、自身が立ち上げた事業を幕引きするための演出であったらしい。老境の桓武にこの決断を促したのは、相つぐ征夷と造都による国家財政の窮乏と民衆の疲弊であった。

この決断は、その後の古代国家の蝦夷に対する軍事的政策そのものをも大きく転換させていく。真っ先に行われたのが東国からの鎮兵派遣の停止であった。但しそれが陸奥国内の人々に兵役を付け替える形で行われたことには留意しておくべきだろう。新設の胆沢城・志波城を含め、奥羽の城柵にはまだ依然として多くの守備兵が必要であった。「軍事」の中止は、決して国家と蝦夷の緊張関係が解消したことによるものではなかったのである。

†弘仁年間の征夷と軍縮政策

「三十八年戦争」の幕引きとなった文室綿麻呂《ふんやのわたまろ》の征夷は、この徳政相論から六年後の八一一年に行われた。綿麻呂は八一〇年（弘仁《こうにん》元）の薬子《くすこ》の変にて田村麻呂の推薦で活躍の場を与えられ、直後に陸奥出羽按察使に抜擢され多賀城に赴任していた。

赴任後まだ間もない八一一年（弘仁二）二月、綿麻呂は嵯峨天皇に、爾薩体村《にさつたい》（岩手県二戸市付近）。弊伊村（岩手県宮古市周辺）への征討実施を申請した。この直前、陸奥国では和《わ》我《が》（北上市付近）・稗貫《ひえぬき》（花巻市付近）・斯波《しわ》（盛岡市付近）の三郡が設置され胆沢城より北の地域に郡制が施行されており、綿麻呂の申請はその周囲にある未服属の蝦夷集団を征圧することで三郡の安定を図ったものだろう。

弊伊村への征討は田村麻呂の征討を継承するものではあるが、それが陸奥出羽国内の負担のみでまかなわれた点で、国家の総力をつぎ込んだ桓武朝の征夷とはやはり区別される。蝦夷の「俘軍《ふぐん》」が戦局に大きな影響を与えた点も大きな特色であった。もちろん官軍の動員もおこなわれているが、こうした「俘軍」の活動は、その後の蝦夷政策の方向性を暗示するものでもあった。

十月五日、綿麻呂は戦勝を嵯峨に報告し、閏十二月には冒頭で述べた三十八年間の奥羽民衆の負担に触れ陸奥国の鎮兵・軍団兵士の大幅な削減を申し出た。志波城が廃止され、かわりにその四分の一の大きさの徳丹城《とくたん》が、南に約十キロ後退するかたちで徳丹城が造営されたことにも注目しておく必要がある。それは直接には水害を理由としていたが、北辺経営にかかるコストカットを意味するものだろう。このような戦後の施策から見れば、綿麻呂の征夷はやはり、征夷終結のための征夷、幕引きのための征夷、と評価しなければなるまい。

†「三十八年戦争」と東北北部社会

最後に、「蝦夷」とよばれた人々の社会とこの戦争の関係に関する近年の論点に若干触れておく。

第一には、「三十八年戦争」の原因・背景である。先にも述べたように、北上川中流域の蝦夷集団、あるいは三陸沿岸部などの蝦夷は、古代国家との間に、朝貢とそれに対する饗給《きょうきゅう》を通じた貢納制的な支配・服属関係を三十八年戦争以前からすでに持っていたが、三十八年戦争は、それが崩れたところに発生した。その前提としてあらためて注目されているのが、宮城県の大崎平野から山形・秋田県境あたりを結ぶ地域が、墓制や言語など基層的な文化要素における南北の基本要素が交錯する境界領域とみられる点である。このラインを越えて桃生・伊治などの城柵を設置したことを、三十八年戦争の原因として重視するのである。文化的様相と政治的境界、それと民族的意識の関係など、蝦夷と「日本国」や「倭人」の関係のとらえ方という課題とも関わってくる。

第二に、この「蝦夷」とよばれた人々の社会構造との関係について。「蝦夷」とは「征夷」を行う律令国家の側が名付けた呼称にすぎないし、その現実の社会は多様で、必ずしも広域的な政治的統合が進んでいたわけではなく、個々の地域集団の中にも明確な階層差を見いだしにくい、比較的フラットな構造の社会であったと言われている。一方で三十八年戦争における胆沢・志波地方の蝦夷たちの長期にわたる頑強な抵抗からは、律令国家との戦いの中で、彼らが個々の地域の中で一定の軍事的組織を形成し、それにともなう政治的統合を志向していた可能性も見えてくる。しかも三十八年戦争の広がりからは、彼らが他の地域の蝦夷集団とも情報のネットワークを持っていた可能性がうかがえる。こうした社会構造・社会関係との関わりで戦争の意味を考えることも重要な課題であろう。

第三にこの戦争が、その後の東北北部社会にもたらした影響について。近年重視されているのは、戦後の東北北部、とりわけ陸奥北部の社会が、決して国家の統治が行き届いた安定した社会ではなかった、という点である。とりわけ八四〇年代から五〇年代にかけての陸奥北部では、「俘囚《ふしゅう》」と呼ばれた蝦夷系住民たちの相互対立や小規模な反乱、そうした動きを恐れた移民系住民の逃亡が続く不安定な社会状況が続いていた。その背景には、戦争や戦後処理にともなう蝦夷社会の秩序の破壊がある。蝦夷たちが形成しつつあった社会秩序は強制的に解体され、多数の蝦夷たちが故郷から離れた土地で倭人への同化を迫られた。いっぽう古代国家はそのあとに胆沢城や志波城といった城柵を建設し移民による新しいコミュニティを形成するはずであったが、それは東国・東北社会の疲弊により中途で放棄され、治安維持のための兵力も財政的理由から削減。そうした状況が、災害や天候不順などとあいまって陸奥北部に混沌とした状況をもたらしたのではないかというのである。

そうした中で、胆沢城に整備された鎮守府《ちんじゅふ》を核に蝦夷系豪族の支配機構への登用が進み、平安時代に奥羽独自の政治秩序が形成され、安倍氏や清原氏などの豪族が成長してくる前提となったことも指摘されている。九世紀の陸奥北部の社会をどう理解するかについては課題も多いが、いずれにせよそれが戦争によって破壊された社会を再構築していく過程であったことは間違いないだろう。三十八年戦争が歴史にもたらした影響は、その後の長い奥羽の歴史の中に探っていく必要がある。

さらに詳しく知るための参考文献

今泉隆雄「律令国家とエミシ」『古代国家の東北辺境支配』(吉川弘文館、二〇一五)……征夷戦争を含めた、蝦夷論や古代国家の蝦夷政策・東北政策に関する問題を多角的・総合的にとりあげわかりやすく解説したものであり、これから東北古代史を学ぶ人に最初に読んでほしい。

鈴木拓也『戦争の日本史3　蝦夷と東北戦争』(吉川弘文館、二〇〇八)……八世紀から九世紀にかけておこなわれたすべての「征夷」を個別にとりあげ、古代国家とエミシの戦いの全貌を明らかにしたもの。三十八年戦争を学ぶ上での必読書。

熊谷公男編『アテルイと東北古代史』(高志書院、二〇一六)……東北古代史に関する文献史学・考古学両分野の最前線研究者五名がおこなった、忌憚のない対談の記録を中心に、三十八年戦争に関する最先端の成果と課題について知ることができる。

鈴木拓也編『東北の古代史4　三十八年戦争と蝦夷政策の転換』(吉川弘文館、二〇一六)……三十八年戦争とその後の九世紀の東北社会に関する諸問題について、文献史学・考古学双方計六名の研究者が分担執筆。戦争の推移のみならず、背景となる社会の動きを知るために最適。

第11講

平城太上天皇の変

佐藤 信

†「薬子の変」から「平城太上天皇の変」へ

これまで「薬子《くすこ》の変」と呼ばれてきた八一〇年（弘仁《こうにん》元）に起きた争乱は、最近「平城《へいぜい》太上天皇《だじょうてんのう》の変《へん》」と称されるようになってきた。この事件では、嵯峨《さが》天皇《てんのう》（七八六〜八四二）と同母兄の平城太上天皇（七七四〜八二四）との間で、当時「二所朝廷《にしょちょうてい》」とまで言われた政治権力の対立が生じた。そして、天皇のいる平安京から旧京である平城京《へいじょうきょう》への遷都《せんと》を強行しようとした平城太上天皇側に対抗して、嵯峨天皇側はそれを制圧する迅速な行動を実行した。平城京から東国に入ろうとして伊勢へと向かった平城太上天皇や藤原薬子（?〜八一〇）たちは、先回りして道を封じた嵯峨天皇側の精兵に抑えられ、結局平城太上天皇は平城京にもどって剃髪して出家、薬子は毒を仰いで自殺して、嵯峨天皇側の勝利に終わった。結局、平城太上天皇側の中心人物として、太上天皇の寵愛を受けて権勢を誇った藤原薬子とその兄で専横な行動が目立った藤原仲成《ふじわらのなかなり》（七六四〜八一〇）が、事変の張本人として責めを負うこととなった。この時代の正史『日本後紀《にほんこうき》』にみられるこうした記載と評価を受けて、この争乱は「薬子の変」と呼ばれてきたのであった。

この変は、太上天皇と天皇との兄弟間の皇位継承の争いというだけでなく、この変の過程で嵯峨天皇が「先帝（桓武）の万代《よろづよ》の宮と定め賜へる平安京」と宣言したことによって平安京（京都市）がその後「千年の都」となる基礎が固まったこと、また天皇と太政官《だじようかん》との間の連絡を機密かつ機動的に結ぶ役職としてそれまでの後宮女官《こうきゆうにょかん》に代わって男性官人の蔵人《くろうど》が置かれ、のちの宮廷政治に大きな影響を与えることになったこと、その初代蔵人《くろうどの》頭《とう》の一人に嵯峨天皇の信任を得て藤原冬嗣《ふじわらのふゆつぐ》（七七五〜八二六）が選ばれ、その後九世紀に藤原北家《ほくけ》が台頭《たいとう》する原点となったことなどから、時代に大きな転換をもたらす事件であったといえる。この変で平城太上天皇の皇子で皇太子の高岳親王《たかおかしんのう》（七九九〜八六五？）が廃太子《はいたいし》されたことも、皇位継承の焦点が皇太子の廃立とつながることを明示した事件でもあった。嵯峨天皇は、新皇太子に自らの皇子ではなく、異母弟の大伴親王《おおともしんのう》（淳和天皇《じゆんなてんのう》）（七八六〜八四〇）を立てた。

変ののちに、嵯峨天皇が宮廷で大きな権威・権力をもって平安時代初期の政治改革を推進したことは、大きな歴史的変動となった。のち弘仁《こうにん》一四年（八二三）に、嵯峨天皇が三八歳で同年の皇太子大伴親王（淳和天皇）に譲位して太上天皇となった時、天皇と太上天皇とのあり方を制度として分別しようとしたことは、太上天皇が天皇と同等ないしそれをしのぐほどの権威・権能をもった奈良時代とは異なる天皇制のあり方を開いていくことになった。

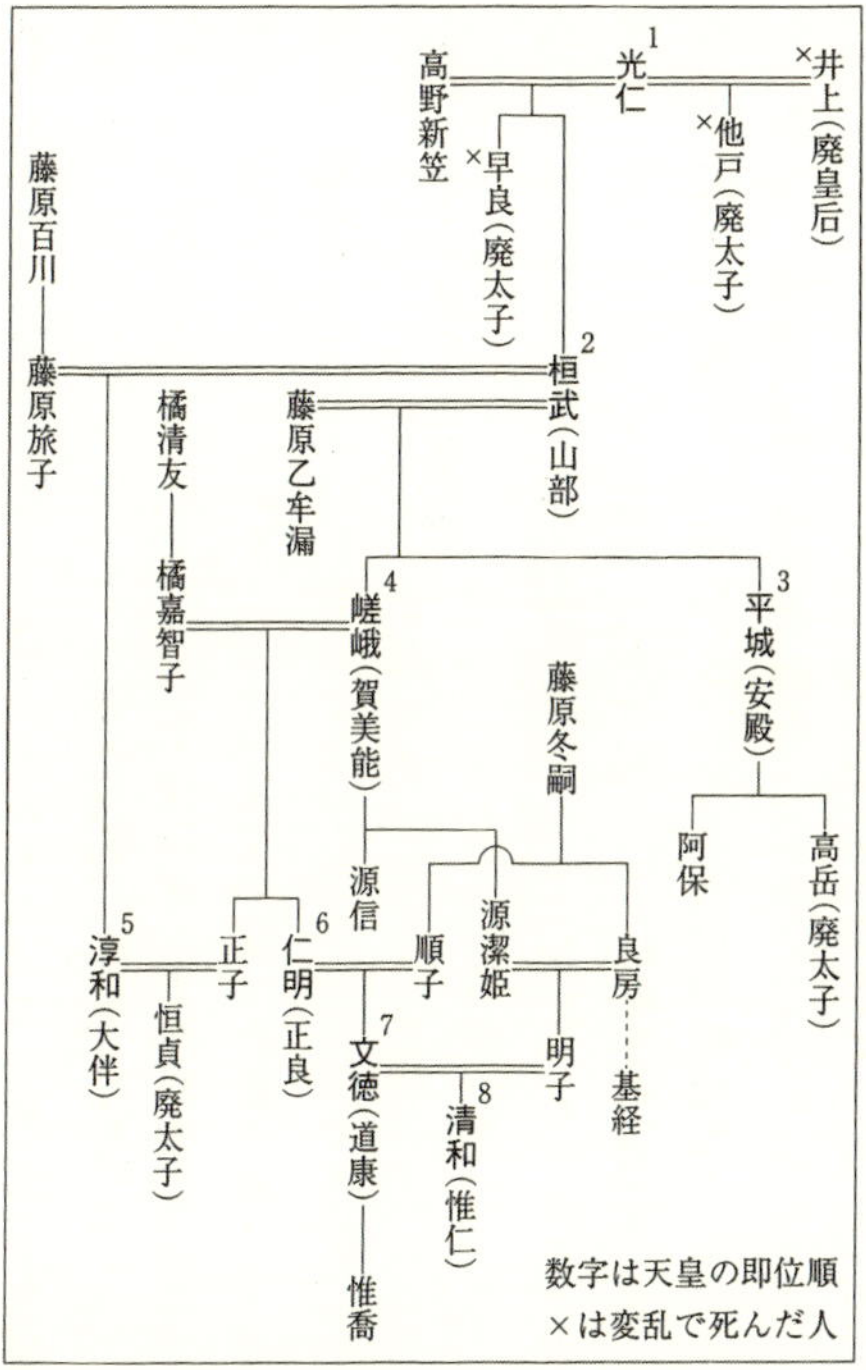

平城太上天皇・嵯峨天皇関係系図

こうして平安時代初期において、その後の歴史に大きな影響を与えた重要な変であったが、天皇・太上天皇が対立するという天皇家の兄弟間の争いについて忌避《きひ》しようとする立場や、そうした見方から編纂《へんさん》された『日本後紀』の記載にしばられて、その実像はあまり直視されてこなかったのではないだろうか。この変に関する研究の進展については、佐々木恵介「薬子の変」(一九九八)や佐藤信「平城太上天皇の変」(二〇〇三)に詳しいが、二〇〇〇年代に入ってからの高等学校の日本史教科書(『詳説日本史』山川出版社など)で「平城太上天皇の変(薬子の変)」「平城上皇の変」と記されるようになってきた変について、改めて検討したい。

†史料にみる平城太上天皇の変

『日本後紀』を中心に、『類聚国史《るいじゅうこくし》』『日本紀略《にほんきりやく》』などによりながら変の経緯をたどると、次のようになる。なお、『日本後紀』は、嵯峨天皇皇子である仁明《にんみょう》天皇(八一〇~八五〇)の承和《じょうわ》七年(八四〇)に完成している。その頃嵯峨太上天皇はまだ高い権威をもって存命しており、編纂代表者は藤原緒嗣《ふじわらのおつぐ》(七七四~八四三)であった。藤原緒嗣は、式家《しきけ》藤原百川《ももかわ》(七三二~七七九)の子である。桓武天皇の立太子《りったいし》に大きな力を尽くした百川は、没後も桓武天皇から大変重視され、その子緒嗣は桓武天皇によって若くして登用・重用された。緒嗣は、この変の時に右兵衛督《うひょうえのかみ》・美濃守《みののかみ》に任じられた嵯峨天皇側の貴族官人であり、のち淳和《じゅんな》天皇・仁明天皇時代の左大臣となり、北家《ほくけ》藤原冬嗣《ふゆつぐ》没後の政界の首班となった。

大同《だいどう》四年(八〇九)四月、病を得た平城天皇は、固辞する同母弟の皇太弟《こうたいてい》賀美能《かみの》(神野)

親王（嵯峨天皇）に譲位した。ただし平城皇子の高岳《たかおか》親王が皇太子となり、平城太上天皇の権威と権力は維持されている。同年のうちに平城太上天皇の宮を旧平城宮《へいじょうきゅう》の地（奈良市）に営むことになり、十一月には薬子の兄の右兵衛督《うひょうえのかみ》藤原仲成《ふじわらのなかなり》らが造営に当たり、十二月には平城太上天皇たちが平城宮に入った。平城宮の造営は、その後も継続され、太政官の一部は平城宮で平城太上天皇のもとに勤務することになった。奈良市にある平城宮跡の発掘調査では、この平安時代初期における遺構や遺物も見つかっている。

弘仁《こうにん》元年（八一〇）正月には、平安宮で嵯峨天皇が病となり、元日朝賀《がんじつちょうが》の儀式も中止された。健康を回復していたと思われる平城宮の平城太上天皇との関係は微妙なものとなったようで、三月に嵯峨天皇側は、天皇の意思を太政官に伝えるパイプ役として巨勢野足《こせののたり》（七四九～八一六）と藤原冬嗣を蔵人頭《くろうどのとう》に任じている。それまでの後宮女官を経由する伝達では、手続きや守秘に課題を感じたことによると思われる。七月にも嵯峨天皇の病気が重くなり、そうした状況も受けて、九月六日に平城太上天皇がついに平安京から平城京への遷都を命じたことにより、嵯峨天皇と平城太上天皇の衝突が決定的となった。

太上天皇と天皇の衝突としては、これ以前に、孝謙《こうけん》太上天皇と淳仁《じゅんにん》天皇（廃帝《はいてい》）が対立して七六四年（天平宝字八《てんぴょうほうじ》）に恵美押勝《えみのおしかつ》（藤原仲麻呂《ふじわらのなかまろ》）の乱となった時の事例が知られる。その時も、かつて藤原不比等《ふじわらのふひと》の邸宅であった平城京左京の法華寺《ほっけじ》を居とした孝謙太上天皇《こうけんだじょうてんのう》と平城宮内の中宮院《ちゅうぐういん》（内裏《だいり》）にいる淳仁《じゅんにん》天皇との間で、両者の別居状態から衝突がはじまっている。太上天皇と天皇のどちらにつくか、貴族や官人たちは生命賭けになり得る判断を迫られたといえ、「二所朝廷」と呼ばれる平城太上天皇の変の時も、貴族・官人たちにとっては厳しい緊張状況となったのである。

†変の経過

弘仁《こうにん》元年（八一〇）九月六日以降の変の経過を、時を追ってたどろう。

【九月六日】平城太上天皇、平安京から平城京への遷都を命ずる。

【九月十日】遷都の事で人心に騒動が広がったことを受け、ついに嵯峨天皇側が迅速な対抗策に出る。東国に向かう伊勢《いせ》・近江《おうみ》・美濃《みの》の三国の国府と関所――桓武《かんむ》天皇の時に交通の障害になるとして止められた、東海道の伊勢の鈴鹿関《すずかのせき》、東山道《とうさんどう》の美濃の不破関《ふわのせき》、北陸道の近江から越前に入る地の愛発関《あらちのせき》の三関《さんげん》――に向けて、関を閉鎖する固関使《こげんし》を派遣した。

また、平安京に来ていた太上天皇側の藤原仲成《ふじわらのなかなり》を右兵衛府《うひょうえふ》に拘束するとともに、尚侍《ないしのかみ》の藤原薬子《くすこ》を解官《げかん》、参議《さんぎ》の仲成を佐渡権守《さどのごんのかみ》に左遷《させん》し、さらに天皇側の官人を武官や畿内《きない》・近《きん》国《ごく》の国司などに任命する人事を断行した。

【九月十一日】薬子の解官を知って畿内・紀伊《きい》国の兵を徴発した平城太上天皇は、平城宮にいた官人や兵士を従えて、東国に入ることをめざして伊勢に向かった。壬申の乱《じんしんのらん》（六七二）にみられるように、古代の争乱では、東国の軍勢を動員できた側が勝利することがあったからである。この危急の動きを天皇側に伝える報告を受けて、嵯峨天皇側はただちに大納言《だいなごん》坂上田村麻呂《さかのうえのたむらまろ》（七五八〜八一一）の率いる精鋭部隊を急派し、東国への道を押さえさせた。そしてこの夜、天皇側は平安京で藤原仲成を射殺する。

【九月十二日】大和国《やまと》添上郡越田村《そうのかみぐんこしだむら》まで至った平城太上天皇は、前途を精兵にさえぎられていることを聞いて、ついに平城宮にもどって剃髪入道《ていはつにゅうどう》し、藤原薬子は毒を飲んで自殺した。

【九月十三日】平城太上天皇に従っていたトップの中納言藤原葛野麻呂《ちゅうなごんふじわらのかどのまろ》（七五五〜八一八）と左馬頭藤原真雄《さまのかみふじわらのさねお》が、平城太上天皇に対し強く諫言《かんげん》したことから罪を許された。同日、平城太上天皇を父とする皇太子高岳《たかおか》親王が廃せられ、かわって嵯峨の異母弟大伴《おおとも》親王（母は藤原百川《ももかわ》の娘の旅子《たびこ》）が立太子している。

『日本後紀』の九月十七日条には、越前国司の介《すけ》（次官）の阿倍清継《あべのきよつぐ》と権少掾《ごんのしょうじょう》（判官）の百済王愛筌《くだらのこにきしあいせん》らが平城太上天皇の伊勢行幸《いせぎょうこう》に呼応して挙兵し、嵯峨天皇側が急遽新任《きゅうきょ》した介《すけ》の登美藤津《とみのふじつ》を捕らえていたことがみえる。したがって、平城太上天皇側がまったく無力・無計画であったわけではない。藤原仲成《ふじわらのなかなり》がこれ以前の大同《だいどう》四年（八〇九）四月に北陸《ほくりく》

嵯峨天皇御影（宮内庁蔵）

道観察使《どうかんさつし》になっているから、越前国《えちぜん》には仲成派の勢力があったのであろう。それゆえ、先に嵯峨天皇側が急派した固関使《こげんし》も、越前の愛発関《あらちのせき》をめざしては、越前国でなく近江国《おうみ》宛てに派遣されたのであろう。

✝変の収束と嵯峨天皇

平城太上天皇《へいぜいだじょうてんのう》の変に勝利し、「二所朝廷《にしょちょうてい》」という危機的状況を打開して、平安京と官人たちに政治的安定をもたらすうえで、嵯峨天皇は、礼《れい》の秩序を重んじながら事件を収束させていった。その際、変の首謀者をあくまでも藤原薬子としてその罪を責める一方で、兄の平城太上天皇に対しては罪を問わず礼遇するという方針が貫かれた。

藤原薬子を問責《もんせき》する嵯峨天皇の宣命《せんみょう》（『日本後紀』弘仁《こうにん》元年九月丁未《ていび》条）では、

……今、太上天皇（平城）の国を譲《ゆず》り給へる大き慈《みめぐみ》深き志《こころざし》を知らずして、己《おの》が威権を擅《ほしいまま》にせむとして、御言《みこと》には非ざる事を御言と云ひつつ、褒貶《ほうへん》すること心の任《まにま》にして、曾《かつ》て恐れ憚《はば》かる所なし。此くの如き悪事《あくじ》種種在るとも、太上天皇に親《した》しく仕へ奉るに依りて思ひ忍びつつ御坐《いま》せり。然るに猶ほ飽き足らずとして、二所朝廷をも言ひ隔《へだ》てて、遂には大乱を起こすべし。また先帝（桓武）の万代宮《よろづよのみや》と定め賜へる平安京を、棄《す》て賜ひ停《とど》め賜ひてし平城古京に遷《うつ》さむと奏し勧めて、天下を擾乱《じょうらん》し、百姓を亡弊《ぼうへい》す。……

としている。ここでは、「大乱」を起こそうとして「天下を擾乱し」たのは、平城太上天皇の本意ではないにもかかわらず太上天皇の「御言《みこと》」と偽って諸悪事を進めた藤原薬子だとしており、平城太上天皇の罪はいっさい問われていない。

結局、変の敗者である平城太上天皇側では、平城宮にもどって剃髪入道した平城太上天皇は別として、藤原仲成は平安京で射殺され、藤原薬子は毒を飲んで自殺したのであった。この死んだ薬子と仲成とに、変の罪がすべて背負わされたことになる。平城太上天皇に従った中納言藤原葛野麻呂《ふじわらのかどのまろ》（薬子と姻戚関係があった）と左馬頭藤原真雄《さまのかみふじわらのさねお》は、太上天皇に対して諫言したとして許され、とくに真雄は身を賭《と》して諫《いさ》めたことから逆に昇叙《しょうじょ》されてさえいる。平城太上天皇に従った官人たちは、厳しい処罰からは多く逃れたといえよう。平城太上天皇に呼応して挙兵した越前介《えちぜんのすけ》の阿倍清継《あべのきよつぐ》と権少掾《ごんのしょうじょう》の百済王《くだらのこにきし》愛筌《あいせん》らも、結局死罪は免じられて遠流《おんる》に処されている。

平城太上天皇本人に対しては、罪を問うことは無かった。平城太上天皇皇子の皇太子高岳親王は廃太子となり、阿保親王《あぼしんのう》は太宰権帥《だざいのごんのそち》に左遷《させん》となったが、嵯峨天皇は、責めを兄の平城太上天皇には及ぼさず、藤原薬子に責めを集中する形で変の収束を図ったといえる。

こうした嵯峨天皇の礼を重んじた事件収束方針の背景には、奈良時代に皇位継承をめぐって血《ち》なまぐさい政争が相次いだことや、直近では父の桓武天皇（七三七〜八〇六）が同母弟の皇太子早良《さわら》親王を死に追い込み、その後早良親王の怨霊《おんりょう》に深く苦しむことになった事件への反省があったと思われる。この事件は、遷都先の長岡京《ながおかきょう》の造営を督促《とくそく》していた桓武天皇腹心の中納言藤原種継《ふじわらのたねつぐ》が暗殺された事件で、早良皇太子付きの春宮坊《とうぐうぼう》の官人《かんじん》であった大伴《おおとも》氏・佐伯《さえき》氏の人々が犯人とされた。そして嫌疑は早良親王に及び、親王は乙訓《おとくに》寺に幽《ゆう》閉《へい》された。無実を訴える早良親王は、自ら飲食を絶って壮絶な死を迎え、桓武天皇はその亡骸《なきがら》までも淡路《あわじ》国に送ったのであった。

桓武天皇の場合は、皇太弟《こうたいてい》の早良親王を廃してその代わりに自分の子の安殿《あて》親王（平城《へいぜい》天皇）を皇太子に据えたが、嵯峨天皇の場合は、高岳《たかおか》親王（平城太上天皇皇子）に替えて自分の子を皇太子とするような兄弟喧嘩的なことはせず、異母弟で同年齢の大伴親王を皇太子に迎えたのであった。大伴親王は、桓武天皇と、藤原百川《ももかわ》の娘旅子《たびこ》を父母としている。嵯峨天皇は、父桓武天皇の百川に対する厚い感謝の念を大事にして、故百川の外孫である大伴親王を皇太子に迎えたことになる。

†藤原薬子と平城太上天皇

藤原薬子は、桓武天皇に信任されて側近として長岡京の造営を進めている時に暗殺された式家《しきけ》の藤原種継《たねつぐ》（七三七〜七八五）の娘である。はじめ同じ式家の藤原縄主《ただぬし》（七六〇〜八一七）の妻となって三男二女を産んだが、長女が桓武天皇皇子の皇太子安殿親王（平城天皇）の妃となったことを契機として、安殿親王の寵愛を受けるようになった。他に若い妃妾《きしょう》がいるにもかかわらず、東宮坊宣旨《とうぐうぼうせんじ》となって安殿親王の近くに仕えて寵愛を受けたが、義を重んずる桓武天皇によっていったん東宮から追放されてしまう。しかし、桓武天皇が亡くなり大同《だいどう》元年（八〇六）五月に平城天皇が即位すると、ふたたび天皇の後宮《こうきゅう》に召されて典侍《ないしのすけ》さらに尚侍《ないしのかみ》となり、平城天皇の寵愛を一身に集めて権勢を得るに至った（黛一九八五）。

大同四年（八〇九）に平城天皇が病気となり、弟の嵯峨天皇に譲位して太上天皇となってからも、平城太上天皇の側近くに仕えて勢威をふるった。兄で種継長子の藤原仲成も、薬子の権勢に乗じて傍若無人な行動が多かったと伝える。『日本後紀《にほんこうき》』の没伝（弘仁元年九月戊申条）には、仲成が王公宿徳《おうこうしゆくとく》を多く陵辱《りょうじょく》したという酷評が記されている。

しかし、『日本後紀』が奸臣《かんしん》として描いている薬子と仲成の像は、果たしてそのまま受け入れるべきなのだろうか。藤原薬子は、娘の夫となった皇太子安殿親王（平城天皇）から寵愛を受けるようになり、一度は桓武天皇によって遠ざけられたものの、即位した平城天皇がふたたび召し出して寵愛した女性であり、平城太上天皇にとって大変魅力的な女性であったといえよう。薬子が権勢を振るうことができたのは、平城太上天皇の寵愛という大きな後ろ盾があったからであり、薬子の横暴や「二所朝廷」の混乱そして変が起こった原因として、改革政治を進めた分別ある平城太上天皇の主体性がまったくなかったということは難しいだろう。

平城天皇の大同《だいどう》三年（八〇八）から同四年の短期間に、薬子は従四位下から正三位に昇っているが、この昇叙《しょうじょ》は平城天皇の意志がなければあり得ない。また、平城太上天皇が平城宮から伊勢に向かった時に、同じ輿《こし》に薬子を同乗させたことも、特別な処遇であって、平城太上天皇の強い意志の表れとみることができる。

そもそも、平城太上天皇自身が、もし自らに責任は無く薬子が勝手に起こした事変だと主張する立場であったなら、自ら剃髪入道《ていはつにゅうどう》する必要はなかったのではないだろうか。やはり、この変には、薬子だけではなく平城太上天皇の意志も存在したとみた方が自然であろう。橋本義彦「〝薬子の変〟私考」（橋本一九八六）が論じているように、薬子を支持してその権勢の根源であった平城太上天皇の重い立場からすれば、変の主体として平城太上天皇の存在をもみる方が実態に近いのではないだろうか。

†平城太上天皇の変の歴史的評価

平城太上天皇の変は、平城太上天皇と嵯峨天皇の同母兄弟が衝突し、太上天皇が敗れたという事件であった。藤原薬子が平城太上天皇の行動に一定の影響を与えることができたとしても、その力の根源は、あくまでも薬子に対する平城太上天皇の寵愛にあったといえる。ただし、変を収束する過程で、嵯峨天皇は、事件の責任・罪を兄の平城太上天皇ではなく、その寵愛を集めた藤原薬子にしぼって責めたという経緯があった。正史の『日本後紀』はそうした方針で編纂されたので、「悪者」は藤原薬子であって、平城太上天皇は受動的立場であったとして扱われることとなった。その背景には、礼的秩序を重んじて皇族間に争いのない平和な状況をもたらそうという嵯峨天皇の意志がうかがえるように思う。こうした『日本後紀』の編纂方針が、その後の変の歴史的評価を大きく規制していったといえる。

ただし、たとえば後の歴史物語の『水鏡《みずかがみ》』には、「さて十一日に、太上天皇、軍《いくさ》をおこして、内侍《ないし》のかみ（薬子）と一つ御輿《みこし》に奉《たてまつ》りて東国の方《かた》へ向《むか》ひ給ひしに」（高田《たかだ》専修寺《せんじゆじ》本の見出しには「平城の乱の事」とある）とあるように、変における平城太上天皇の主体性を確認する見方も存在してきた（金子大麓・松本治久・松村武夫・加藤歌子編『校注水鏡』新典社、一九九一）。

しかし、『日本後紀』による評価の影響はやはり大きく、とくに戦前までの近代の日本古代史研究においては、太上天皇・天皇間の紛争や太上天皇に罪を及ぼすことを忌避《きひ》する立場もあってか、変の責めを薬子に負わせて「薬子の変」とする歴史的評価が大きな地位を保ってきたのである。なお戦後も、『日本後紀』を批判的に検討した上で、なお薬子・仲成の妹兄を事件の首謀とみる説も存在する（目崎一九六八など）。

一方で、より『日本後紀』を批判して客観的にこの事件をとらえ直そうとする立場も、橋本義彦「〝薬子の変〟私考」（前掲）などのように、次第に広まった。早く、北山茂夫「平城上皇の変についての一試論」（北山一九七五）は、変の経過を詳細にたどるとともに、「平城上皇の変」の用語を自覚的に用いた。その後も以前からの「薬子の変」の用語が多く使われてきたが、近年では、日本史の通史においても、『日本歴史大系1　原始・古代』（山川出版社、一九八四）の笹山晴生《はるお》「平安初期の政治と文化」が「いわゆる平城上皇の変

（藤原薬子の乱）」と叙述しており、また吉田孝・大隅清陽《きよはる》・佐々木恵介「九―一〇世紀の日本――平安京」（『岩波講座日本通史　第5巻古代4』岩波書店、一九九五）も「平城上皇の変」の用語を用いるなど、次第に「平城上皇の変」の用語が一般化してきているといえよう。また、天皇と並ぶ存在としての奈良時代的な「太上天皇」と、平城太上天皇の変以降の、退位により天皇の制度的立場から離れる性格をもつ院政時代などの「上皇」との別に配慮して、「平城太上《だいじょう》天皇の変」という呼び方もなされる（佐藤信編『古代日本の歴史』放送大学教育振興会、二〇一一、佐藤信編『大学の日本史①古代』山川出版社、二〇一六など）。

さらに詳しく知るための参考文献

北山茂夫「平城上皇の変についての一試論」（『続万葉の世紀』一九七五、初出一九六三）……変の経過を詳細にたどり、「平城上皇の変」の用語を自覚的に用いた早い時期の政治史の論文。

佐々木恵介「薬子の変」（『歴史と地理　日本史の研究』五一四号、一九九八）……薬子の変から平城太上天皇の変へと評価が変容する研究史をたどる論文。

佐藤信「平城太上天皇の変」（『歴史と地理　日本史の研究』五七〇号、山川出版社、二〇〇三）……本稿も多く負っている、平城太上天皇の変の全体像を紹介した論考。

橋本義彦「〝薬子の変〟私考」（『平安貴族』平凡社、一九八六、初出一九八四）……実証的な検証から、変の主体として平城太上天皇をもみる視点を提示した論文。

春名宏昭『平城天皇』（吉川弘文館・人物叢書、二〇〇九）……史料にもとづいて叙述された平城天皇の詳細な伝記。

黛弘道「藤原薬子」『古代史を彩る女人像』（講談社学術文庫、一九八五、初出一九七二）……薬子の伝記を実証的にわかりやすく紹介した論考。

目崎徳衛「平城朝の政治史的考察」（『平安文化史論』桜楓社、一九六八、初出一九六二）……『日本後紀』の史料的検討の上に、薬子・仲成の妹兄を事件の首謀とみる説をとる論考。

第12講

応天門の変

鈴木景二

八六六年（貞観《じょうがん》八）閏三月十日夜、平安宮朝堂院《ちょうどういん》の正門である応天門《おうてんもん》が炎上した。この二年前には富士山、ついで阿蘇山が噴火し、このころには飢饉・疫病が発生、また政府は集会禁止令を発するなど、世情不安が高まっていた。こうした状況のもと、遷都以来、偉観を呈していた豪壮な二層門と棲鳳《せいほう》・翔鸞《しょうらん》両楼が猛火に包まれた情景は、平安京の人びとに衝撃を与えたであろう。応天門の変は、この火災に端を発した政変で、最終的に大納言伴善男らが放火犯として流罪に処せられた。その過程では主要閣僚メンバーが攻守に分裂し、その双方が没落するとともに、藤原良房《よしふさ》が摂政《せっしょう》になり、その後継者基経《もとつね》が急速に中納言に昇進するという結果をもたらした。

古代史研究上では、摂政制の成立過程の一階梯として、あるいは、この時期の閣僚メンバーにみられた文人・能吏として出世したヤマト政権以来の豪族の没落の契機として位置づけられている。また、事件そのものについては、放火か失火か、真犯人は本当に伴善男なのか、藤原良房の陰謀ではないのか、ということも話題となっている。摂関《せっかん》制度そのものについては前書『古代史講義』（ちくま新書、二〇一八）で採り上げられているので、ここでは事変そのものに焦点をあてて詳しく見ていくことにしよう。

†事件の史料

応天門の変と聞いて、すぐに思い浮かぶのは、国宝『伴大納言絵巻《ばんだいなごんえまき》』（出光美術館蔵。絵《え》詞《ことば》ともいう）であろう。この絵巻に描かれた、炎に包まれ黒煙をあげて燃え上がる応天門や、それを見ながら騒ぎ立てる民衆のいきいきとした姿は、事変の騒動を想像させるものであるが、この絵巻は事変から約三百年ののち、十二世紀後半に後白河法皇の周辺で作成されたものとみられている。その詞書《ことばがき》とほぼ同じ説話が鎌倉時代にできた『宇治拾遺物語《うじしゅういものがたり》』（下一一四）に収められている。説話自体の成立はそれよりは遡るであろうが、いずれも平安時代末の人びとがこの事変をどのように伝えていたかを知る材料であり、事件の史料としては副次的なものである。

基本史料は、菅原道真《すがわらのみちざね》や藤原時平《ときひら》（基経子）らが編纂した『日本三代実録《にほんさんだいじつろく》』である。事件からまだ三十五年しか経っていない九〇一年（延喜《えんぎ》元）に完成しているから、編纂しているときには、事件当時の記録が現存していたであろうし、事件を見聞きした人が生存していたことも十分考えられ、記述内容の信憑性は極めて高い。ところで『三代実録』は年月日を追って出来事を列記する編年体の史書であるが、高位者の死去（天皇や皇后などは崩《ほう》、三位以上の公卿は薨《こう》、五位以上の貴族は卒《そつ》という）などの記事には、その人物の略歴や人物評をまとめて付記している。研究者はその部分を「○○伝」と通称している。この部分は、編者が説明的な文章を書いており、年月日順の記述部分（以下、日次《ひなみ》記部分と呼ぶ）からは知りえない内情が吐露されている場合がある。ただし編者の意思が強く反映されている可能性を考慮しておく必要がある（弥永貞三「菅原道真の前半生」『日本人物史大系一　古代』朝倉書店、一九六一）。応天門の変関係の記述は、日次記部分と、①伴善男伝・②紀夏井《きのなつい》伝（貞観八年九月廿二日条）、③源信《みなもとのまこと》薨伝《こうでん》（十年閏十二月廿八日条）、④清和上皇崩伝（元慶四年十二月四日条）にみられる。諸研究における事変の経過は、それらを組み合わせることによって復元されているのである。

応天門を８分の５に縮小復元した平安神宮神門

　また、この両種の記事内容のあり方も興味深い。日次記部分を並べると、炎上から密告を経て断罪に至るまで善男をめぐる出来事の経過はたどることができるが、後述する源信の嫌疑に関する事項は全く記されていないのである。源信にかかわる出来事は、編纂材料となった政府の公的な記録には、記載されていなかったのではないだろうか。日次記部分と伝、それぞれの原材料や記載方針について考える必要がある（仁藤智子「応天門の変と『伴大納言絵巻』――記録と記憶の間」『国士舘史学』一九、二〇一五）。

この事変については、さらに珍しい史料が残されている。九三一年（承平《じょうへい》元）九月に、藤原実頼《さねより》が重明《しげあきら》親王（醍醐《だいご》天皇皇子）に語った、父忠平《ただひら》（基経子）から聞いたという話である（⑤『吏部王記《りほうおうき》』逸文。目崎徳衛「在原業平の歌人的形成」『平安文化史論』桜楓社、一九六八）。忠平が誰から聞いたのかわからないが、彼は事変の関係者基経の子であるから、直接聞いている可能性も十分にある。又聞きを重ねているが、①と共通する内容であるから、ある程度の事実を伝えている可能性が高い。

✝応天門の変まで

次に、事変に至る過程を確認しておこう。平安初期、天皇と上皇の位置づけが曖昧なことに起因する平城《へいぜい》上皇の変が起こった。これに勝利した嵯峨《さが》天皇は弟淳和《じゅんな》天皇に譲位すると、上皇は政治に関与しない、ということを宮中から退出するという行動で明示した。淳和は兄からの譲位を受けると、兄の皇子正良《まさら》親王を皇太子とした。正良のキサキは藤原良《よし》房《ふさ》・良相《よしみ》の姉妹順子《じゅんし》で道康《みちやす》親王を生んだ。正良が即位し仁明《にんみょう》天皇となると、今度は叔父淳和上皇の皇子恒貞《つねさだ》親王を皇太子とした。

こうして両統迭立《てつりつ》が続くかにみえたが、それは結局二系統の皇統の並立とそれぞれに寄り添う貴族官人の分化を胚胎した。それを安定させていたのは上皇の存在であったが、恒貞の父淳和上皇が死去し嵯峨上皇も重病に陥って王権の重鎮が失われると、実子ではない皇太子の即位は不確実になった。恒貞に仕える伴健岑《とものこわみね》はそれを危ぶんで橘逸《たちばなのはや》勢《なり》とともに皇太子を東国へ連れだす謀反を計画したらしいが、嵯峨上皇の死の直後に発覚。良房から仁明天皇への通報により未然に防がれ、その結果恒貞親王は廃太子となった。承和《じょうわ》の変である。新たな皇太子には良房の甥道康親王が立てられた。良房が

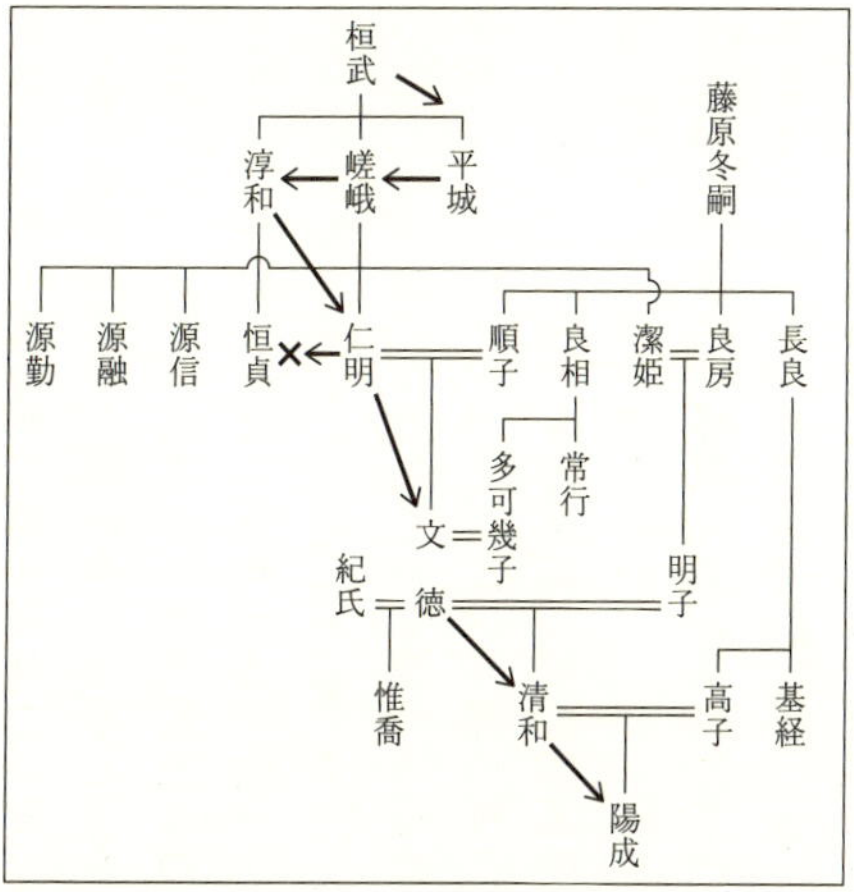

皇室・藤原氏略系図（→は皇位継承の順番）

ことを有利に運んだと考えられている。
皇太子が即位し文徳《もんとく》天皇となるとまもなく、キサキの良房娘明子《あきらけいこ》が良房邸で惟仁《これひと》親王を産んだ。文徳にはすでに惟喬《これたか》親王らの男子がいたが、生後八カ月で惟仁が皇太子に立てられた。外祖父良房の意向が強く働いたに違いない。後に良房の孫忠平が語ったという話（⑤）によると、年長の惟喬を愛していた文徳天皇は、皇太子を留め、いったん惟喬を皇位につけ、惟仁が成長したら譲位させたいと左大臣源信《みなもとのまこと》に漏らしたところ、諫止され断念したという。つまり良房外孫の惟仁が文徳の次に即位できたのは源信のお陰であるという話で、このときの恩が、後の応天門の変の際、窮地に陥った源信を良房がかばった遠因と考えられていたらしい。

　こうして皇統は嵯峨天皇直系の父子継承に統一され、藤原良房と嵯峨源氏《さがげんじ》が閣僚を占めることになった。良房は嵯峨天皇皇女源潔姫《みなもとのきよひめ》を妻としていた。八五七年（天安《てんあん》元）、右大臣であった良房は文徳の強い意志により、左大臣を経ず人臣《じんしん》初の太政大臣に昇任し、空席であった左大臣には嵯峨の皇子源信、右大臣には良房弟の藤原良相が就任した。翌年、文徳は死去し九歳の惟仁が即位した。初の幼帝清和天皇である。この時点の閣僚メンバーは、源氏および藤原氏、それ以外では、諸王、清原氏（もと諸王）、安倍氏（まもなく死去）、そして正三位参議の伴善男《とものよしお》らであった。

幼帝の外祖父となった良房は、太政大臣として、天皇の補佐、代行をすべき立場に立った可能性が高く、事実上の摂政の始まりと考えられている。良房はそれ以来、宮中の直盧《じきろ》に居住したらしく、八六四年（貞観六）正月に天皇が元服しても変わらなかった。良房は、天皇の外祖父、太政大臣という職位、左大臣の義理の兄弟、右大臣の兄という立場に立った。

†伴善男

事変の当事者となった伴善男は、名族大伴《おおとも》氏の一族。ウジ名が「伴」であるのは、八二三年（弘仁《こうにん》十四）に即位した淳和天皇の諱《いみな》の大伴を憚《はばか》って改姓したからである。祖父継人《つぐひと》は藤原種継《たねつぐ》暗殺事件に参画したために獄死し、父国道《くにみち》も連座して佐渡に流されたが、官吏として有能な人物で、佐渡国司から師友と仰がれその公務を助けた。恩赦で帰京した後は政界復帰を果たして参議まで昇進した。

善男は八一一年（弘仁二）の生まれ。伝①によると生まれつき聡明だったが、性格は残忍苛酷だったと伝えられる。弁が立ち公務をうまく処理し、推察し判断することは機敏で、政務に臨機応変に対応したという。また、朝廷の制度を詳しく究めていて、質問をすると答えられないことがなかった。ただし心に寛雅がなく発言は荒々しく、人の短所を遠慮せずに糾弾した。若くして内裏《だいり》の校書殿《きょうしょでん》に出仕して仁明天皇に侍して気に入られ、大内記《だいないき》や蔵人《くろうど》を経て右少弁《うしょうべん》に就任した。この時、法隆寺僧善愷《ぜんがい》が起こした訴訟における上司の弁官らの手続きについて、異議を唱え徹底的に糾弾して多くの関係者が処分された。

その後も太政官や式部省《しきぶしょう》の高官を経て急速に昇進し、八四八年（嘉祥《かしょう》元）、参議として閣僚に加わり、八五〇年、文徳天皇の即位時に中宮大夫《ちゅうぐうのたいふ》となって、その母藤原順子《じゅんし》（良房・良相兄弟）にも仕え始めた。八五九年（貞観元）清和の元服時には大臣に次ぐ大納言に達した。このころから左大臣源信と不和になったという。

	貞観8年7月	貞観9年末
太政大臣	藤原良房	藤原良房
左大臣	源信	源信(出仕せず)
右大臣	藤原良相	
大納言	平高棟	藤原氏宗
大納言	伴善男	
権大納言	藤原氏宗	
中納言	源融	源融
中納言		藤原基経
参議	源生	源多
参議	南淵年名	源生
参議	源多	南淵年名
参議	藤原良縄	藤原良縄
参議	春澄善縄	春澄善縄
参議	大枝音人	大枝音人
参議	藤原常行	藤原常行
参議	藤原基経	

変の前後の閣僚名簿（『公卿補任』）

†変の経過

変の起きた八六六年（貞観八）春の閣僚の顔ぶれを確認しておくと、太政大臣藤原良房、左大臣源信（嵯峨天皇皇子）、右大臣良相（良房弟）、大納言平高棟《たかむね》、伴善男、中納言源融《とおる》（嵯峨天皇皇子）、参議は、良房の養子基経、良相の子常行《つねゆき》をはじめ藤原氏・源氏が多くを占めている。

同年閏三月十日の夜、応天門が炎上した。政府は原因を把握できず、まずは災異を鎮めるために大祓《おおはらえ》や寺社での読経祈願が行われた。七月には伊勢神宮および南海道の諸神へ火災報告の使者が派遣された。告文《こうもん》によれば、卜占《ぼくせん》で天皇の病気もしくは火災・兵事の恐れがあるとの結果が出た模様で、南海道の諸社へは特に、もしも狂人が国家を亡ぼそうとしているなら神々の力で犯人を露見させて欲しいと祈願している。海賊との関連が想起されたのであろう。

いっぽう伝③、⑤によると、伴善男は応天門炎上を源信による放火だと考えたらしく、右大臣良相と諮って源信を逮捕する行動に出た。良相は参議近衛中将の藤原基経を召して、応天門の火災は源信の所為であるから、その邸宅を包囲して召喚するようにと命じた。基経は良相に、太政大臣良房は承知しているのかと尋ねると、彼は仏事に専念しているので知らせるには及ばないと答えた。基経は、このような重大なことは太政大臣の裁可を得なくては実行できないと述べ、急いで職曹司《しきのぞうし》の父のもとへ駆けつけて事態を報告した。基経が太政大臣の許可の必要性を言いながら、天皇の裁可に言及していないのは、この時点で良房が天皇の代行をしていたことを物語る。驚いた良房が天皇に事由を奏上すると天皇も初耳とのことで、すぐに中止を命じ、信のもとへ慰安の勅使を派遣した。しかし信は嫌疑を受けたことに傷つき、門を閉ざし出仕しなくなった。

八月三日になって、左京人の備中権史生《ごんのししょう》大宅鷹取《おおやけたかとり》が、伴善男・中庸《なかつね》父子が共謀して応天門に放火したと密告したことで、事態は急展開する。鷹取の身柄は左検非違使《さけびいし》に確保された。七日、善男は勘解由使《かげゆし》局へ召喚され、勅使の参議南淵年名《みなみぶちのとしな》らの尋問を受けた。ついで十八日には諸陵墓へ火災の報告が行われた。文徳陵への告文によると、卜占では火災の原因が陵墓の犯穢であると出たので調べたところ、不用意な樹木伐採が判明し陵守を罰したという。すでに善男の取り調べが始まっているにもかかわらず、このような処置が行われているところを見ると、この段階ではまだ真相を把握できていなかったのであろう。

翌十九日、清和天皇は太政大臣良房に「天下之政の摂行《せっこう》」を命じる勅を発した。二十二日、良房は二年前の大病と老化を理由に辞退したが、清和は、このごろ災異が頻発し内外が騒然としており良房の助けによって静謐にしたい、と述べて再考を促した。良房は二十四日、再度辞退を申請したが却けられた。若い天皇は、身近な重臣が相次いで被疑者になるという重大事件への対応に苦慮し、改めて良房による捜査・断罪の総指揮を期待したのであろう。確認できる初めての摂政依頼の勅は、個別の非常事態への対応として発せられたのである。

二十九日になって、善男の子右衛門佐中庸が左衛門府に収監された。同日と翌日、善男の僕従生江恒山《いくえのつねやま》と伴清縄《きよただ》が密告者大宅鷹取の娘を殺した嫌疑で拷問された。この殺人事件は、主人を密告された従者による報復とする見方が多いが、史料の記述からは発生日時が読み取れず、密告以前の出来事とみる説もある（北山茂夫『平安京』中央公論社、一九六五／早川庄八『律令国家』小学館、一九七四／鈴木琢郎「摂関制成立史における「応天門の変」」『国史談話会雑誌』五六、二〇一五）。絵巻・説話もその順になっており、平安末期にそのように伝えられていたことを勘案すると後者の可能性が高い。説話の通り密告の動機となったとみることもできる。刑部省《ぎょうぶしょう》断罪文（十月二十五日条）には、生江恒山（越前国足羽郡人）だけでなく占部田主（因幡国巨濃《この》郡人）も加わって、「私主」である中庸の指示で鷹取を殴傷し女子を殴殺したとある。父娘が一緒にいるところを襲われたらしい。事情を知る者の口封じ未遂だったとすら考えられる。

翌九月二十二日、太政官曹司庁《ぞうしちょう》に公卿《くぎょう》が揃い、文武百官を前にして審理結果が発表された。応天門放火の主犯として伴善男・中庸、共謀者として紀豊城《とよき》、伴秋実《あきざね》、伴清縄の五人を斬刑に処すこと、ただし天皇の「思うところ」により遠流とし、さらに伴氏、紀氏合わせて八名を連座により配流に処すというもので、その宣命には、罪刑決定の過程と理由が以下のように述べられている。鷹取の密告を受けたとき、政府内には即座に肯定した人たちもいたが、天皇は俄かに信じることができず処断を先延ばしにした。その後、善男を尋問した勅使の報告によると、彼は嫌疑（放火・殺人）をすべて否認しており、従者生江恒山らへの尋問では、善男自身ではなく息子中庸らの犯行だと答えた。しかし、恒山らの自白と中庸の自白（内容不明）を突き合わせたところ、殺人を否認した初めの善男の抗弁が巧《こう》詐《さ》であることが判明し、最終的に中庸が父善男の指示で（放火・殺人をカ）実行したと断定したという。

この中庸単独犯から善男主犯への論理展開は、肝心な中庸の自白内容がなぜか開示されていないうえに、殺人の嫌疑の審理結果がどのように放火の嫌疑と関連するのかも文章からは読み取ることが難しく、はなはだ不可解である。二十五日に桓武・仁明陵で読み上げられた告文にも、善男本人は嫌疑を認めなかったが、子中庸と従者の自白を根拠にして断罪したとある。また、宣命には見えないが、審理の過程では善男を断罪することに疑問を持つものもいたが、清和天皇が刑理を堅持し赦さなかったという④。恐らく良房の意向を踏まえ、清和が断固として有罪だと断定したのである。清和天皇は善男への処断を気にし続け、十年後の退位の要因のひとつになった可能性がある。

十二月五日、良房の弟右大臣良相は辞表を提出し、いっぽう庶人伴善男の財産が没収された。その同じ日、良房の後継者の参議基経は、四階級昇進のうえ先輩七人を超えて中納言に任命された。良相の辞表は認められず右大臣にとどまったが翌八六七年死去した。さらにその翌年、伴善男、源信も世を去っている。変の結果、旧来の豪族の伴氏・紀氏の要人も流罪に処せられ勢力を失った。閣僚の顔ぶれも入れ替わり、良房から基経への政権移譲に向け、政治基盤の安定化が一気に進んだといえよう。

†変をめぐる論点

この政変については多くの研究が言及しているが、きっかけとなった火災の真相は、やはり不明というほかない。ただし、善男の子中庸の従者が、主人の単独犯であると自白しており、実際に中庸が関与した放火である可能性もなしとはしない。また、密告者が権史生を務める備中国の権守が源勤（源信弟）であることから、背後に嵯峨源氏の攻勢を想定する見方もある。いっぽう善男については、処罰の宣命に明記されるように本人が否認し通して、最後は天皇の強い政治的判断によって断罪されたのであり、これまでも指摘されているように冤罪の可能性が高い。みずからのウジ名に由来する応天門（大伴門）を伴善男が焼くとは考えにくい、という説もある（横田健一『日本古代神話と氏族伝承』塙書房、一九八二）。

変の経過や伝の記述からみて、善男は書物に造詣が深く、頭の回転の速い優れた事務官僚だった。しかし、八六四年（貞観六）、ちょうど良房が病気のころ、噂にすぎない左大臣源信の謀反を声高に主張したり、応天門炎上では、天皇・太政大臣に無断で源信に嫌疑をかけ召喚しようとするなど、その行動は他人の非を徹底的に追及したり、直情径行で周囲への配慮を著しく欠くものであった。おそらく、国政を導く閣僚の合議メンバーとしては、不適格とみられていたのではないだろうか。

また藤原北家《ほくけ》と源氏という貴種で占められつつあった閣僚のなかで、彼が大納言という大臣に次ぐ職に昇任したことへの抵抗感などもあって、応天門炎上という騒動を好機に足を掬われたというのが真相に近いと考えられる。それは善男の強い個性が大きな要因であるが、当該期の文人官僚出身の閣僚たちの位置づけを象徴するできごとであった（佐藤宗《そう》諄《じゅん》『平安前期政治史序説』東京大学出版会、一九七七）。

いっぽう良房の関与は、善男による源信の嫌疑追及行動への対応以降とみられ、「天下之政の摂行」の勅により、善男らの審理に積極的に加わったと考えられる。事変そのものを彼の陰謀とするような徴証は見つかっていないし、すでに太政大臣に就任していたうえに、変の一年半前には重病であったことも、陰謀説を否定する理由とされている。

良房は、この機会に、証拠不十分でも善男を閣僚から排除することを考え、判断に迷う若き清和天皇を強く誘導したのではないだろうか。処罰発表の宣命が、苦しい言い訳のようであるのも、その辺の事情を反映していると考えられる。突発的な出来事に出くわしても、状況を冷静かつ迅速に分析し、それを逆手にとってチャンスにできることが政治家に不可欠の資質である。良房は、善男には欠けていたその能力を発揮し、閣僚の合議体の安定すなわち国政の安泰と自身の後継者の地位確保をはかったのであろう。

　変に関わる人物として注目されているのが良房の弟良相《よしみ》である。良房の太政大臣就任後、右大臣良相が太政官の政務を主導したことが知られており、清和の元服時には娘多美子《たみこ》をキサキとしている。また子の常行は基経と同じペースで昇任をしている。このような状況から良房と良相はライバル関係にあり、いっぽう源信の放火嫌疑追及の際、良相が善男と行動をともにしたことから両者の親しさがうかがえるので、良房は善男の断罪を行うことで、実は良相親子の排除を進めたとみる説がある（角田文衛『王朝の残映』東京堂出版、一九九二）。変ののち良相が辞職を願いでて結果的に引退し、多くの所領を貞観寺に寄進していることは、その地位の凋落を思わせる（荒井秀規「貞観寺領庄園と「応天門の変」」『日本歴史』七六一、二〇一一）。

　変の直前、清和天皇は臣下を従えて、良相の西京第（三月二十三日）・良房の東京染殿第《とうけいそめどのてい》（閏三月一日）へと相次いで行幸し、それぞれで大規模な観桜の園遊会を催している。染殿へは元服した年の春にも行幸している。それぞれの意義もいろいろと考えられるが、藤原良房は和歌もよく詠み（『大鏡』）、染殿を舞台に文化的活動を行い和歌再興を支持したとされる（笹山晴生『平安初期の王権と文化』吉川弘文館、二〇一六）。

良相についても近年、その西三条邸とみられる遺跡が見つかっている（西山良平「右大臣藤原良相と平安京の百花亭」同氏ら編『平安京の地域形成』京都大学学術出版会、二〇一六）。その多様な出土品には多くの仮名文字資料が含まれ、そのなかから『古今和歌集』の歌（巻一八―九三四）と一致する句も見出された（南條佳代「藤原良相邸跡出土墨書土器の仮名表記に関する考察」『佛教大学総合研究所紀要』二一、二〇一四）。いまのところ変と直結する情報は得られていないが、両者の文化的な立場を比較検討することも、変の背景と影響を考える手立てになるのではないだろうか。長屋王家木簡の場合のように、政変関係者の生活基盤や文化面を具体的に知ることは、意味のあることであろう。

以上のほか、変の前後の世情不安との関係を採り上げる研究がある。火災発生後に南海道の諸神へ祈禱を行っていることは、変の前後に活発になった海賊の関与が想定されていたことを物語るが、さらに踏み込んで伴・紀氏と南海道沿岸民との関係から、それを説明する説がある（松原弘宣「海賊と応天門の変」『古代国家と瀬戸内海交通』吉川弘文館、二〇〇四）。またこの時期に、唐人が瀬戸内海の関所を通過して京内まで到達していることが問題とされていることや、新羅との関係悪化という国際関係との関連を指摘する説もある（山崎雅稔「貞観八年応天門失火事件と新羅賊兵」『人民の歴史学』第一四六号、二〇〇〇）。

これらの説は、事変との関係を具体的に明らかにしていないが、応天門火災の発生が海賊や外国人侵入と結びつけて受け止められ、おりからの火山噴火や飢饉と疫病の発生と相まって、清和天皇らの危機感を増幅させたことは、良房への摂政委任の勅からみて確かであろう。

事変は政権の構成におおきな変化をもたらしたが、別の面でも後世に影響したらしい。伴善男の御霊化《ごりょう》である。彼は八六八年（貞観十）、源信が落馬による不慮の事故死をした年に、おそらく配流先の伊豆で無念の最期を遂げたとみられ、御霊と観念される条件を備えている。院政期の伊豆国府には善男の肖像画があったといい（『江談抄』三―八）、平安京では咳病《しわぶきやみ》を起こす行疫流行神《ぎょうやくるぎょうじん》として姿を現している（『今昔物語集』巻二七―十一）。

善男の死の八年後の八七六年（貞観十八）、今度は平安宮の中心の大極殿《だいごくでん》、小安殿《しょうあんでん》、蒼龍・白虎両楼、延休堂ほかが炎上した。応天門の炎上が想起されたであろう。それを上回る大火災であるが、政変には至らなかった。良房は世を去っていたが、すでに閣僚の構成が安定していたためであろうし、騒動にならないように努めたのであろう。

しかし清和天皇の受けた精神的衝撃は小さくなかった。桓武天皇が「国の面として百官万民の仰ぐところと定めた」大極殿が焼け落ち、ひと月近くものあいだ昼夜「憂い念い耻《は》じ嘆」いた（五月八日条、桓武陵告文）。京内では火事が相次ぎ、清和は体調を崩して七カ月後に九歳の貞明親王《さだあきら》に譲位した（陽成天皇《ようぜい》）。その詔には、「災異が頻りに現れ、憂傷が甚だしい」と述べている。伴善男の御霊の存在を思い抱いた可能性は否定できないであろう（保立道久『歴史のなかの大地動乱』岩波新書、二〇一二）。

政治史とりわけ事件の研究は、歴史上の位置づけや意義の評価という抽象的な面が主要課題とされることが多く、登場する人びとの人物像の把握や偶然性を含む多様な出来事の追求は、ややもすると物語に接近する可能性があるため扱いが難しい。しかし、そこに歴史の面白さを感じるのも事実である（石母田正「『愚管抄』の面白さ」『石母田正著作集』十一、岩波書店、一九九〇）。岸俊男氏の「政治史的考察が恣意的な解釈に陥りがちなのを自戒し、その危険をできるだけ避けながら、政治史研究を着実に進展させて行くにはどうすればよいか」（『日本古代政治史研究』塙書房、一九六六）という半世紀前の問題提起を念頭に置きながら、さらに研究を広げ深めることが必要であると思う。

さらに詳しく知るための参考文献

今正秀『藤原良房――天皇制を安定に導いた摂関政治』（山川出版社・日本史リブレット人、二〇一二）
……摂関政治を研究してきた著者の研究を踏まえ、藤原良房の生涯をたどる。年表と参考文献を付す。
佐伯有清『伴善男』（吉川弘文館・人物叢書、一九七〇）……伴善男の生涯とそれに関係する事項を詳しく記す必読の基本文献。

坂上康俊『日本の歴史05　律令国家の転換と「日本」』（講談社学術文庫、二〇〇九）……平安前期の歴史を、広い分野にわたり、親しみやすい文章でいきいきと描く。

吉川真司編『古代の人物4　平安の新京』（清文堂出版、二〇一五）……編者執筆の「藤原良房・基経」をはじめ、平安前期の人物像を最新の研究成果を生かして描く。

『日本三代実録』（『新訂増補国史大系　第四巻』吉川弘文館、一九六六）……応天門の変の基本史料。本書の貞観年間だけでも通覧すると、諸政策や災異など当時の落ち着かない世相を感じることができる。各人物の伝や宣命もじっくり読み込むと歴史に深入りできる。テキストは『国史大系』のほか、佐伯有義校訂『増補六国史』九・十（朝日新聞社、一九三〇）が頭注を付しており、武田祐吉編『三代実録』（大岡山書店、一九三五。『訓読日本三代実録』・『読み下し日本三代実録』として復刻）は書き下し文を収めている。

「①平安宮跡」「⑫平安京貴族邸跡」（『京都歴史散策マップ』京都市埋蔵文化財研究所、二〇一四）……変の舞台になった平安宮付近の現地見学に役立つ。ホームページで閲覧可能。なお応天門の推定地は、JR二条駅から千本通り（朱雀大路）を北へ約五〇〇メートル行った夷川通りとの丁字路交差点付近。

第13講

菅原道真左降事件

森 公章

†昌泰の変

九〇一年、年号では昌泰《しょうたい》四年、七月十五日に延喜《えんぎ》と改元されるこの年の正月二十五日、醍醐天皇は正月七日に従二位に昇叙したばかりの右大臣菅原道真《すがわらのみちざね》を突如として大宰権帥《だざいごんのそち》に左降《さこう》した。これが菅原道真左降事件、昌泰の変である。詔旨《しょうし》を伝えた宣命《せんみょう》によると、醍醐天皇を廃位して、一歳年少の異母弟斉世《ときよ》親王を擁立しようとしたと指弾されている（『政事《せいじ》要略《ようりゃく》』巻二十二、人物関係は略系図を参照）。

道真は時に五十七歳、ともに処罰された人びとは次の通りで（括弧内は処罰前の官職）、正月二十七日に左降除目《じもく》がおこなわれた。三河掾《みかわのじょう》大春日晴蔭（右大史《うだいし》）、遠江権掾《ごんのじょう》勝《すぐり》諸明、駿河権介《ごんのすけ》菅原景行《かげゆき》（式部丞《しきぶのじょう》）、飛驒権掾菅原兼茂（右衛門尉）、能登権掾源厳《いわ》、但馬権守《ごんのかみ》源敏相《としすけ》（中宮職大進）、伯耆権目《ごんのさかん》山口高利（右馬属《うまのさかん》）、出雲権守源善《よし》（右近衛権中将）、美作守

和 薬《やまとのくすし》貞世（少納言）、長門権掾良岑《よしみね》貞成、阿波権守源兼則（前摂津守）、土左介《とさのすけ》菅原高視《たかみ》（大学頭《だいがくのかみ》）。道真の三人の子息を含め、顕官者はおらず、実務官人が多い。

源敏相は文徳《もんとく》源氏、宇多《うだ》天皇の父光孝《こうこう》天皇の弟人康《さねやす》親王の孫で、八九九年二月十四日に右大臣になる前まで中宮大夫を兼任していた道真とつながるところがあり、また道真の女婿であった。源 善《みなもとのよし》・厳《いわ》は嵯峨源氏で、善は右近衛大将を兼任する道真の下僚ということになるが、後日道真は「自分は陰謀を企てたことはないが、善の誘引を免れることができなかった」と述べており（『扶桑略記《ふそうりやつき》』昌泰四年七月十日条）、事件の鍵を握る人物である。

事件の原因に関しては、①左大臣藤原時平《ときひら》の陰謀、②道真は無実で、後院《ごいん》別当を務めた源善らが廃立を画策、③道真は無実で、宇多法皇が廃立を主唱、④道真も源善と法皇の廃立計画に参加、⑤醍醐天皇の過剰反応といった説が呈されているが、真相はなお不明の部分がある。以下、道真の足跡をたどりながら、本件の真相を探ってみたい。

†家系と経歴

道真の家系は本姓土師《はじ》氏、相撲《すまい》のはじまりや埴輪《はにわ》の創始者として知られる野見宿禰《のみのすくね》を祖とし（『日本書紀』垂仁《すいにん》七年七月乙亥《いつがい》条、三十二年七月乙卯《いつぼう》条）、奈良時代にも負名氏《なおいのうじ》として喪葬《そうそう》儀礼を本務とした。奈良時代の終わり、曾祖父の古人《ふるひと》の時、凶礼《きようれい》専従からの脱却を企図し、

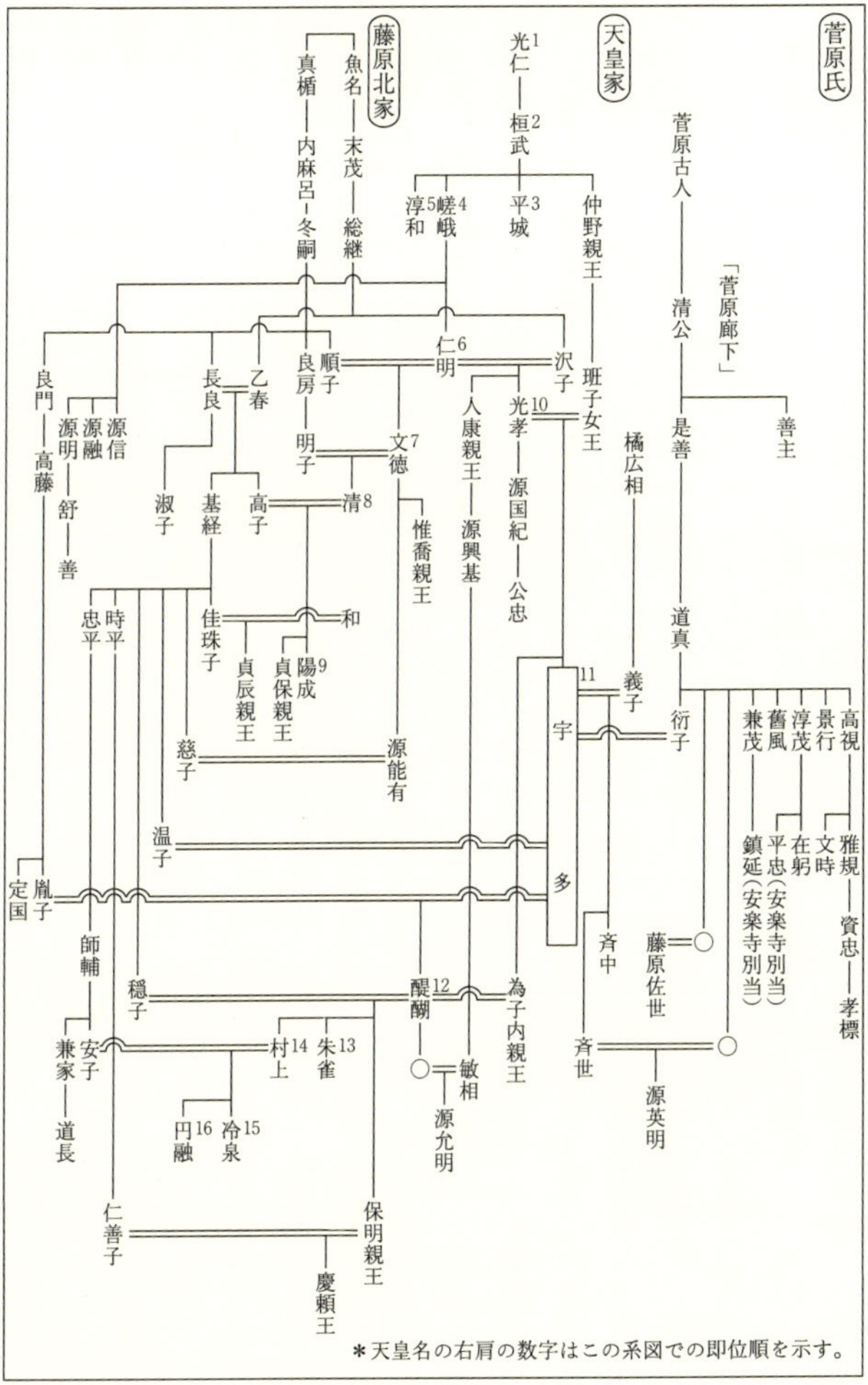
菅原氏
天皇家
藤原北家
菅原古人
清公
「菅原廊下」
是善
善主
道真
高視
景行
淳茂
舊風
兼茂
衍子
雅規
文時
在躬
平忠（安楽寺別当）
鎮延（安楽寺別当）
資忠
孝標
藤原佐世
源英明
光仁1
桓武2
平城3
嵯峨4
淳和5
仲野親王
班子女王
仁明6
沢子
人康親王
光孝10
源興基
源国紀
公忠
文徳7
惟喬親王
源能有
清和8
陽成9
貞保親王
貞辰親王
宇多11
橘広相
義子
斉中
斉世
醍醐12
為子内親王
敏相
源允明
朱雀13
村上14
冷泉15
円融16
保明親王
慶頼王
魚名
末茂
総継
真楯
内麻呂
冬嗣
良房
順子
明子
長良
乙春
基経
高子
淑子
佳珠子
忠平
時平
慈子
温子
胤子
穏子
良門
高藤
定国
源信
源融
源明
舒
善
師輔
安子
兼家
道長
仁善子
＊天皇名の右肩の数字はこの系図での即位順を示す。

関係人物略系図

地名に基づく菅原氏への改姓をおこなったが（秋篠《あきしの》氏、大江氏も土師氏から改姓）、元来儀礼に通暁していたためか、古人はすでに学者として知られ、その子清公《きよきみ〔きよとも〕》は桓武天皇に学識を評価されて、延暦度遣唐使の判官《はんがん》として入唐、桓武〜嵯峨朝の唐風化推進に大きく貢献した。清公は歴史と文学を学修する紀伝道を掌る文章博士《もんじょうはかせ》になり、私塾「菅家廊下《かんけろうか》」を創始、菅原氏隆盛の礎を築いた（『続日本後紀』承和九年〔八四二〕十月丁丑条）。道真の父是善《これよし》は清公の第四子、やはり文章博士になり、多くの門人を育てるとともに、参議として国政にも参与し、道真栄達への架け橋となった（『日本三代実録』元慶《がんぎょう》四年〔八八〇〕八月三十日条）。

道真は八六二年、十八歳で文章生《もんじょうしょう》（定員二十人、進士とも）になり、二十三歳で文章得業《もんじょうとくごう》生《しょう》（定員二人、秀才とも）、八七〇年、二十六歳で対策という国家試験に合格し、学問の道から官吏登用へと進む（学制は、桃裕行『上代学制の研究』〔吉川弘文館、一九四七年〕を参照）。この間、道真は島田忠臣の女宣来子《のぶきこ》と結婚し、子どももいたようだが、妻子と親しむ時間もないほどの学究生活で（『菅家文草《かんけぶんそう》』〔以下『文草』と略記〕巻四―二九二）、最速で対策及第となった。ただ、文章博士都良香《みやこのよしか》の判定は上から四番目の「中上《ちゅうじょう》」（丁第）、現在でいえば「C」とか「可」で、ぎりぎり合格ラインと厳しかったが、これは当時の通例であった。

道真は八七七年に三十三歳で式部少輔《しきぶのしょうゆう》、そして念願の文章博士に就任する。当時は学閥の争いも激しく、祖父が伊勢国員弁《いなべ》郡の郡司で、尽力して文章博士・参議になった春澄善《はるずみのよし》縄《ただ》（本姓猪名部造《いなべのみやつこ》）は、起家であるが故に、弟子を断り、この争いに加わらなかったといい、子孫は紀伝道を継承していない（『日本三代実録』貞観《じょうがん》二年二月十九日条）。「菅家廊下」を引き継ぐ累代の儒者である道真には、このような処世は困難であった。

博士難

道真は是善の三男であったが（『公卿補任《くぎょうぶにん》』寛平《かんぴょう》五年条尻付《しつけ》）、兄たちは早世したらしく、是善は道真に兄弟がおらず、頼りになる者がいないことを心配し、また文章博士の職務は慎重に身の回りに気をつけて、人の思惑を考慮せねばならない旨を忠告したという（『文草』巻二―八七）。この懸念は的中し、道真が文章博士として講義を担当して三日で誹謗の声を聞くようになる。また対策では不合格者が出ることは珍しくなく、文章博士都良香の時にも、是善門下で、後年に阿衡《あこう》事件に関わる藤原佐世《すけよ》は「不第」から改判して「丁第」であったが（『都氏文集《としぶんしゅう》』巻五）、道真が不合格にした者からは讒言《ざんげん》が呈された。

実際にこの年道真は三善清行《みよしのきよゆき》に「音韻清濁」「方伎短長」の策問を実施（『文草』巻八―五六〇・六一）、清行は「不第」になり、二年後の改判で「丁第」合格になっている（『公卿補任』延喜十七年条尻付）。清行は巨勢文雄《こせのふみお》の弟子で、文雄が「清行《きよゆき》の才名は時輩《じはい》を超越す」という推薦状を記した時、道真は「超越」を「愚魯《ぐろ》」と改めたという逸話があり（『江談抄《ごうだんしょう》』

巻五―四四)、後に道真指弾の急先鋒となる清行とはどうも合わないところがあったらしい。こうした学界での角逐も昌泰の変の遠因として目配りしておきたい。

文章博士としての道真には、国政や制度上のさまざまな諮問に奉答する勘申《かんじん》をおこなうことも要務であった。陽成《ようぜい》天皇が退位し、光孝《こうこう》天皇が即位した際に、時に五十四歳の天皇は、成人後の天皇であっても臣下に政務を委ねる方途として、まず太政大臣の職能を諸博士に勘申させた(『日本三代実録』元慶八年(八八四)五月二十九日条)。

太政大臣は律令官制では最高位であるが、天皇の師範たりうる聖人君子のような人物が求められており、「其の人無《な》くは闕《か》けよ」、「則闕之官《そつけつのかん》」とされ、実質的には左大臣が最高の執政職であった。道真も他の諸博士と同様、太政大臣には分掌の職はないと奉答しているが、太政官の職事官《しきじかん》である点は中国の三公などとは異なるという含みを示した。しかし、光孝天皇はこれでは不充分と考えたのか、天皇を補佐し、百官を統括して、奏すべき事柄・下すべき事柄はまず基経《もとつね》が先に諮《はか》り稟《う》けた上で、天皇はそれを垂拱《すいきょう》するとし、実質的な関白の地位を創出している(六月五日条)。

道真らの勘申は、関白につながる新しい職務を生み出した点で意義があると思われるが、基経には不満が残ったのか、八八六年には道真は讃岐守《さぬきのかみ》になり、この時多くの文人たちも地方官に転出しているので、左降人事であったとの指摘もなされている(弥永貞三「仁和二年の内宴」『日本古代の政治と史料』高科書店、一九八八)。しかし、道真は基経のためにさまざまな文章作成に奉仕しており、関係は良好で、基経は自宅で道真のために餞別の宴を開き、前途を励ましてくれたというから(『文草』巻三―一八六)、そのような事由ではないと思われる。ただ、道真は「他人、左遷と道《い》ふ」「分憂《ぶんゆう》(国司のこと)は祖業に非ず」(巻三―一八七)と詠じ、地方への赴任を嫌がる心があったことは否めない。

†阿衡事件

道真が讃岐守在任中、中央では阿衡《あこう》事件が起きている。これは光孝天皇が崩御、臣籍降下していた第七子の源定省《さだみ》が二十一歳で親王に復帰、立太子して宇多天皇として即位した際の出来事である。宇多天皇の生母班子《なかこ》女王は健在だったが、天皇は基経の妹である尚侍《ないしのかみ》藤原淑子《よしこ》の養子になっており、これが有利に作用した(古藤真平「宇多天皇とその同母兄弟姉妹」『文化学年報』六五、同志社大学文化学会、二〇一六)。

宇多天皇は父と同じく、基経に政務を委任するため、八八七年十一月二十一日にまず「万機巨細」を基経に「関白」するようにとの詔を下したが、基経は辞退、閏十一月二十七日に第二詔が下され、そこには「阿衡の任を以て卿《けい》の任と為せ」と記されていた。詔書は二度とも橘広相《ひろみ》(是善門下)が起草し、漢文修辞の通則として、同じ語句を使用せず、

仁和3年（887）
11月21日：「賜摂政太政大臣関白万機詔」（橘広相作）
閏11月26日：「太政大臣辞摂政第一表」（紀長谷雄作）
閏11月27日：「答太政大臣辞関白勅」（橘広相作）…「宜以阿衡之任為卿之任」
※この間、宇多天皇は臣下から意見封事を徴収し、政治に意欲を示す（『日本紀略』）
仁和4年（888）
4月28日：明経博士善淵愛成・助教兼讃岐権掾中原月雄が「阿衡者三公之官也。坐而論道、是其任也」と勘申
5月15日：藤原基経は上奏して、「自去年八月迄于今日、未奏太政官所申之政」とし、明経博士の勘申に「阿衡之任、可無典職」といい、「抑至于无分職、知暗合臣願、為少事臣之請。伏望、早仰執奏之官莫令万擁滞万機」と申し入れる
5月23日：少外記紀長谷雄・大内記三善清行・左小弁兼式部少輔藤原佐世らが「阿衡職可依経家之義」と勘申
※この間、広相は4月28日の勘申に反論していたようであり、「三公摂万機者、謂之阿衡」と、中国の史書では朝政を執る者を阿衡と称していることに依拠して詔勅に「阿衡」の語を用いたのであって、中国でも周の三公には典職はないが、それ以後の三公は統べざるところなしと述べている（「勘申阿衡事」）
5月29日：宇多天皇は左大臣源融を召し、諸博士らの勘文と広相の勘文を検討させたが、融は「彼此是非忽難理也」と述べる
5月30日：紀長谷雄・三善清行・藤原佐世らが「検伊尹摂冢宰事」を勘申し、「是知伊尹制百官之時、以其暫摂冢宰也。非拠阿衡之職焉。今称阿衡、即是三公、更亦有何典職」とし、広相の指摘する伊尹の例は参考にならないと述べる
6月1日：宇多天皇は融と橘広相・藤原佐世・中原月雄を簾前に召して討論させたが一決しなかった。宇多天皇は「是日暑熱、心中煩苦、仍不弁了。万機之事、无巨細皆擁滞、諸国諸司愁恨万端」と胸中を吐露している
→融を基経邸に派遣し、「如前詔心且行万事」と伝えさせる
6月2日：左大臣源融の返奏…基経は「未定阿衡之趣者、不能行政」と返答
6月5日：橘広相が「五条愁文」を上奏し、反論。「而何以伊尹・阿衡為別、最臨不安也」と述べる
6月7日：宇多天皇は「然而朕之本意波、万政乎関白天、欲頼其輔導止之天奈毛前詔波下世流。而奉旨作勅答之人広相加引阿衡波、已乖朕本意多流奈利、（中略）太政大臣、自今以後、衆務乎輔行比百官乎統賜倍。応奏之事、応下之事、如先諮稟与、朕将垂拱而仰成」という宣命を下す（6月2日起草、6月7日〔『日本紀略』は6月6日条〕宣布／10月27日：【「不善之宣命」】…→「宜勘申其罪」）
※橘広相は出仕しなくなる（10月27日：「月来蒙寃屈、隠居不仕」）
9月10日：宇多天皇は「朕之博士是鴻儒也」「於是公卿以下、枉称有罪之人」と述べ、広相の罪名が云々されていることに不満を吐露する
9月17日：宇多天皇は「朕博士之事、命送太政大臣」と述べる
10月6日：基経の女温子が入内（『日本紀略』）→10月13日：女御に
10月13日：「召大判事惟宗直宗・明法博士凡直春宗等、令勘申参議左大弁橘朝臣広相作誤詔書所当之罪」（『日本紀略』）
10月15日：桜井貞世・凡春宗・惟宗直宗が詐偽律詔書増減条による罪名勘申を起草→「仍従遠流。請減一等、徒三年。身帯正四位下、以正四位下一階、当徒二年。余一年、合贖銅廿斤。仍解見任職事」（『政事要略』巻30）
10月27日：宇多天皇は基経に書状を送り本懐を伝える→基経は「基経従始无何意」「微臣疑先後之詔其趣一同、暫不覩官奏。敬慎之懐、更无他腸。而去六月有不善之宣命、可謂当時之一失」と上奏／宇多天皇は広相を召し、「早就本職、勤仕官事」と告げる
11月3日：宇多天皇は「朕遂不得志、枉随大臣請。濁世之事如是。可為長大息也」と総括する
11月：菅原道真、讃岐より上京し、藤原基経に「奉昭宣公書」を奉り、「則大府先出施仁之命、諸卿早停断罪之宣」と求める（『政事要略』巻30）
※10月15日の罪名勘申には「件勘文未進之前、有恩詔被免。仍不進之」とあるから、基経の意を知った宇多天皇が恩詔を下して広相を免じたものと思われる（11月3日以降か／道真の基経に対する働きかけも若干は功を奏したか）
（備考）出典を記したもの以外は、『政事要略』巻30所収『宇多天皇御記』による。

阿衡事件の推移

同じ意味内容を伝えるものであり、第二詔も全体としては天皇の基経に対する信任を読み取ることができる（『政事要略』巻三十）。

しかし、「阿衡」には典職があるか否かが問題になり、成人後の天皇を補佐する新たな職位である関白の定義はまだ確立しておらず（坂上康俊「関白の成立過程」『日本律令制論集』下巻、吉川弘文館、一九九三）、基経もその確認のため、また天皇の真意を測り兼ねるところがあり、藤原佐世（基経の家司《けいし》）・三善清行・紀長谷雄《きのはせお》らの典職なしとする見解に従って、半年以上も官奏に与《あずか》らないという形で、天皇に解決を迫った。事件の流れにも諸説あるが（古藤真平「『政事要略』阿衡事所引の『宇多天皇御記』」『日本研究』四四、二〇一一／鴨野有佳梨「阿衡の紛議における「奉昭宣公書」」『日本歴史』八一六、二〇一六）、私案は表の通りである。

八八八年六月に基経側が「不善之宣命」と称する詔が出され、宇多天皇は橘広相に責任を帰そうとしたらしい。その後、十月には基経の女温子《よしこ》の入内《じゅだい》、広相の罪名が勘申されるが、基経との和解があり、十一月頃には広相の処断も回避され、事件は収束する。阿衡事件は全体としては宇多天皇側の失策であったと言えよう。

道真は「天下の詩人、京に在ること少《まれ》らなり。況《いわ》むやみな阿衡を論ずるに疲れ倦みたらむや」と詠じているが（『文草』巻四―二六二）、十一月になって密かに入京し、基経に「奉昭宣公書」を奉った（『政事要略』巻三十、昭宣公は基経のこと）。事件は終幕に近づいており、これがどれくらい効力が及ぼしたか不明だが、道真は①「阿衡」は修辞的なもので、これが問題とすれば、文章を作る者は今後支障になる、②広相は宇多天皇の養母淑子の承認も得て、女義子《よしこ》を天皇に入内《じゅだい》させ、寵愛されている、③藤原氏の功勲は大きいが、近代では少しものさびしいと述べ、基経に穏便な解決を求めている。基経との親密な道真ならではの物言いであるが、道真は自分が正しいと思うことをそのまま文章にするようで、煙たがられる存在でもあったと思われる。

寛平の治

その後、八九〇年には広相、八九一年には基経が死去すると、宇多天皇は讃岐守の任を終えた道真を蔵人頭《くろうどのとう》に起用し、広相に代わる「鴻儒《こうじゅ》」、政務の要諦に通暁し、天皇に助言・諫言できるような文人の役割が期待された。「奉昭宣公書」は道真の文集である『菅家文草』には入っておらず、これは公開されなかったと考えられるから、天皇が阿衡事件での道真の働きを認識していたかどうかは不明とせねばならない。

宇多朝、次の醍醐朝の政治は寛平・延喜《えんぎ》の治と称され、それぞれ菅原道真、藤原時平の下に改革が進められたものとして名高い。寛平の治では国司の受領《ずりょう》化が完成し（北条秀樹「文書行政より見たる国司受領化」『日本古代国家の地方支配』吉川弘文館、二〇〇〇）、地方進出を図る王臣家《おうしんけ》の活動を抑制しようしている。宇多天皇はまた、昇殿《しょうでん》制を整備・拡充し、次侍従や殿上人などの近臣・近習《きんじゅう》を公的存在として組織化しようとしており、官僚機構のあり方の上でも画期をなしている（古瀬奈津子「昇殿制の成立」『日本古代王権と儀式』吉川弘文館、一九九八）。

しかし、道真が参議になったのは八九二年、中納言として奉宣に関わるのは八九六年からで、国司受領化は良吏として著名な藤原保則《やすのり》の建議によるところが大きく、宇多朝の官《かん》符《ぷ》の奉宣者として道真が登場する例は意外に少ない。左右大臣、文徳源氏の大納言源能有《よしあり》、そしてまだ二〇代だが、道真より先行して参議・中納言になっている基経の長子藤原時平の奉宣例が多く、道真のみを称揚するのではなく、支配層全体の危機意識、改革の取り組みと見るのがよいであろう。時平が主導した延喜の治も政策基調は同じで、より制度の定立などが進んだ形になっており、時平も寛平期から積極的に政務に携わっていたのである。

ここで道真の政治手法を見ると、八九四年の寛平度遣唐使計画では宇多天皇の遣唐使派遣の意向に従い、一旦は大使を拝命するが、在唐日本人僧の書状の全文が公開されず、情報不足のなかで決定されたと考え、これを公卿・博士に示して、再考するように求めている。結局のところ、遣唐使派遣は最終判断を得ないままに、醍醐朝にも継続し、九〇一年の道真の左降、九〇七年唐そのものの滅亡によって、自然に沙汰止みになったと目される

（森公章『古代日中関係の展開』敬文舎、二〇一八）。

八九六年の検税使派遣問題でも当初は各国の正倉《しょうそう》の現物と帳簿との整合性を実査する検税使派遣に賛成したが、国司経験が豊かな人びとに審問し、派遣には弊害が多いことを確信して、再検討を要請している（『文草』巻九―六〇二）。つまり文人官僚として熟考の上、論破されない論拠を得て、自分の意見を再構築する場合があったのである。これは至誠の姿勢で、手堅い政治手法ではあるが、一事不再理を再審議させられる側には苦々しい思いを残したのでないかと案じられる。

宇多天皇はそれでも道真を高く評価し、醍醐天皇に対する『寛平御遺誡《かんぴょうごゆいかい》』では諫臣《かんしん》として重用すべきことを訓告している。また敦仁《あつひと》親王と称した醍醐天皇を立太子する時は、道真と尚侍藤原淑子のみと論定したといい、八九七年に三十一歳の宇多天皇が十三歳の醍醐天皇に譲位する時宜についても、道真とだけ相談したと記されており、「鴻儒」「博士」としての道真への信頼が厚かったことがわかる。しかし、この宇多天皇、譲位後の宇多太上天皇との親密さは、昌泰の変の一因として留意しておきたい。

†辞職勧告

醍醐天皇に譲位する時、ちょうど大臣はおらず、宇多天皇は大納言時平と権大納言道真に奏請宣行《そうせいせんこう》を命じており、これは内覧《ないらん》のはじまりとされる（春名宏昭「草創期の内覧について」『律令国家官制の研究』吉川弘文館、一九九七）。この時、他の納言らはこれに反発し、政務に参加しなくなったので、八九八年九月に道真は宇多太上天皇に泣きついて、この混乱を収拾しようとしている（『文草』巻九―六〇六・六〇七）。時平の嫌がらせであったとする説もあるが、時平も困惑していたのであり、宇多天皇・太上天皇の失策に対して、またもや道真の諫正《かんせい》が功を奏した顛末であったと言えよう。

その後、八九九年二月、時平は左大臣、道真は右大臣になり、醍醐天皇との関係は良好であったと思われる。ただし、道真は自分が公卿を輩出する「貴種」ではなく、「儒林」の出身であって、右大臣就任や右近衛大将兼帯には貴族社会から批判の眼差しがあることは充分に認識しており（『文草』巻十―六二九〜三二、貞享板本増補分六七五）、薄氷を踏む日々であった。

こうしたなか、文章博士三善清行《みよしのきよゆき》は十月十一日に「奉菅右相府書」を呈上し（『本朝文粋《ほんちょうもんずい》』巻七）、道真にその止足《しそく》をわきまえて、右大臣を辞職するようにと勧告している。清行は方伎《ほうぎ》（天文・暦数・占星・相卜など）も得意で、来たる九〇一年は辛酉《しんゆう》年で、「革命」の年であるから、変事が予測されるとも指摘する。清行はさらに十一月二十一日に朝廷に「予論革命議」を建言し（『本朝文集《ほんちょうぶんしゅう》』巻三十一）、「君臣剋賊之運」にあるので改元すべきことを主張した。ここには道真が辞職できないことを見越した上で、「革命」に関する自説を朝廷に売り込み、道真を追い詰める策略があったと言われる所以である。

醍醐天皇は宇多天皇の同母妹為子《ためこ》内親王を妃にしていたが、八九九年三月に死去、元服・即位時に班子《なかこ》女王・宇多太上天皇に入内を反対された時平の姉妹穏子《やすこ》を女御に迎えようとしていた。これが実現するのは九〇一年三月で、そこには時平の奇計もあったといい（『九暦《きゅうれき》』天暦《てんりゃく》四年〔九五〇〕六月十五日条）、この問題では宇多太上天皇はあくまで反対であった。

一方、異母弟の斉世《ときよ》親王は道真の女との婚姻を結んでおり、醍醐天皇としては宇多太上天皇と道真との関係、かつて自分の立太子・即位を左右した道真の動向に疑念が生じ、醍醐天皇は左大臣時平との関係形成に傾き、父や道真には隔意が生じることになるのではあるまいか。昌泰の変の際に、とりなしを求めて内裏に入ろうとした宇多太上天皇を終日門外に押しとどめたのも、父子関係の捻れを如実に示すものである。

ちなみに、昌泰の変では時平と源光《ひかる》・藤原定国・藤原菅根《すがね》が謀議を巡らしたとする史料もあるが（『安楽寺縁起』）、光は右大臣、定国は右大将の後任者となったことからの濡れ衣で、菅根は宇多太上天皇を足止めしたことによるものである（『江談抄』巻三―二八）。しかし、菅根は道真に恩義があり（『文草』巻九―六〇五）、宇多を足止めしたのは紀長谷雄とす

左降の詔書が下った際に、「こち吹かばにほひおこせよ梅の花あるじなしとて春をわするな」と詠じて、配流を受け入れる道真の姿（北野聖廟縁起）

る史料もあるので（『扶桑略記』昌泰四年正月二十五日条）、彼らは道真との親交とは関係なく、あくまでも醍醐天皇の意向で行動していたと見るのがよいであろう。

†天神様の誕生

以上を要するに、道真左降事件、昌泰の変は⑤醍醐天皇の過剰な反応の要因が大きいと考える。ただ、道真にも学閥の争い、貴族社会への進出やその政治手法への反発、諫臣としての信頼が醍醐天皇との間には醸成されなかった点など、不足するところがなかったわけではない。左降の詔では、「父子の慈しみを離間し、兄弟の愛を淑皮す」と、父子・兄弟関係への介在が指弾されている。なお、源善の役柄は結局のところよくわからない。

道真は大宰府で謫居《たくきょ》し、老病のなか、九〇三年二月二十五日に死去した。その後、怨霊としての跳梁が云々され、九二三年に右大臣に復位、正二位を遺贈、左降の宣命を焼却する措置も講じられており（『政事要略』巻二十二）、醍醐天皇の慚愧の念をうかがわせる。『大鏡』や『愚管抄』では①時平の陰謀説が明記されているが、一方で、時平の弟忠平は道真と親しかったとされ、この忠平の子孫が摂関家を継承していくのであり、醍醐天皇堕地獄説話や時平悪人説を喧伝し、怨霊である道真を「天満自在天神」と崇拝、自家の守り神に転化しようとし、十世紀後半には北野社が創建、文人たちも道真を学問の神として崇拝する風潮が知られ（『本朝文粋』巻十三）、今日につながる天神信仰が成立していく。

さらに詳しく知るための参考文献

坂本太郎『菅原道真――詩人の運命』（吉川弘文館・人物叢書、一九六二）……日本古代史研究の碩学による道真の伝記。通説的見解を知る上で、まずは読んでみたい。

平田耿二『消された政治家菅原道真』（文春新書、二〇〇〇）……寛平の改革で道真が何をしようとしたか、当該期の社会・経済の問題から道真の生涯を考究しようとしたもの。社会経済史的視点での考察が興味深い。

藤原克己『菅原道真』（ウェッジ、二〇〇二）……漢文学の立場から、道真の詩文とその背景を探る形で伝記的叙述を試みたもの。「詩臣」としての道真の姿を探る上で、参考になる。

今正秀『敗者の日本史3　摂関政治と菅原道真』（吉川弘文館、二〇一三）……近年の研究成果を反映しつつ、道真と藤原基経・時平の関係を見直し、新しい視点でまとめられた伝記的考察。本稿でもその視角を参考にした点が多い。なお、所功『三善清行』（吉川弘文館・人物叢書、一九七〇）は道真に辞職勧告をおこなった清行の伝記で、道真を批判する側からの道真像を知る上で、参考になる指摘も多い。所功『菅原道真の実像』（臨川書店、二〇〇二）もあるが、品切れ中。また古藤真平『日記で読む日本史3　宇多天皇の日記を読む』（臨川書店、二〇一八）は阿衡事件などについて、宇多天皇の視点を知ることができる。

竹居明男編『北野天神縁起を読む』（吉川弘文館、二〇〇八）……天神様として崇敬される道真への信仰の確立過程、その後の天神信仰の展開を知る上で、参照したい。

第14講

平将門の乱・藤原純友の乱

寺内　浩

†承平天慶の乱

平将門《たいらのまさかど》・藤原純友《ふじわらのすみとも》の乱（以下では将門純友の乱とする）は、時の年号をとってこれまで承平《じょうへい》天慶《てんぎょう》の乱とも呼ばれ、承平年間（九三一〜九三八）から天慶年間（九三八〜九四七）にかけて起きた、平将門と藤原純友による国家への反乱と一般的には考えられている。

しかし、将門純友の乱についての研究が進んだ結果、承平年間の将門は平氏一族の内紛にあけくれ、また純友も海賊ではなく逆に海賊を討伐する側にいたことがわかってきた。つまり、承平年間には将門や純友はまだ反乱を起こしてはおらず、両者が反乱に立ち上がるのは天慶年間になってからのことなのである。こうした結果、乱の呼称も最近は天慶の乱という呼称が用いられるようになっている。

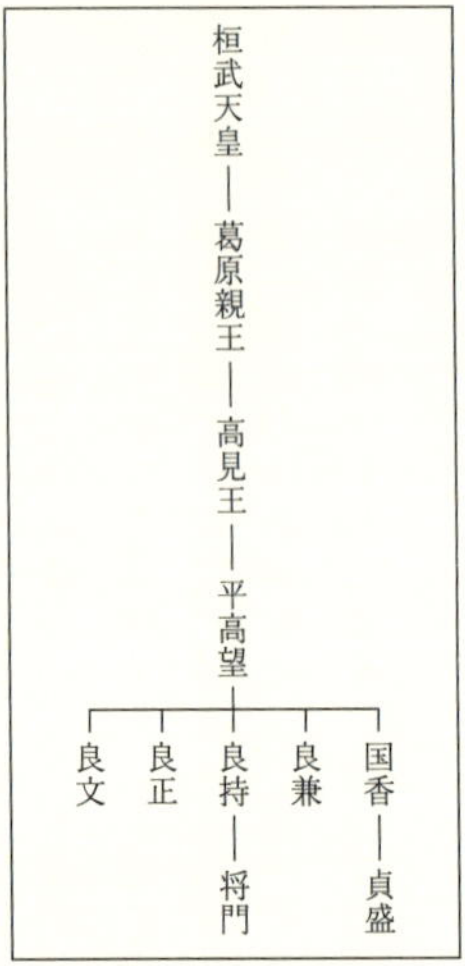

平将門関係系図

†承平年間の平将門

『将門記《しょうもんき》』という将門の乱の基本史料によると、承平年間の東国では平氏一族の内紛が起きていた。九三五年（承平五）二月に将門は源扶《たすく》・平国香《くにか》らとの戦いに勝って常陸《ひたち》国筑波《つくば》・真壁《まかべ》・新治《にいはり》三郡にある敵方の家々を焼き払い、十月には伯父の平良正《よしまさ》を常陸国川曲《かわわ》村で破っている。翌年六月にもう一人の伯父の平良兼《よしかね》が大軍を率いて上総《かずさ》国から常陸国に入り、平良正・平貞盛《さだもり》方に付いたが、下野《しもつけ》国で将門に敗れた。

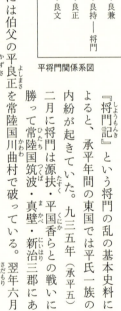

九三七年八月、雪辱を期す平良兼は軍備を整え、常陸・下総国堺の子飼《こがい》の渡しで将門に戦いを挑んで勝利した。続いて、平良兼は堀越《ほりこし》の渡しの戦いでも勝利を収めた。その後、将門は態勢を立て直し、十月に常陸国真壁郡に出陣し、平良兼の服織《はとり》宿を焼き、さらに筑波山に良兼を追った。十二月には平良兼が将門の石井《いわい》営所《えいしょ》を夜襲するが、逆に撃退されている。翌年、将門は上京する平貞盛を信濃国まで追うが、逃げられている。

こうした平氏一族の内紛は、九三九年（天慶二）に反将門勢力の中心人物である平良兼が亡くなるまで続く。内紛が起きた原因について、『将門記』は「女論《にょろん》」により将門と平良兼とが仲違いしたとする。将門の妻は平良兼の娘なので、彼女をめぐって両者が対立したらしいが、詳細は不明である。

平氏一族の内紛のあらましをみてきたが、この段階の東国で起きていたのは、あくまで平氏一族の私闘であり、国家権力を脅かすものではなかった。このことは、当時のことを記した歴史書である『日本紀略《にほんきりゃく》』や『扶桑略記《ふそうりゃくき》』にこうした平氏一族の争いのことが全くみえないことからもわかる。次に述べる承平年間の瀬戸《せと》内《うち》海賊のことはこれらの歴史書に載せられているのだが、東国での将門らの争いのことがみえないのは、それはあくまで平氏一族の内紛であって、政府にとって重大な出来事ではなかったことを示している。

九三一年（承平元）	将門と良兼が「女論」により対立
九三五年（承平五）二月	将門が常陸国で源扶・国香らを破る
〃年（承平五）十月二十一日	将門が下総国川曲村で良正を破る
	良正が良兼に援軍を要請し、良兼が応じる
九三六年（承平六）六月二十六日	良兼が上総国より常陸国に向けて出陣
〃年（承平六）七月二十六日	将門が下野国で良兼を破る
九三七年（承平七）八月六日	良兼が将門を常陸・下総国境の子飼の渡しで破る
〃年（承平七）八月十七日	良兼が将門を下総国堀越の渡しで破る
〃年（承平七）十月	将門と良兼が筑波山で戦う
〃年（承平七）十二月十四日	良兼が将門の石井営所を夜襲
九三八年（天慶元）二月	将門が上京する貞盛を信濃国に追う
九三九年（天慶二）六月	良兼が死去

承平年間の平氏一族の内紛

†承平年間の藤原純友

承平年間に入ると瀬戸内海に再び海賊が姿をみ

九三一年（承平元）一月二十一日	海賊のことを奏上する
九三二年（承平二）十二月十六日	備前国が海賊のことを申上する
九三三年（承平三）十二月十七日	海賊を追討するため南海道諸国に警固使を置く
九三四年（承平四）六月二十九日	海賊追討に遣わすため神泉苑で弩を試射させる
〃年（承平四）七月二十六日	兵庫允在原相安が諸家兵士と武蔵兵士を率いて海賊追討に向かう
〃年（承平四）十月二十二日	追捕海賊使を定める
〃年（承平四）末	伊予国喜多郡の不動穀三千石が海賊に盗まれる
九三五年（承平五）六月二十八日	京中・山陽・南海道の諸社に奉幣して海賊平定を祈る
九三六年（承平六）三月	前伊予掾藤原純友が伊予国に向かう
〃年（承平六）五月二十六日	追捕南海道使紀淑人が伊予守になる

承平年間の瀬戸内海賊

せるようになる。かつて九世紀後半の貞観《じようがん》年間（八五九〜八七七）に瀬戸内海で海賊が暴れ回ったことがあったが、約六十年ぶりに海賊が瀬戸内海での活動を始めたのである。九三一年（承平元）一月に海賊のことが奏上され、翌九三二年十二月には備前《びぜん》国から海賊の報告があった。九三三年十二月には海賊追討のため南海道諸国に警固使《けいごし》が置かれた。九三四年になると、六月に神泉苑《しんせんえん》で弩《ど》の試射が行われ、七月に諸家兵士と武蔵《むさし》兵士を率いる兵庫《ひようごの》允在原相安《じようありはらのすけやす》が発遣され、十月には追捕《ついぶ》海賊使《かいぞくし》が定められている。

だが、海賊の活動は収まらなかったようであり、この年の年末には伊予国喜多《きた》郡の倉庫が襲撃され、不動穀《ふどうこく》が三千石も盗まれている。九三五年になっても海賊の活動は続き、六月には京中及び山陽・南海道の諸社に海賊平定を願って臨時奉幣使《ほうへいし》が出されている。こうしたなか、九三六年三月に前伊予掾《さきのいよのじょう》藤原純友が海賊討伐のため伊予国に向かう。ただ、このころには海賊の活動はすでに収束に向かっており、九三六年五月末には追捕南海道使の紀淑人《きのよしひと》が海賊平定の功績により伊予守に任じられた。

なお、かつては『日本紀略』承平六年六月条に、「瀬戸内海賊の首領である藤原純友が仲間とともに伊予国日振島《ひぶりしま》に集まり、千余艘の船でもって海賊行為をはたらいていた」とあることから、純友は承平年間から海賊の首領であったとされていた。

しかし、近年の研究により、『日本紀略』の記述は、純友が天慶年間になって反乱を起こしたため、後に書き換えられたものであることがわかってきた。そして、『本朝世紀《ほんちょうせいき》』天慶二年十二月二十一日条に「前伊予掾藤原純友は承平六年に海賊追捕宣旨《ついぶせんじ》を蒙った」とあることなどから、承平年間の純友は逆に海賊を追討する側であったことが明らかにされている。つまり、純友といえば、瀬戸内海賊の首領というイメージが強いが、承平年間は海賊を取り締まる立場にあったのである。

†天慶の乱

天慶年間に入ると自然災害と天候不順が日本列島を襲い、各地で群盗・海賊の活動が盛んとなった。九三八年（天慶元）四月に京都で大地震が起きて多くの舎屋が倒壊し、五月には大雨のため鴨川が氾濫した。この年東国では、武蔵国で橘近安《ちかやす》、伊豆国で平将武《まさたけ》の騒乱が起きている。翌九三九年は旱魃《かんばつ》にみまわれ、春から米価が高騰した。京では盗賊が多くあらわれ、四月には衛府《えふ》や馬寮《めりよう》による捜索が行われた。

東国では群盗の活動が盛んになり、六月には相模《さがみ》・武蔵・上野《こうずけ》国に押領使《おうりようし》が置かれた。八月には尾張《おわり》国で国守が射殺された。また出羽《でわ》国では四月に俘囚《ふしゆう》の反乱が起きて秋田城軍との間で合戦がなされている。瀬戸内海でも海賊が再び姿をあらわすようになり、春から海上交通が困難な状態が続いた。九三六年（承平六）に一旦は収まった瀬戸内海賊の活動がまた始まったのである。

このように、九三九年は旱魃に加えて各地で群盗・海賊の活動が盛んになり、さらに出羽国では俘囚が反乱を起こすなど、全国的に騒然たる状況となっていた。そして、全国のこうした情報は将門や純友の許に届いていたと思われる。藤原北家《ほくけ》出身の純友はもちろんのこと、将門もかつて京都に住んで藤原忠平《ただひら》に仕えたことがあるので、京都に集まった全国の情報を入手することはさほど困難なことではなかったはずである。同時にこうした全国的騒乱にあわてふためく京都朝廷の様子も耳に入ったに違いない。

こうしたなかで将門や純友が反乱に立ち上がる。将門や純友が反乱を起こした直接の理由についてはまだ不明の点が多いが、その背景にはこうした全国的な騒乱状況があったことは間違いないであろう。

九三九年十一月、将門は常陸国府《こくふ》を攻略し、翌月には下野国府を手始めに次々と国府を落とし、坂東《ばんどう》諸国を手中に収めた。一方西国《さいごく》では、十二月末に純友配下の藤原文元《ふみもと》が摂津《せっつ》国葦屋《あしや》駅付近で備前介《びぜんのすけ》藤原子高《さねたか》と播磨介《はりまのすけ》嶋田惟幹《これもと》を捕らえ、子高の子を殺害した。東西同

九三九年（天慶二）十一月二十一日	将門が常陸国府を攻略する
〃（天慶二）十二月	将門が坂東諸国を支配下に置く
〃（天慶二）十二月二十六日	純友の部下が備前介藤原子高らを摂津国葦屋駅で襲う
九四十年（天慶三）一月一日	東海・東山・山陽道追捕使を任ずる
〃年（天慶三）一月十九日	藤原忠文を征東大将軍に任じる
〃年（天慶三）一月三十日	純友を従五位下に叙すことを奏上する
〃年（天慶三）二月十四日	将門が平貞盛・藤原秀郷によって討たれる
〃年（天慶三）三月二日	純友から悦を申す状が届く
〃年（天慶三）八月二十六日	伊予・讃岐国が賊船四百余艘に襲われ、備前・備後の兵船が焼かれたとの知らせが届く
〃年（天慶三）十月二十二日	大宰府追捕使在原相安が賊に敗れたとの知らせが届く
〃年（天慶三）十一月七日	周防国鋳銭司が賊のために焼かれたとの知らせが届く
〃年（天慶三）十二月十九日	土佐国幡多郡が海賊に襲われたとの知らせが届く
九四一年（天慶四）五月二十日	政府軍が純友軍を博多津で破る
〃年（天慶四）六月二十日	純友が伊予国で警固使橘遠保によって討たれる

天慶の乱

時の蜂起に驚いた政府は、翌九四十年一月一日に東海・東山《とうさん》・南海道追捕使《なんかいどうついぶし》を任命する。しかし、東西同時の軍事行動を避けるため、将門に対しては同月十九日に参議藤原忠文《ただふみ》を征東大将軍に任じて追討にのりだすが、純友については甥の明方《あきかた》を伊予《いよ》国に遣わし、さらに純友を五位に叙すなど懐柔につとめている。

九四〇年二月、将門は藤原秀郷《ひでさと》・平貞盛《さだもり》によって討ちとられる。純友はこれまで伊予国を動かなかったが、八月になって立ち上がり、伊予・讃岐《さぬき》国を攻略して備前《びぜん》・備後《びんご》国の兵船を焼亡させた。その後も純友軍の攻勢は続き、十月には大宰府追捕使の軍勢を破り、十一月には周防《すおう》国鋳銭司《ちゅうせんし》を焼き、十二月には土佐国幡多《はた》郡を襲う。しかし、翌九四一年五月に大宰府を占領したものの、博多津《はかたのつ》の戦いで政府軍に敗れ、六月伊予国に戻ったところを警固使橘遠保《とおやす》に討たれた。

†将門純友共謀説

ここで、将門純友共謀説について述べておく。将門純友共謀説は、将門と純友が事前に示し合わせて東国と西国で同時に反乱を起こしたというものである。この共謀説は、十二世紀に成立した『大鏡《おおかがみ》』にすでにみえており、そこには「純友は将門と共謀して恐ろしい企てをした」とある。

室町時代に成立した『将門純友東西軍記《まさかどすみともとうざいぐんき》』には、「将門と純友が比叡山に登り、平安京を見下ろしながら反乱を起こすことを約束した。成功した時には、将門は王孫なので天皇となり、純友は藤原氏なので関白となる、と取り決めた」とあり、さらにこの共謀説が具体化されている。当時の人々も、将門の坂東諸国占領と同時期に純友の部下が備前介藤原子高《さねたか》襲撃事件を起こしたため、両者が共謀していたのではないかと考えていたようである。しかし、純友の動きを詳細にみればこの説が成り立たないことは明らかである。

先述したように、九三九年（天慶二）末に将門が坂東諸国を占領し、純友の部下が備前介藤原子高と播磨介嶋田惟幹を襲った。政府は東西両面作戦を避けるため、純友に対しては懐柔策をとり、純友に従五位下の位階を与え、純友も「悦《よろこび》を申す状」（礼状）を送るなど、とりあえずはこれに応じたようである。そして、この間の二月十四日に将門は藤原秀郷・平貞盛に討たれる。純友はその後も伊予国に留まって動こうとはせず、反乱に立ち上がったのは八月になってからのことであった。

このようにみていくと、将門が九三九年十二月に坂東諸国を占領し、翌年二月に藤原秀郷・平貞盛に討たれるまで、純友は伊予国に留まり様子をうかがっていたことがわかる。このことは将門純友共謀説が成り立たないことを示している。なぜなら、もし両者が事前に示し合わせていたのならば、将門の勢いが最も強かった時に純友も反乱を起こしていたはずである。ところが、純友が反乱に立ち上がったのは八月になってからであり、これらのことからすれば将門と純友が共謀関係にあったとはとうてい考えられないのである。

†承平天慶の乱から天慶の乱へ

以上に述べたように、将門と純友は承平年間には反乱を起こしてはおらず、両者が反乱に立ち上がるのは天慶年間になってからのことであった。このため、将門純友の乱の呼称も、最近は承平天慶の乱ではなく天慶の乱が一般化しつつある。ただ、以前からずっと承平天慶の乱の呼称が用いられていたかというとそうではなく、実は江戸時代から明治二十年代頃までは将門純友の乱は天慶の乱と呼ばれており、承平天慶の乱の呼称が教科書や日本史概説書に定着するのは戦後になってからのことなのである。

話がやや複雑になるが、年号を用いての将門純友の乱の呼称が、天慶の乱から承平天慶の乱へ、そしてまた天慶の乱に変わっていった経緯について述べておきたい。

将門純友の乱のうち、将門の乱については、承平年間は一族間の内紛であったが、天慶二年の常陸国庁襲撃以降国家への反乱となったことは以前から知られていた。見方が時代により大きく変わるのは純友の乱の方である。つまり、純友が承平年間から瀬戸内海賊の首領となって反乱を起こしていたとする見方が有力な時代は承平天慶の乱、純友が反乱を起こすのは天慶年間になってからとする見方が有力な時代は天慶の乱の呼称が用いられたのである。

承平年間の純友のことを最初に本格的に取り上げたのは水戸徳川家が編纂した『大日本史《だいにほんし》』である。そこでは、先述した『日本紀略』承平六年六月条に、九三六年（承平六）の純友は海賊であったとみえるが、『本朝世紀』天慶二年十二月二十一日条によると、純友は九三六年に海賊追捕の宣旨を蒙っているので、九三六年段階では純友はまだ反していない、純友が反したのは九三九年（天慶二）としている。つまり、先ほど純友の乱について近年明らかになったと述べたことは、実は『大日本史』がすでに指摘していたのである。

この『大日本史』の影響は大きく、将門だけでなく純友もまた反乱に立ち上がったのは天慶年間になってからとされ、新井白石《あらいはくせき》の『読史余論《とくしよろん》』、頼山陽《らいさんよう》の『日本外史《にほんがいし》』などの江戸時代の歴史書はもとより、明治二十年代までの日本史概説書もそのほとんどが将門純友の乱を天慶の乱と呼んでいる。

ところが、明治三十年代になると日本史概説書では承平天慶の乱の呼称が多用されるようになる。これは、『日本紀略』によって承平年間からすでに純友は海賊の首領であったという論調が強まる一方、『本朝世紀』には触れられなくなったためである。つまり、このころから学界では、承平年間から純友は日振島を根拠地として瀬戸内海で海賊行為をはたらいており、それが天慶年間まで続くと考えられるようになった。その結果、承平年間と天慶年間とが連続的にとらえられ、乱の呼称は承平天慶の乱となり、それが戦後まで続くのである。

ただ、戦前の教科書は小学校と中学校（旧制中学校）とで乱の呼称が異なっていた。明治初期の小学校ではさまざまな種類の教科書が用いられたが、将門純友の乱の呼称は天慶の乱とするものが多い。その後、一八八六年（明治十九）から教科書検定制度が始まり、翌年に文部省は歴史教科書の編集方針を定めた歴史教科書編纂旨意書をつくるが、その目次の第四編細目には「天慶ノ乱」とある。その結果、小学校教科書では乱の呼称は天慶の乱でほぼ統一される。小学校は一九〇三年から国定教科書になるが、そこでの乱の呼称も天慶の乱であり、昭和戦前期まで続く。

中学校は、一八八六年の中学校令により五年生の尋常中学校ができ、同年から教科書は検定制となり、さまざまな教科書がつくられるが、そのほとんどが乱の呼称を天慶の乱としている。ところが、中学校の各学科目の詳細を示した一九〇二年の中学校教授要目では「承平天慶ノ乱」とされている。これは先述した学界状況を反映したものであろう。この中学校教授要目以降、中学校教科書の多くは承平天慶の乱となる。一九四三年（昭和十八）には中学校も国定教科書となるが、そこでの呼称も承平天慶の乱である。

戦後は、日本史概説書の多くは乱の呼称を承平天慶の乱としている。高校教科書も年号を用いた乱の呼称はほとんどが承平天慶の乱である。なお、中学校教科書は将門や純友が乱を起こしたことに触れるのみで、年号を用いた乱の呼称はあまりみられない。つまり、戦後になると天慶の乱の呼称はほとんどみられなくなり、日本史概説書、教科書ともに承平天慶の乱の呼称が定着するのである。そして、最近になって乱の呼称がまた天慶の乱となってきているのである。

さらに詳しく知るための参考文献

下向井龍彦『物語の舞台を歩く　純友追討記』（山川出版社、二〇一一）……「純友追討記」をもとに、藤原純友の乱の過程がわかりやすく書かれている。

鈴木哲雄『動乱の東国史一　平将門と東国武士団』（吉川弘文館、二〇一二）……将門の乱の舞台となった地域には河川や湖沼が多いことから、将門と水上交通の関係を重視している。

寺内浩『平安時代の地方軍制と天慶の乱』（塙書房、二〇一七）……専門書ではあるが、平安時代の地方軍事制度や瀬戸内海賊について詳しく述べられている。

寺内浩「地方支配の変化と天慶の乱」（『岩波講座日本歴史第四巻　古代4』二〇一五）……九〜十世紀における地方社会や地方支配の変質が天慶の乱の背景となっていたことが述べられている。

福田豊彦『平将門の乱』（岩波新書、一九八一）……平将門の乱だけでなく藤原純友の乱についても詳しく書かれてある。将門が多くの騎馬兵を率いていたのは、彼が官牧の牧司であったからとする。

第15講

前九年合戦・後三年合戦

戸川 点

†奥州の戦乱とその呼称

前九年合戦《ぜんくねんかっせん》・後三年合戦《ごさんねん》とは中世の黎明期に東北地方を舞台に戦われた戦乱である。前九年合戦は一〇五一（永承六）年から一〇六二（康平《こうへい》五）年まで一二年間にわたって戦われたもの、後三年合戦は一〇八三（永保《えいほ》三）年から一〇八七（寛治《かんじ》元）年の五年間の戦いをいう。

かつては前九年の役《えき》・後三年の役と言われたものである。最初にこの名称の話から入ろう。この前九年、後三年といった呼称と実際に戦われた年数には齟齬《そご》が見られる。なぜこのような名称になったのか。この点についてはいくつかの説があるが、簡単に言えば、前九年合戦はかつて奥州一二年合戦と言われており、それが前・後の戦いの総称と誤解され前九年と後三年と呼ばれるようになったのだろうといわれている（庄司浩『辺境の争乱』教育社歴史新書、一九七七年ほか)。

また明治以降、近年まで前九年・後三年の役と「役」の語を用いて呼ばれてきたが、「役」は異民族、他国との戦いに用いられる場合が多く、安倍氏や清原氏を蝦夷《えみし》として蔑視して「役」の語を用いてきたのではないかとの指摘もある(木村茂光「乱と変と役」『歴史評論』四五七号、一九八八)。そのために最近は「役」ではなく合戦の名称を用いるようになっているのである。

さて、名称の問題は以上として、次に通説的理解を知るために高校日本史の教科書でどのように描かれているか確認しておこう。

陸奥《むつ》北部では豪族安倍《あべ》氏の勢力が強大になり、国司《こくし》と争っていたが、源頼信《みなもとのよりのぶ》の子頼義《よりよし》は陸奥守《むつのかみ》として任地にくだり、子の源義家《よしいえ》とともに東国の武士を率いて安倍氏と戦い、出羽《でわ》の豪族清原《きよはら》氏の助けを得て安倍氏を滅ぼした(前九年合戦)。その後、陸奥・出羽両国で大きな勢力を得た清原氏一族に内紛がおこると、陸奥守であった源義家が介入し、藤原(清原)清衡《きよひら》を助けて内紛を制圧した(後三年合戦)。こののち奥羽《おうう》地方では陸奥の平泉《ひらいずみ》を根拠地として、清衡の子孫(奥州《おうしゅう》藤原氏)による支配が続くが、一方でこれらの戦いを通じて源氏は東国の武士団との主従関係を強め、武家の棟梁《とうりょう》としての地位を固めて

いった。（『詳説日本史B改訂版』山川出版社、二〇一六年検定済）

高校日本史の理解としては妥当なものと思われるが、この両乱が引き起こされた時代背景については限られた字数での記述であるため、十分ではない。また、源氏と東国武士団との関係性については、近年の研究ではもう少し違った見解が提出されている。そこで本稿ではそれらの点について新しい見解などを紹介してみたいと思う。

†安倍氏とは何者か

前九年合戦とは現在の岩手県北上川沿いに設置されていた陸奥《むつ》国奥六郡《おくろくぐん》（胆沢《いざわ》、江刺《えさし》、和賀《わが》、稗貫《ひえぬき》、紫波《しわ》、岩手《いわて》六郡の総称）を舞台に起こった戦乱である。この奥六郡を支配していたのが安倍頼良《あべのよりよし》・貞任《さだとう》父子であり、彼らが国司と対立し、さらに源頼義らと戦ったのが前九年合戦である。

ところでその主役ともいえる安倍氏とはそもそもどのような存在であろうか。かつての通説的理解では、安倍氏とは蝦夷《えみし》勢力の中から現れた蝦夷俘囚《ふしゅう》の長であり、彼らが中央政府の抑圧に抵抗したのが前九年合戦であると考えられていた。しかし、前九年合戦に関するまとまった史料である『陸奥話記《むつわき》』のテキスト研究が進んだことなどからその歴史像は

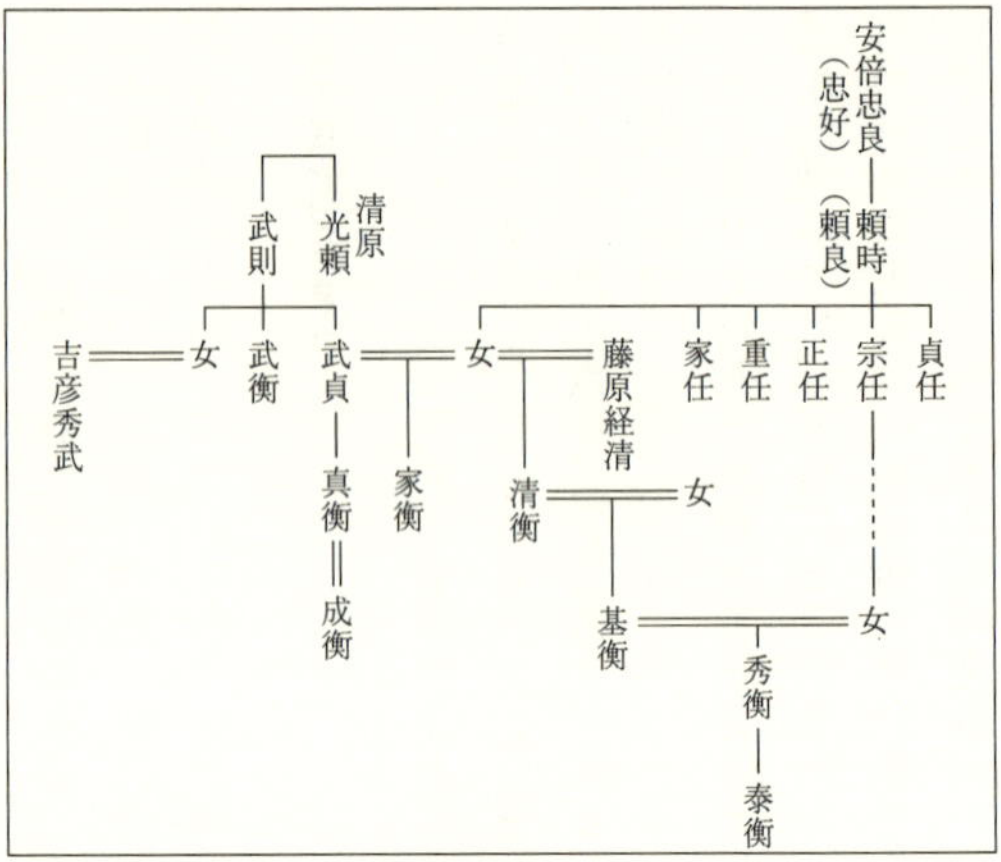

安倍氏・清原氏・藤原氏関係略系図

大きく書き換えられつつある。

『陸奥話記』のもっとも流布していた写本である群書類従《ぐんしょるいじゅう》本には安倍氏について「東夷《とういの》酋長《しゅうちょう》」と記されており、そこからかつて安倍氏は俘囚の長と理解されていた。しかし、『陸奥話記』の、より古い写本とされる尊経《そんけい》閣《かく》文庫本には「自ら酋長と称し」とあり、俘囚の長というのは自称にすぎないことが判明する。

一方、『範国記《はんこくき（のりくにき）》』という中央貴族の日記の一〇三六（長元九）年一二月二十二日条に安倍忠好《ただよし》が陸奥《むつ》権守《ごんのかみ》に任じられたという記事があり、この忠好こそ安倍頼良の父、安倍忠良《ただよし》であり、安倍氏は中央貴族の出身であると考えたのが、拙稿であった（戸川点「前九年合戦と安倍氏」十世紀研究会編『中世成立期の政治文化』東京堂出版、一九九九）。

その後安倍氏の出自については諸説が提起され、九世紀の鎮守将軍《ちんじゅしょうぐん》安倍比高《あべのこれたか》の子孫とする説（樋口知志『前九年・後三年合戦と奥州藤原氏』高志書院、二〇一一）、奈良～平安初期の移民系郡領氏族《ぐんりょうしぞく》などに起源を持つ現地有力者が国衙在庁官人《こくがざいちょうかんじん》として台頭したものとする説（淵原智幸『平安期東北支配の研究』塙書房、二〇一三）などがあり、結論を見るには至っていない。

†合戦の経過

次に戦乱自体の経過について見ていきたい。以下『陸奥話記』によりながら前九年合戦の経過を見ていく。

奥六郡を支配していた安倍頼良は次第に奥六郡の南方に進出し、租税も納めなくなる。そのために陸奥守藤原登任《なりとう》・出羽城介《でわじょうのすけ》平重成《たいらのしげなり》と合戦となるが、安倍氏が大勝する。これに対して中央政府は源頼義《よりよし》を陸奥守《むつのかみ》（のちに鎮守府将軍《ちんじゅふしょうぐん》も兼任）に任じ、追討体制をとるが、源頼義が陸奥に着任すると上東門院彰子《じょうとうもんいんしょうし》の御悩《ごのう》による大赦《たいしゃ》があり、安倍頼良の罪も免除された。安倍頼良は源頼義と名前の訓みが同訓になるのを避けて安倍頼時《よりとき》と名を改め、源頼義に帰服した。こうして事件は解決し、その後頼義の一任の間、問題は起こらなかった。

ところが頼義の任終年である一〇五六（天喜《てんぎ》四）年、源頼義は府務を行うため鎮守府に赴いた。その府務が終わり、源頼義一行が国府へ帰る途中、頼義配下の権守《ごんのかみ》藤原説貞《ふじわらのときさだ》の子

安倍氏の拠点、鳥海柵。自然の沢を利用した濠が周囲をめぐる。

光貞《みつさだ》・元貞《もとさだ》らが何者かに襲われるという事件が起こる。その襲撃犯の嫌疑が安倍頼時の長男、貞任《さだとう》にかけられ、貞任をかばう安倍氏と源頼義側との戦い、前九年合戦が始まる。

　戦乱は源頼義と奥六郡安倍氏の戦いにとどまらず、青森県東部、鉋屋《かなや》・仁土呂志《にとろし》・宇曾利《うそり》三部の住民やその長安倍富忠《とみただ》なども巻き込んで戦われ、一〇五七（天喜五）年安倍頼時は富忠を味方につけようと説得に向かう最中にけがを負い、安倍氏の拠点である鳥《との》海柵《みのさく》で亡くなる。しかしその後も安倍貞任らを中心に安倍氏はよく戦い、黄海《きのみ》の戦いでは源頼義側は生き残ったものわずか七騎という大敗も喫している。その後戦いは安倍氏優位で進んだようである。

　こうした戦局を立て直すため、源頼義は出羽山北《せんぼく》の清原光頼《みつより》・武則《たけのり》兄弟に援軍を要請し、一〇六二（康平五）年清原氏の加勢を得ることに成功、清原氏の参戦により形勢は一挙に逆転する。これ以後、源頼義側が優位に戦いを進め、安倍宗任《むねとう》のこもる小松柵《こまつのさく》を落とし、衣河関《ころもがわのせき》、鳥海柵などの重要拠点も陥落させた。最後に厨川柵《くりやがわのさく》を攻め安倍貞任、藤原経清《つねきよ》らを斬首に処し、前九年合戦は終了した。

さて、以上が『陸奥話記』の語る前九年合戦の経過である。『陸奥話記』の末尾には「国解《こくげ》の文を抄《しょう》し、衆口《しゅうこう》の話を拾いて、これを一巻に注《しる》せり。少生《しょうせい》但し千里の外なるを以て、定めて比謬《ひびゅう》多からん」とある。当時の状況を伝える国司からの報告書である国解を用いているのであれば、それなりに信頼の置けるものであるともいえるのだが、その一方で「比謬多からん」とも記されている。そもそも文学作品である以上、文飾、虚構などもあるはずである。したがって『陸奥話記』の記事のどこを信用してどのように歴史像を構築するかは大変難しい問題なのである。

たとえば『陸奥話記』冒頭には安倍氏が奥六郡を出て「衣川の外に出ず、賦貢を輸《いた》せず、徭役《ようやく》を勤《つとむ》ることなし」とあり、安倍氏が南方に勢力範囲を広げ、租税を納めなかったために陸奥守藤原登任・出羽城介平重成と安倍氏が鬼切部《おにきりぶ(べ)》で戦ったとある。この点について樋口知志氏は鬼切部という地名が蛮族征討をイメージさせる架空のものである可能性があること、この戦いに関する記録が『扶桑略記《ふそうりやつき》』ほかの史書、史料に一切見えないことなどからこの『陸奥話記』の記述の信憑性に疑問を呈している（「前九年合戦」同編『前九年・後三年合戦と兵の時代』吉川弘文館、二〇一六)。

もちろん氏も登任と頼良の間で何らかの武力衝突事件が起こったことまで否定しているのではないが、陸奥守・出羽城介という二大巨頭が出陣する大規模なものではなかったのではないかというのである。

陸奥守、出羽城介まで登場する戦いに関して他に史料がないというのは確かに不審ではある。しかしこの記事が虚構とまで言えるのかどうか。逆に大掛かりな虚構はリアリティを損なうものとして作者は避けるのではないか。判断に迷うところである。ここではひとまず『陸奥話記』にあるように考えておくこととしておきたいと思う。

†前九年合戦の背景

さて、源頼義赴任後は平穏が訪れるのだが一〇五六(天喜四)年、頼義の任終の時期に権守藤原説貞《ときさだ》の子弟が襲われ、本格的な戦乱が始まる。この事件については利権を求めた源頼義が自作自演の陰謀で戦乱に持ち込んだものとの説も考えられるが、発端は権守藤原説貞の子と安倍氏の婚姻を巡るトラブルである。婚姻を通じた安倍氏の勢力拡大策に対する在庁官人層の反発、あるいは頼義帰任後、安倍氏が再び強大化することを危惧した権守藤原説貞の反発などから始まったことかもしれない。

当時、様々な勢力が陸奥の地には出入りしており、それら勢力は「土着」し地元の勢力と結びつき、また地元の勢力の方も中央下りの武人、貴族などを、婚姻を通じて取り込んでいった。奥州藤原氏もそのようにして誕生したハイブリッドな新人類だという（入間田二〇一四）。安倍氏のこのような婚姻を通じた勢力拡大策は安倍氏と結びつきの薄い国司や在庁勢力との軋轢を生んだのであろう。

ところで、では、なぜこの時代に多様な勢力が東北地方に入り込んだのだろうか。当時東北地方では金、馬、昆布、矢羽に使う鷲の羽、熊や海の動物（ラッコなど）の毛皮などの入手が可能であった。これらは東北で取れるものもあれば、より北方から交易により入手するものもあった。こうした富を狙い、当時の東北地方には様々な勢力が入り込み、離合集散を繰り返していた。前九年合戦の背景にはそのような事情があったのである。

この時期の東北地方の特徴的な遺跡に集落全体が濠などの防御施設で区画された防御性集落がある。安倍氏の拠点として知られる鳥海柵も自然の沢などを利用した深い濠を持つ城柵《じょうさく》であるが、これらの深い濠を持つ遺跡からまさにこの時代の東北地方が大いなる富をめぐる「戦争と緊張の時代」であったことがうかがえよう（斉藤利男「蝦夷社会の交流と「エゾ」世界への変容」鈴木靖民編『古代蝦夷の世界と交流』名著出版、一九九六）。

なお、冒頭で紹介したように教科書などではこの戦乱を通じて源氏と東国武士団の主従関係が強められたとされているが、源頼義が動員した東国武士は意外に少なく、頼義側の兵力は朝廷の命で動員した諸国の兵士が主であった。この段階における源氏と東国武士団の間にはまだそれほど強固な主従関係は結ばれていなかったと考えられている（元木泰雄『武士の成立』吉川弘文館、一九九四）。

さて、清原氏の助力により安倍氏は敗北した。その論功行賞により源頼義は伊予守に任じられたが、肝心の東北地方については源氏ではなく清原武則が鎮守府将軍となり、出羽山北三郡と陸奥奥六郡の支配権を手に入れることになった。こうして一躍東北の覇者となった清原氏の内紛から起きるのが後三年合戦である。

†延久二年北奥合戦

ところで後三年合戦について見る前にもう一つ見るべき戦いがある。一般にはあまり知られていないが、俗に延久《えんきゅう》二年北奥合戦または延久蝦夷合戦などと言われるものである。これは一〇七〇（延久二）年、陸奥守源頼俊《よりとし》と清原真衡《さねひら》（貞衡《さだひら》とも）が閉伊《へい》七村山徒と衣曾別島荒夷《えぞがわけしまのあらえびす》を追討した戦いである。閉伊七村が具体的にどこを指すかは不明だが、衣曾別島は北海道と考えられ、この戦いにより清原氏の力は陸中海岸沿岸から青森県域、北海道にまで及んだものと思われる。

なお、この時、源頼俊とともに追討に当たった人物は清原真衡なのか貞衡なのかについては複雑な論争がある。この貞衡は『桓武《かんむ》平氏諸流系図』に見える海道《かいどう》平氏の平貞衡のことであるとする見解（野口実「十一〜十二世紀、奥羽の政治権力をめぐる諸問題」『中世東国武士団の研究』高科書店、一九九四ほか）がある。後述する海道平氏と清原氏の関係を考えると成り立ちうるようにも思われるが、この事件に関する基本的史料の一つ『御堂御記抄《みどうぎょきしょう》』紙背文書《しはいもんじょ》を系統的に調査した小口雅史氏によりこの人物は真衡と読むべきことが指摘されている。この史料は写本としてしか伝わっておらず、書写の段階で誤写があった可能性も考えられるが、ここでは小口氏の指摘に従い、真衡と考えておく（小口雅史「延久蝦夷合戦再論」義江彰夫編『古代中世の史料と文学』吉川弘文館、二〇〇五）。

いずれにしてもこの戦いの結果、清原氏が青森県域、さらには北海道に至るまで影響力を持ったことは間違いない。そしてその当主の座をめぐっておきるのが後三年合戦なのである。

†後三年合戦の経緯と評価

前九年合戦後、出羽山北三郡のみならず奥六郡も支配したのは清原氏であった。清原武《たけ》則《のり》の子武貞《たけさだ》は夫藤原経清《つねきよ》を失った安倍頼時の娘を後妻に迎え、その子清衡ともども引き取っている。かつてはこの婚姻を勝者による略奪婚とみなす説が一般的であったが近年はそうではなく、清原氏が奥六郡を支配するにあたって、清原と安倍をつなぎ、その正当性を担保する存在として丁重に迎え入れられたものと考えられている（樋口知志『前九年・後三年合戦と奥州藤原氏』高志書院、二〇一一）。そしてこの女性と清原武貞の間に家衡《いえひら》が生まれる。こうして清原氏には武貞の先妻の子真衡と後妻の生んだ家衡、さらに後妻の連れ子の清衡と三人の後継候補者が存在することになった。後三年合戦はこうした清原氏の当主争いから引き起こされる。

一〇八三（永保《えいほう》三）年当時、清原氏の当主の座にあったのは真衡であった。彼には実子がなく、海道平氏の成衡《なりひら》を養子としていた。さらにその成衡と、源頼義と常陸平氏多気《たけの》権守平宗基《ごんのかみたいらのむねもと》の娘との間に生まれた娘を結婚させようとしていた。その際、あろうことか当主真衡は祝福に駆け付けた一族の長老吉彦秀武《きみこのひでたけ》を無視し、囲碁に興じていた。この扱いに怒った秀武が出羽に戻ると、真衡が吉彦秀武を責めようとして後三年合戦が始まる。その際、吉彦秀武は清衡・家衡にも挙兵を呼びかけた。そのために真衡は出羽の吉彦秀武と陸奥の清衡・家衡の双方と戦わざるを得なくなった。

ちょうどその頃源義家が陸奥守となり下向《げこう》してきた。真衡は義家を饗応し、その後、秀武追討に向かった。すると清衡らが真衡留守宅を襲うが、義家が真衡側に立ち、清衡らは敗れてしまう。ところが出陣中の真衡が急死してしまい、いったん後三年合戦は終結する。

ここまでが後三年合戦の第一段階である。この経過から後三年合戦は海道平氏からの養子に常陸平氏と源氏の血を引く娘を娶《めあ》わせ、源氏や近隣豪族との連携を進め清原氏をより強力化させようとした真衡の路線と清原の血を引く家衡、あるいは安倍氏の血を引きながら清原の一族となった清衡などを後継者とすべきとする他の清原一族の路線の対立であったといえるだろう。

次の第二段階では真衡没後、家衡と清衡のどちらが清原の当主となるかの争いになる。まず家衡が先手を打ち、清衡は家族を殺されてしまう。その清衡の要請で源義家は清衡側に立ち、戦いは大規模化する。しかし家衡のいる沼柵《ぬまのき》〔ぬまのさく〕の戦いでは清衡・義家側は敗北してしまう。

その後家衡は金沢柵《かねざわのさく》に拠点を移し、ここを戦場に戦われることになる。ここでの戦いでも清衡・義家側は苦戦を強いられるのだが義家の弟源義光《よしみつ》が援軍に駆け付け、勝利を収めることに成功した。義光は官職をなげうって兄義家の救援に向かったとされるが、この点からみるとこの戦いは清原の当主争いであるとともに源氏にとっては源氏による東北への勢力拡大、東北の富を狙った戦いといった性格も持つものだったといえるだろう。

この間義家は朝廷に追討の官符《かんぷ》を申請するが、官符は発令されず、戦い終了後にも恩賞が得られなかった。朝廷はこの戦いを私戦と認定したのである。そのために後三年合戦の結果、義家は何ら得るところはなかった。かたや清衡は安倍氏、清原氏の遺領と北方への影響力を手に入れ、東北の覇者となっていく。奥州藤原氏の初代藤原清衡の誕生である。

さて、ここまで後三年合戦の経緯とその位置づけについて述べてきた。後三年合戦に関する基本史料として『奥州後三年記』(以下『後三年記』と略す)があるが、これは南北朝期に成立した『後三年合戦絵詞《えことば》』の詞書《ことばがき》であり、後三年合戦よりはるかに後代に創作された軍記物語である。したがって扱いにも一定の配慮が必要とされてきた。

しかし近年になって『後三年記』は、敬語の用法など文法的特徴から院政期、一一二〇年代ごろの成立であり、また藤原清衡周辺または清衡の意向を受けて成立したものとする新説が提唱された(野中哲照『後三年記の成立』汲古書院、二〇一四)。筆者には文法的事項に関する見解の当否を判断することはできないのだが、素人目には説得力のある議論のように感じられた。もしこの見解が妥当なものであれば『後三年記』の史料的価値は飛躍的に高まることになる。今後は『後三年記』をさらに活用する形で研究が進められることになるのであろう。

ここまで前九年・後三年合戦の研究状況を述べてきたが、両合戦とも関連史料が少なく、『陸奥話記』『後三年記』などの軍記物語を史料として使わざるを得ない部分がある。最新の研究により『後三年記』の史料的価値が高まったとしても創作物である軍記物語であることに変わりはない。そこに込められた作者の意向をどう見抜き、どのように歴史史料として利用していくか。事は簡単ではないが、方法論を鍛え、今後、新たな研究を構築することが期待される。

さらに詳しく知るための参考文献

入間田宣夫『藤原清衡——平泉に浄土を創った男の世界戦略』（ホーム社発行、集英社発売、二〇一四）……中世東北史研究を牽引してきた入間田氏にはたくさんの編著があるが、ここでは一般読者の読みやすさなどを勘案して本書をあげておきたい。藤原清衡の評伝であるが清衡の生涯を通じて前九年・後三年合戦に関する氏の見解を知ることができる。

工藤雅樹『平泉への道』（雄山閣、二〇〇五）……東北歴史博物館長を務めた著者が館長講座として市民向けに行った講座内容をもとにまとめたもの。記述は平易で考古学的知見も取り入れられ入門書として最適のもの。

戸川点「安倍頼良・貞任」（元木泰雄編『古代の人物6　王朝の変容と武者』清文堂出版、二〇〇五）……安倍氏の出自に関する筆者の見解を一般向けに紹介し、頼良・貞任の生涯に言及したもの。本書とあわせて一読いただければ幸いである。

野中哲照『後三年記の成立』（汲古書院、二〇一四）／同『後三年記詳注』（汲古書院、二〇一五）／同『陸奥話記の成立』（汲古書院、二〇一七）……国文学の立場から前九年・後三年合戦の基本史料『陸奥話記』、『後三年記』について詳細に分析したもの。いずれも研究書であり『詳注』以外は一般読者にはやや読みにくいかもしれないが、今後の『陸奥話記』『後三年記』研究のベースになるものとして紹介しておく。

樋口知志編『前九年・後三年合戦と兵《つわもの》の時代』(吉川弘文館、二〇一六)……前九年・後三年合戦を含む十世紀から十二世紀初頭にいたる東北の歴史について文献・考古両分野の専門家が様々な観点から論じたもの。論文集ではあるが一般向けに書かれており、当該期の様々な論点を知ることができる。

おわりに

佐藤　信

本書は、先に刊行された、ちくま新書『古代史講義――邪馬台国から平安時代まで』の姉妹編ともいえる。前書は、政治・経済・社会・文化・交流などにわたって古代史を代表する十五のテーマに焦点をあてて、最新の研究成果を読みやすく提示しながら、列島の古代史を通観できるようにめざした内容であった。幸い、古代史をバランス良く見通すことができる、とか最新の研究成果を理解できる、などの評価をいただくなどして、多くの読者に迎え入れていただいた。それを受けて、本書では、古代をとおして数多く起こった戦乱・争乱に焦点をあて、その背景や歴史的位置づけを今日の研究段階から明らかにして、古代の時代像を描くことをめざした。

列島の古代史は、六世紀から十一世紀にかけて、多くの戦乱・争乱とともに展開しているといってよい。ヤマト王権が地方豪族を従属させていく過程、律令国家の形成過程における戦乱。そして律令制下では、皇位継承や藤原氏の他氏族排斥《はいせき》をめぐる戦乱・争乱が多くくり返された。八世紀後期からは東北で律令国家の対蝦夷戦争《たいえみしせんそう》（三十八年戦争）も展開した。九世紀には、藤原北家《ほくけ》が摂関政治《せっかんせいじ》を実現していく過程で、他氏族を排斥した応天門《おうてんもん》の変《へん》、菅原道真《すがわらみちざね》左遷《せんじ》事件《けん》などがくり広げられた。十世紀には、地方社会の変貌《へんぼう》を背景とした平将門《たいらのまさかど》の乱、藤原純友《ふじわらのすみとも》の乱が起き、のち中世にかけてのサムライの活躍する時代には、東北で前九年合戦・後三年合戦が起きるなどした。それぞれの時代に応じ、各地域で起きたこれらの戦乱を、その背景とともに歴史的に把握しながら、古代史像を総合的に見通そうとしたのが本書である。

幸い、各執筆者の協力のもとに、ここに古代戦乱に関する最新の研究成果をまとめて提示することができた。どこからでも読み進めていただき、古代戦乱の最新の研究状況を理解していただければ、ありがたい。なお、執筆者の間で用語や歴史像をあえて統一することはしなかった。各論考の間でもし若干の見解の違いがあるとしたら、そうした今日の研究段階をむしろ楽しんでいただければ幸いである。

各論考では、史料を積極的に取り扱うとともに、参考文献も掲げているので、本書を入り口として、さらに詳しくそれぞれの戦乱の検証に踏み入っていただけるだろう。そうした歴史を学び考える楽しさにもふれていただければ、なお幸いである。

二〇一九年一月

編・執筆者紹介

佐藤　信（さとう・まこと）【はじめに／第11講／おわりに】
一九五二年生まれ。東京大学名誉教授、人間文化研究機構理事。東京大学大学院人文科学研究科博士課程中退。博士（文学）。専門は日本古代史。著書『日本古代の宮都と木簡』（吉川弘文館）、『古代の遺跡と文字資料』（名著刊行会）、『出土史料の古代史』（東京大学出版会）、編著『大学の日本史①古代』（山川出版社）など。

＊

大高広和（おおたか・ひろかず）【第1講】
一九八二年生まれ。福岡県文化振興課世界遺産室主任技師。東京大学大学院人文社会系研究科博士課程修了。博士（文学）。専門は日本古代史。論文「大宝律令の制定と「蕃」「夷」」（『史学雑誌』一二二編一二号）、「沖ノ島研究の現在」（『歴史評論』七七六号）など。

加藤謙吉（かとう・けんきち）【第2講】
一九四八年生まれ。早稲田大学オープンカレッジ講師。早稲田大学大学院文学研究科博士課程単位取得退学。博士（文学）。専門は日本古代史。著書『蘇我氏と大和王権』『大和政権と古代氏族』『大和政権とフミヒト制』（以上、吉川弘文館）、『ワニ氏の研究』『日本古代の豪族と渡来人』（以上、雄山閣）など。

有富純也（ありとみ・じゅんや）【第3講】
一九七四年生まれ。成蹊大学教授。東京大学大学院人文社会系研究科博士課程修了。博士（文学）。専門は日本古代史。著書『日本古代国家と支配理念』（東京大学出版会）など。

浅野啓介（あさの・けいすけ）【第4講】

一九七五年生まれ。文化庁文化財第二課文化財調査官（史跡部門）。東京大学大学院人文社会系研究科単位取得退学。専門は日本古代史。主要論文に、「日本古代の村の性格」（『史学雑誌』一二三―六）、「庚午年籍と五十戸制」（『日本歴史』六九八）、「檜扇の製作に関わる新知見」（『奈良文化財研究所紀要』二〇一〇）。

北　啓太（きた・けいた）【第5講】

一九五三年生まれ。元宮内庁京都事務所長。東京大学大学院人文科学研究科博士課程単位取得退学。専門は日本古代史。論文「壬生本『西宮記』旧内容の検討」（『史学雑誌』一〇一―一一）、「律令国家における将軍について」（笹山晴生先生還暦記念会編『日本律令制論集』上巻、吉川弘文館）など。

山下信一郎（やました・しんいちろう）【第6講】

一九六六年生まれ。文化庁文化財第二課主任文化財調査官（史跡部門）。東京大学大学院人文社会系研究科博士課程単位修得満期退学。博士（文学）。専門は日本古代史。著書『日本古代の国家と給与制』（吉川弘文館）、論文「古代饗宴儀礼の成立と藤原宮大極殿閤門」（佐藤信編『史料・史跡と古代社会』吉川弘文館）など。

松川博一（まつかわ・ひろかず）【第7講】

一九七〇年生まれ。九州歴史資料館学芸員。山口大学大学院人文科学研究科修士課程修了。専門は日本古代史。論文「大宰府軍制の特質と展開」（『九州歴史資料館研究論集』三七）、「大宰府と寺社」（『都城制研究』八）、「大宰府官司制論」（『大宰府の研究』高志書院）など。

小倉真紀子（おぐら・まきこ）【第8講】

一九七四年生まれ。北海道大学大学院文学研究科准教授。東京大学大学院人文社会系研究科博士課程修了。博士（文学）。専門は日本古代史。論文「公廨稲運用の構造――「越前国雑物収納帳」を素材として」（『日本史研究』五〇六）、「古代地子制に関する一考察」（『日本歴史』六一六）、「近世禁裏における六国史の書写とその伝来」（田島公編『禁裏・公家文庫研究　第三輯』所収、思文閣出版）など。

寺崎保広（てらさき・やすひろ）【第9講】

一九五五年生まれ。奈良大学教授。東北大学大学院文学研究科博士課程後期単位取得退学。博士（文学）。専門は日本古代史。著書『長屋王』（吉川弘文館）、『藤原京の形成』（山川出版社）、『古代日本の都城と木簡』（吉川弘文館）、『若い人に語る奈良時代の歴史』（吉川弘文館）。

永田英明（ながた・ひでぁき）【第10講】

一九六五年生まれ。東北学院大学教授。東北大学大学院文学研究科博士後期課程修了。博士（文学）。専門は日本古代史。著書『古代駅伝馬制度の研究』（吉川弘文館）、『東北の古代史3　蝦夷と城柵の時代』（共著、吉川弘文館）など。

鈴木景二（すずき・けいじ）【第12講】

一九六三年生まれ。富山大学人文学部教授。神戸大学大学院文化学研究科博士課程単位取得退学。論文「日本古代の行幸」（『ヒストリア』一二五）、「都鄙間交通と在地秩序」（『日本史研究』三七九）など。

森　公章（もり・きみゆき）【第13講】

一九五八年生まれ。東洋大学文学部教授。東京大学人文科学研究科博士課程単位修得退学。博士（文学）。専門は日本古代史。『在庁官人と武士の生成』（吉川弘文館）、『天智天皇』（吉川弘文館）、『平安時代の国司の赴任』（臨川書店）、『古代日中関係の展開』（敬文舎）など。

寺内　浩（てらうち・ひろし）【第14講】

一九五五年生まれ。愛媛大学教授。京都大学大学院文学研究科博士課程研究指導認定退学。博士（文学）。専門は日本古代史。著書『受領制の研究』（塙書房）、『平安時代の地方軍制と天慶の乱』（塙書房）、共著『愛媛県の歴史』（山川出版社）など。

戸川　点（とがわ・ともる）【第15講】
一九五八年生まれ。拓殖大学国際学部教授。上智大学大学院文学研究科史学専攻博士後期課程中退。専門は日本古代・中世史。著書『平安時代の政治秩序』（同成社）、『平安時代の死刑』（吉川弘文館）、共編著『検証・日本史の舞台』（東京堂出版）、『ケガレの文化史』（森話社）など。

ちくま新書
1391

古代史《こだいし》講義《こうぎ》【戦乱篇《せんらんへん》】

二〇一九年三月一〇日　第一刷発行

編者　佐藤　信（さとう・まこと）

発行者　喜入冬子

発行所　株式会社　筑摩書房
東京都台東区蔵前二-五-三　郵便番号一一一-八七五五
電話番号〇三-五六八七-二六〇一（代表）

装幀者　間村俊一

印刷・製本　株式会社　精興社

ISBN978-4-480-07212-2 C0221

ちくま新書

1300
古代史講義
——邪馬台国から平安時代まで
佐藤信編
古代史研究の最新成果と動向を一般読者にわかりやすく伝えるべく15人の専門家の知を結集。列島史の全体像が1冊でつかめる最良の入門書。参考文献ガイドも充実。

1378
中世史講義
——院政期から戦国時代まで
高橋典幸
五味文彦編
日本史の先端研究者の知を結集。政治・経済・外交・社会・文化など十五の重要ポイントを押さえるかたちで中世史を俯瞰する。最新の論点が理解できる、待望の通史。

1247
建築から見た日本古代史
武澤秀一
飛鳥寺、四天王寺、伊勢神宮などの古代建築群を手がかりに日本誕生に至る古代史を一望する。仏教公伝、皇祖神創造、生前退位は如何に三次元的に表現されたのか？

1192
神話で読みとく古代日本
——古事記・日本書紀・風土記
松本直樹
古事記、日本書紀、風土記という〈神話〉を丁寧に読みとくと、古代日本の国家の実像が見えてくる。精神史上の「日本」誕生を解明する、知的興奮に満ちた一冊。

1254
万葉集から古代を読みとく
上野誠
民俗学や考古学の視点も駆使しながら万葉集全体を解剖し、今につながる古代人の文化史、社会史をさぐる型破りの入門書。「表現して、残す」ことの原初性に迫る。

876
古事記を読みなおす
三浦佑之
日本書紀には存在しない出雲神話がなぜ古事記では語られるのか？　序文のいう編纂の経緯は真実か？　この歴史書の謎を解きあかし、神話や伝承の古層を掘りおこす。

1207
古墳の古代史
——東アジアのなかの日本
森下章司
社会変化の「渦」の中から支配者が出現した、古墳時代の中国・朝鮮・倭。一体何が起こったのか。日本と他地域の共通点と、明白な違いとは。最新考古学から考える。

ちくま新書

1369
武士の起源を解きあかす
――混血する古代、創発される中世
桃崎有一郎
武士はどこでどうやって誕生したのか。日本を長期間統治した彼らのはじまりは「諸説ある」として不明とされていた。古代と中世をまたぎ、日本史最大級の謎に挑む。

734
寺社勢力の中世
――無縁・有縁・移民
伊藤正敏
最先端の技術、軍事力、経済力を持ちながら、同時に、国家の論理、有縁の絆を断ち切る中世の「無縁」所。第一次史料を駆使し、中世日本を生々しく再現する。

1093
織田信長
神田千里
信長は「革命児」だったのか？　近世へ向けて価値観が大転換した戦国時代、伝統的権威と協調し諸大名や世間の評判にも敏感だった武将の像を、史実から描き出す。

618
百姓から見た戦国大名
黒田基樹
生存のために武器を持つ百姓。領内の安定に配慮する大名。乱世に生きた武将と庶民のパワーバランスとは――。戦国時代の権力構造と社会システムをとらえなおす。

1359
大坂城全史
――歴史と構造の謎を解く
中村博司
豊臣秀吉、徳川家康・秀忠など、長きにわたり権力者たちの興亡の舞台となった大坂城を、最新の研究成果に基づき読み解く、通説を刷新する決定版通史！

1034
大坂の非人
――乞食・四天王寺・転びキリシタン
塚田孝
「非人」の実態は、江戸時代の身分制だけでは捉えられない。町奉行所の御用を担っていたことなど意外な事実を明らかにし、近世身分制の常識を問い直す一冊。

1294
大坂　民衆の近世史
――老いと病・生業・下層社会
塚田孝
江戸時代に大坂の庶民に与えられた「褒賞」の記録を読みとくと、今は忘れられた市井の人々のドラマが見えてくる。大坂の町と庶民の暮らしがよくわかる一冊。

ちくま新書

1144
地図から読む江戸時代
上杉和央

空間をどう認識するかは時代によって異なる。その違いを象徴するのが「地図」だ。古地図を読み解き、日本の形を作った時代精神を探る歴史地理学の書。図版資料満載。

1198
天文学者たちの江戸時代
——暦・宇宙観の大転換
嘉数次人

日本独自の暦を初めて作った渋川春海を嚆矢とする「江戸の天文学者」たち。先行する海外の知と格闘し、暦・宇宙の研究に情熱を燃やした彼らの思索をたどる。

1309
勘定奉行の江戸時代
藤田覚

家格によらず能力と実績でトップに立てた勘定所。財政を支える奉行のアイデアとは。年貢増徴策、新財源探し、禁断の貨幣改鋳、財政積極派と緊縮派の対立……。

1096
幕末史
佐々木克

日本が大きく揺らいだ激動の幕末。そのとき何が起き、何が変わったのか。黒船来航から明治維新まで、日本の生まれ変わる軌跡をダイナミックに一望する決定版。

1293
西郷隆盛
——手紙で読むその実像
川道麟太郎

西郷の手紙を丹念に読み解くと、多くの歴史家がその人物像を誤って描いてきたことがわかる。徹底した考証に基づき生涯を再構成する、既成の西郷論への挑戦の書。

650
未完の明治維新
坂野潤治

明治維新は〈富国・強兵・立憲主義・議会論〉の四つの目標が交錯した「武士の革命」だった。それは、どう実現されたのだろうか。史料で読みとく明治維新の新たな実像。

1379
都市空間の明治維新
——江戸から東京への大転換
松山恵

江戸が東京になったとき、どのような変化が起こったのか？　皇居改造、煉瓦街計画、武家地の転用など空間の変容を考察し、その町に暮らした人々の痕跡をたどる。

983
昭和戦前期の政党政治
——二大政党制はなぜ挫折したのか
筒井清忠
政友会・民政党の二大政党制はなぜ自壊したのか。軍部台頭の真の原因を探りつつ、大衆政治・劇場型政治が誕生した戦前期に、現代二大政党制の混迷の原型を探る。

457
昭和史の決定的瞬間
坂野潤治
日中戦争は軍国主義の後ではなく、改革の途中で始まった。生活改善の要求は、なぜ反戦の意思と結びつかなかったのか。日本の運命を変えた二年間の真相を追う。

1002
理想だらけの戦時下日本
井上寿一
格差・右傾化・政治不信……戦時下の社会は現代に重なる。その時、日本人は何を考え、何を望んでいたのか？体制側と国民側、両面織り交ぜながら真実を描く。

957
宮中からみる日本近代史
茶谷誠一
戦前の「宮中」は国家の運営について大きな力を持っていた。各国家機関の思惑から織りなされる政策決定を見直し、大日本帝国のシステムと軌跡を明快に示す。

1161
皇室一五〇年史
浅見雅男
岩井克己
歴代天皇を悩ませていたのは何だったのか。皇位継承、宮家消滅、結婚トラブル、財政問題——様々な確執やスキャンダルを交え、近現代の皇室の真の姿を描き出す。

1127
軍国日本と『孫子』
湯浅邦弘
日本の軍国化が進む中、精神的実践的支柱として利用された『孫子』。なぜ日本は下策とされる長期消耗戦を辿り、敗戦に至ったか？　中国古典に秘められた近代史！

1132
大東亜戦争　敗北の本質
杉之尾宜生
なぜ日本は戦争に敗れたのか。情報・対情報・兵站の軽視、戦略や科学的思考の欠如、組織の制度疲労——多くの敗因を検討し、その奥に潜む失敗の本質を暴き出す。

ちくま新書

1306
やりなおし高校日本史
野澤道生
「1192つくろう鎌倉幕府」はもう使えない! 新たな解釈により昔習った日本史は変化を遂げているのだ。ヤマト政権の時代から大正・昭和まで一気に学びなおす。

1126
骨が語る日本人の歴史
片山一道
縄文人は南方起源ではなく、じつは「弥生人顔」も存在しなかった。骨考古学の最新成果に基づき、歴史学の通説を科学的に検証。日本人の真実の姿を明らかにする。

1290
流罪の日本史
渡邊大門
地位も名誉も財産も剝奪された罪人は、縁もゆかりもない遠隔地でどのように生き延びたのか。彼らの罪とは。事件の背後にあった、闘争と策謀の壮絶なドラマとは。

1210
日本震災史
――復旧から復興への歩み
北原糸子
度重なる震災は日本社会をいかに作り替えてきたのか。有史以来、明治までの震災の復旧・復興の事例に焦点を当て、史料からこの国の災害対策の歩みを明らかにする。

948
日本近代史
坂野潤治
この国が革命に成功し、わずか数十年でめざましい近代化を実現しながら、やがて崩壊へと突き進まざるをえなかったのはなぜか。激動の八〇年を通観し、捉えなおす。

1184
昭和史
古川隆久
日本はなぜ戦争に突き進んだのか。私たちは、何を失い、何を手にしたのか。開戦から敗戦、復興、そして高度成長へと至る激動の64年間を、第一人者が一望する決定版!

1178
銅像歴史散歩〈カラー新書〉
墨威宏
歴史的人物や偉人の像、アニメのキャラクター像など日本全国の銅像を訪ね歩き、カラー写真と共に、豊富なエピソードや現地の情報を盛り込んで紹介する楽しい一冊。

ちくま新書

ちくま新書

1287-1
人類5000年史Ⅰ
――紀元前の世界
出口治明
人類五〇〇〇年の歩みを通読する、新シリーズの第一巻、ついに刊行！　文字の誕生から知の爆発の時代まで紀元前三〇〇〇年の歴史をダイナミックに見通す。

1287-2
人類5000年史Ⅱ
――紀元元年～1000年
出口治明
人類史を一気に見通すシリーズの第二巻。漢とローマ二大帝国の衰退、世界三大宗教の誕生、陸と海のシルクロード時代の幕開け等、激動の1000年が展開される。

1342
世界史序説
――アジア史から一望する
岡本隆司
ユーラシア全域と海洋世界を視野にいれ、古代から現代までを一望。西洋中心的な歴史観を覆し、「世界史の構造」を大胆かつ明快に語る。あらたな通史、ここに誕生！

994
やりなおし高校世界史
――考えるための入試問題8問
津野田興一
世界史は暗記科目なんかじゃない！　大学入試を手掛かりに、自分の頭で歴史を読み解けば、現在とのつながりが見えてくる。高校時代、世界史が苦手だった人、必読。

888
世界史をつくった海賊
竹田いさみ
スパイス、コーヒー、茶、砂糖、奴隷……歴史の陰には、常に奴らがいた。開拓の英雄であり、略奪者で厄介者でもあった〝国家の暴力装置〟から、世界史を捉えなおす！

1206
銀の世界史
祝田秀全
世界中を駆け巡った銀は、近代工業社会を生み世界経済の一体化を導いた。銀を読みといて、コロンブスから産業革命、日清戦争まで、世界史をわしづかみにする。

1295
集中講義！　ギリシア・ローマ
桜井万里子
本村凌二
古代、大いなる発展を遂げたギリシアとローマ。これらの歴史を見比べると、世界史における政治、思想、文化の原点が見えてくる。学びなおしにも最適な一冊。

ちくま新書

1147 ヨーロッパ覇権史　玉木俊明

オランダ、ポルトガル、イギリスなど近代ヨーロッパ諸国の台頭は、世界を一変させた。本書は、軍事革命、大西洋貿易、アジア進出など、その拡大の歴史を追う。

1335 ヨーロッパ　繁栄の19世紀史　――消費社会・植民地・グローバリゼーション　玉木俊明

第一次世界大戦前のヨーロッパは、イギリスを中心に空前の繁栄を誇っていた。奴隷制、産業革命、蒸気船や電信の発達……その栄華の裏にあるメカニズムに迫る。

1377 ヨーロッパ近代史　君塚直隆

なぜヨーロッパは世界を席巻することができたのか。「宗教と科学の相剋」という視点から、ルネサンスに始まり第一次世界大戦に終わる激動の五〇〇年を一望する。

1082 第一次世界大戦　木村靖二

第一次世界大戦こそは、国際体制の変化、女性の社会進出、福祉国家化などをもたらした現代史の画期である。戦史的経過と社会的変遷の両面からたどる入門書。

932 ヒトラーの側近たち　大澤武男

ナチスの屋台骨である側近たち。ゲーリング、ヘス、ゲッベルス、ヒムラー……。独裁者の支配妄想を実現、ときに強化した彼らは、なぜ、どこで間違ったのか。

1278 フランス現代史　隠された記憶　――戦争のタブーを追跡する　宮川裕章

第一次大戦の遺体や不発弾処理で住めない村。第二次大戦の対独協力の記憶。見捨てられたアルジェリアのフランス兵アルキ……。等身大の悩めるフランスを活写。

1177 カストロとフランコ　――冷戦期外交の舞台裏　細田晴子

キューバ社会主義革命の英雄と、スペイン反革命の指導者。二人の「独裁者」の密かなつながりとは何か。未開拓の外交史料を駆使して冷戦下の国際政治の真相に迫る。

890
現代語訳 史記
司馬遷
大木康訳・解説
歴史書にして文学書の大古典『史記』から「権力」と「キャリア」をテーマにした極上のエピソードを選出し、現代語訳。「本物の感触」を届ける最上の入門書。

1019
近代中国史
岡本隆司
中国とは何か？　その原理を解く鍵は、近代史に隠されている。グローバル経済の奔流が渦巻きはじめた時代から、激動の歴史を構造的にとらえなおす。

1080
「反日」中国の文明史
平野聡
文明への誇り、日本という脅威、社会主義と改革開放、矛盾した主張と強硬な姿勢……。驕る大国の本質を悠久の歴史に探り、問題のありかと日本の指針を示す。

1364
モンゴル人の中国革命
楊海英
内モンゴルは中国共産党が解放したのではない。草原の民は清朝、国民党、共産党といかに戦い、敗れたのか。日本との関わりを含め、総合的に描き出す真実の歴史。

1347
太平洋戦争　日本語諜報戦
——言語官の活躍と試練
武田珂代子
太平洋戦争で活躍した連合国軍の言語官。収容所から集められた日系二世の葛藤、養成の違いに見る米英豪加の各国軍事情……。語学兵の実像と諜報戦の舞台裏。

1365
東京裁判「神話」の解体
——パル、レーリンク、ウェブ三判事の相克
D・コーエン
戸谷由麻
東京裁判は「勝者の裁き」であり、欺瞞に満ちた判決だったというのは神話に過ぎない。パル判事らの反対意見の誤謬と、判決の正当性を七十年の時を超えて検証する。

1036
地図で読み解く日本の戦争
竹内正浩
地理情報は権力者が独占してきた。地図によって世界観が培われ、その精度が戦争の勝敗を分ける。歴史の転換点を地図に探り、血塗られたエピソードを発掘する！